438

D0352543

Second Edition

German AS

Zeitgeist 1

OXFORD

UNIVERSITY PRESS

OXFORD
UNIVERSITY PRESS

Great Clarendon Street, Oxford OX2 6DP

Oxford University Press is a department of the University of Oxford.
It furthers the University's objective of excellence in research, scholarship,
and education by publishing worldwide in

Oxford New York Auckland Cape Town Dar es Salaam Hong Kong
Karachi Kuala Lumpur Madrid Melbourne Mexico City Nairobi
New Delhi Shanghai Taipei Toronto

With offices in

Argentina Austria Brazil Chile Czech Republic France Greece
Guatemala Hungary Italy Japan South Korea Poland Portugal
Singapore Switzerland Thailand Turkey Ukraine Vietnam

Oxford is a registered trade mark of Oxford University Press
in the UK and in certain other countries

British Library Cataloguing in Publication Data

Data available

ISBN 978 019 915348 0

10

Typeset by Thomson Digital

Printed in Malaysia by Vivar Printing Sdn. Bhd.

Acknowledgements

The publishers would like to thank the following for permission to reproduce photographs:

10a: Glen Allison/ Gettyimages, 10b: Peter M. Wilson / Alamy, 10c: Japan Travel Bureau/ Photolibrary, 10d: Edward Parker / Alamy, 10e: David Crossland / Alamy, 10f: Archivberlin Fotoagentur GmbH / Alamy, 10g: KT / Alamy, 10h: Stefan Schuetz/ Gettyimages, 14a: Marlene Dietrich/ Lebrecht Music & Arts Photo Library/Photolibrary, 14b: Library of Congress - Oren Jack Turner/Gettyimages, 14c: Getty Images, 18a: Paul Maynall/ Photographersdirect, 24a: Sebastian Arnoldt/Photographersdirect, 24b: Paul Maynall/Photographersdirect, 24c: Ariel Authier/ Photographersdirect, 57a: Robert Fried / Alamy, 58a: Yuri Arcurs/ Shutterstock, 58b: Frank van Groen/ Gettyimages and kolvenbach / Alamy, 60a: ASSOCIATED PRESS, 60b: ASSOCIATED PRESS, 32a: Stephen Coburn/ Shutterstock, 33a: rj lerich/ Shutterstock, 38b: ASSOCIATED PRESS, 38d: Gabe Palmer / Alamy, 41a: Gabe Palmer / Alamy, 45a: Caro / Alamy, 46a: Vehbi Koca / Alamy, 49a: SNAP/Rex Features, 50a: Redferns Music Picture Library / Alamy, 71a: Thomas Stange/ Istockphoto, 71b: Anais Mai/Photononstop/ Photolibrary, 71c: Kerioak - Christine Nichols/ Shutterstock, 71d: Paul Maynall/ Photographersdirect, 71e: Foodfolio / Imagestate RM/ Photolibrary, 72a: Aflo Foto Agency -/Aflo Sports/ Photolibrary, 72b: Aflo Foto Agency -/Aflo Sports/ Photolibrary, 72c: Roy Morsch/ Flirt Collection/ Photolibrary, 72d: Alysta/ Shutterstock, 72e: Jim Cummins/Gettyimages, 72f: ASSOCIATED PRESS, 75a: Jason Stitt/Bigstockphoto, 75c: Photolibrary, 77a: Aflo Foto Agency -/Aflo Sports/Photolibrary, 78a: ASSOCIATED PRESS, 78b: ASSOCIATED PRESS, 87a: Helene Rogers/ Artdirectors, 87b: PhotoCreate/ Shutterstock, 88a: ASSOCIATED PRESS, 096a: Yuri Arcurs/Shutterstock, 096b: Marc Gilsdorf/ Mauritius/Photolibrary, 98a: Stephen Oliver / Alamy, 098b: Brian Summers/Photolibrary, 098c: Andres/Shutterstock, 102a: AIRBUS S.A.S 2007, 102b: ASSOCIATED PRESS, 102c: Urbanmyth / Alamy, 108b: Andres/Bigstockphoto, 108d: Lisa Peardon/Gettyimages, 110b: Highstone/Bigstockphoto, 110c: Wesley Hitt / Alamy, 114a: Brian Summers/ Gettyimages, 114b: Sammy/ Mauritius/Photolibrary, 123a: Peter Hirth/ Transit/Still Pictures, 123b: Vario images GmbH & Co.KG / Alamy, 128b : Geoff du Feu / Alamy

Illustrations by: Thomson Digital

Cover image by: OUP/Corbis

The authors and publishers would like to thank the following for their help and advice:

Rachel Sauvain and Melissa Weir (course consultants); Melissa Weir (project manager); Marieke O'Connor (editor of the Zeitgeist Students' Book) and Marion Dill (language consultant).

The authors and publishers would also like to thank everyone involved in the recordings for the Zeitgeist 1 recordings:

Martin Williamson and Lynne Brackley for sound production and all the speakers involved.

Every effort has been made to contact copyright holders of material reproduced in this book. If notified, the publishers will be pleased to rectify any errors or omissions at the earliest opportunity.

German AS

Zeitgeist 1

Ann Adler
Maria Hunt
Morag McCrorie
Dagmar Sauer

Welcome to *Zeitgeist*! The following symbols will help you to get the most out of this book.

 listen to the CD with this activity

 work with a partner

work in a group

Grammatik an explanation and practice of an important aspect of German grammar

➡162 refer to this page in the grammar section at the back of the book

➡W48 there are additional grammar practice activities on this page in the *Zeitgeist* Grammar Workbook

 additional activities, often on Copymaster, to extend what you have learned

Hilfe useful expressions

Tipp practical ideas to help you learn more effectively

 pronunciation practice

 dictionary activities

We hope you enjoy learning with *Zeitgeist*. Viel Spaß!

Inhalt

0 Orientierung

By the end of this unit you will be able to:

- Talk more about German-speaking countries
- Describe different German towns and regions
- Talk about some famous German-speakers
- Talk more about German history
- Conduct an interview in German

- Use the present tense
- Understand and use the correct word order
- Understand and use gender and plurals
- Form questions
- Use a bilingual dictionary
- Learn and record vocabulary the best way
- Organize your work

1 Was lernt man in der Oberstufe? Sehen Sie sich Seite 4 und 5 an – welche Themen und Grammatik kennen Sie schon? Was ist neu? Machen Sie eine Liste.

2 Machen Sie dann auch die Aufgaben auf Arbeitsblatt 1 und 2.

3 Was wissen Sie über deutschsprachige Länder?

1 Wie viele Menschen in Europa sprechen Deutsch?
 a 40 Millionen
 b 70 Millionen
 c 100 Millionen
2 Welche Länder grenzen an Deutschland?
3 Was ist die Hauptstadt von der Schweiz?
4 Richtig oder falsch? Es gibt deutschsprachige Minderheiten in Namibien, Brasilien, Russland und den Vereinigten Staaten.
5 Nennen Sie zwei deutsche Flüsse.
6 Nennen Sie drei Städte in Österreich.
7 Nennen Sie sechs berühmte Personen aus deutschsprachigen Ländern.
8 Welche anderen Sprachen spricht man in der Schweiz?
9 Wann ist die Berliner Mauer gefallen?
10 Welche Spezialitäten aus Deutschland, Österreich und der Schweiz kennen Sie?
11 Welche Produkte oder Firmen aus Deutschland kennen Sie?
12 Was für Touristenattraktionen sind in Deutschland, Österreich und der Schweiz zu finden?

MAN KANN MIT POLITIK KEINE KULTUR MACHEN ABER VIELLEICHT MIT KULTUR POLITIK
THEODOR HEUSS

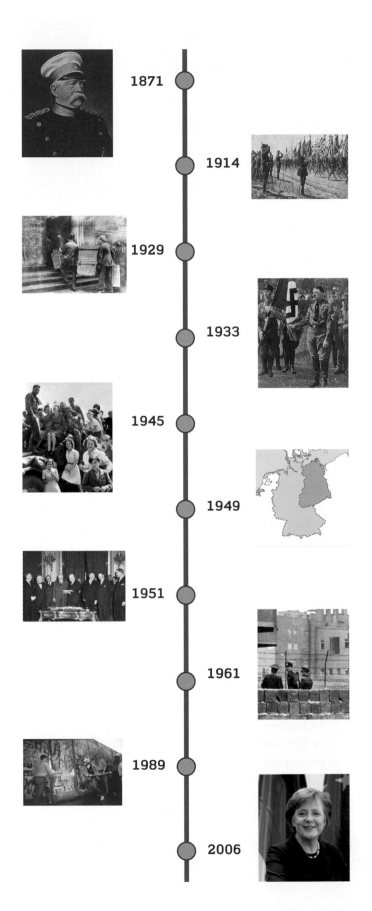

1871

1914

1929

1933

1945

1949

1951

1961

1989

2006

4 Sehen Sie sich die Bilder an und lesen Sie die Sätze unten. Ordnen Sie die Sätze den Bildern zu.

a Angela Merkel wird die erste deutsche Bundeskanzlerin.

b Hitler kommt an die Macht.

c Der preußische Premierminister Bismarck vereinigt Deutschland. Beginn des deutschen Kaiserreichs.

d Die Berliner Mauer fällt.

e Wirtschaftsdepression in Deutschland

f Beginn des Ersten Weltkriegs

g Jetzt gibt es zwei deutsche Staaten – die BRD und die DDR.

h Die Russen bauen die Berliner Mauer.

i Deutschland wird eines der ersten Mitglieder der EWG.

j Der Zweite Weltkrieg endet.

5 Hören Sie die acht Aussagen. Welches Ereignis wird beschrieben?

> im Vergleich zu – *in comparison to*
> die Vergangenheit – *the past*
> leider – *unfortunately*
> erwähnen – *to mention*
> Freundschaften schließen – *to make friends*
> die Zukunft – *the future*

6 Wählen Sie die richtige Antwort.

a Deutschland ist ____. (demokratisch/kommunistisch/eine Diktatur)

b Nach dem Krieg wollte Deutschland mit anderen Ländern ____ . (nichts zu tun haben/kooperieren/kämpfen)

c Die Hitlerzeit war ____ . (interessant/fröhlich/schlimm)

d Ost- und Westdeutschland waren Jahre lang ____ . (geteilt/zusammen/Feinde)

e ____ ist jetzt wieder in Berlin. (Ein Verkehrsamt/Die Bundesbank/Das Parlament)

Hier spricht man Deutsch

∎ *Was wissen Sie über deutschsprachige Länder?*

1a 🎧 Hören Sie zu und füllen Sie die Tabelle mit Informationen über Deutschland aus.

Deutschland	
Hauptstadt	*Berlin*
Bevölkerung	
Fläche	
Flüsse	*der Rhein,*
Währung	
Industrie/Produkte	
Firmen	
Tourismus	

1b 🎧 Hören Sie den zweiten Teil des Berichts und schreiben Sie dieselben Informationen über Österreich und die Schweiz auf.

Grammatik ➡ 157 ➡ W49

The present tense

The present tense is used to say what you are doing right now or what you do on a regular basis.

● To form the present tense of weak (regular) verbs:

machen

ich mache	wir mach**en**
du mach**st**	ihr mach**t**
er/sie/es mach**t**	sie/Sie mach**en**

● Strong verbs have the same endings as weak verbs, but often change their vowel in some way in the *du* and *er/sie/es* forms. For a list of strong verbs, see page 168.

sehen – er s**ie**ht

tragen – du tr**ä**gst

● The only verb which is irregular in all its forms is *sein* – see p. 158 for a reminder.

A Read the information you filled in in activity 1a and fill in the gaps with the correct form of the present tense of the verb in brackets.

a Berlin ____ (*sein*) die Hauptstadt von Deutschland.

b Deutschland ____ (*produzieren*) Autos und Elektrogeräte.

c 14 Millionen Touristen ____ (*besuchen*) Deutschland jedes Jahr.

d Firmen wie BMW und Siemens ____ (*kommen*) aus Deutschland.

e Die alte deutsche Währung ____ (*heißen*) die D-Mark.

B Write six similar sentences about Austria and Switzerland.

2a Welche Unterschiede gibt es zwischen den deutschsprachigen Ländern? Hören Sie zu und lesen Sie das Interview mit Alf.

anstatt – *instead of*
unterschiedlich – *different*
verantwortlich für – *responsible for*

ähnlich – *similar*
flach – *flat*
der Feiertag (e) – *public holiday*

Int.: *Also, Alf du kommst aus Österreich, wohnst aber seit drei Jahren in Norddeutschland, stimmt das?*

Alf: Ja, das ist richtig.

Int.: *Gibt es viele Unterschiede?*

Alf: Ja, jede Menge. Zuerst die Sprache. Wir sprechen zwar alle Deutsch, aber in Österreich ist der Akzent total anders. Wir haben auch einen eigenen Dialekt. Auch in Deutschland gibt es verschiedene Dialekte. Hier im Norden sprechen viele Plattdeutsch.

Int.: *Was ist denn Plattdeutsch? Kannst du mir ein Beispiel geben?*

Alf: Ja, zum Beispiel sagt man „ick" anstatt „ich". In Österreich dagegen sagt man „i'" und in anderen Regionen sagt man „isch". Es gibt aber viele unterschiedliche Akzente und Dialekte in Deutschland – Bayerisch, Sächsisch. Und in der Schweiz spricht man Schweizerdeutsch – das ist sehr schwierig zu verstehen.

Int.: *Bayern und Sachsen sind Bundesländer, nicht wahr? In welchem Bundesland wohnst du jetzt?*

Alf: Ich wohne in Niedersachsen.

Int.: *Was ist denn ein Bundesland?*

Alf: Ein Bundesland ist eine politische Region. Es gibt 16 Bundesländer in Deutschland. Jedes Bundesland hat einen Landtag, das ist ein Landesparlament. Jedes Bundesland ist für bestimmte Dinge verantwortlich, zum Beispiel das Schulwesen.

Int.: *Hat Österreich auch Bundesländer?*

Alf: Ja, und in der Schweiz gibt es Kantone. Ich glaube, das ist was Ähnliches.

Int.: *Gibt es weitere Unterschiede?*

Alf: Ja, die Landschaft natürlich. Da hat Süddeutschland gewisse Ähnlichkeiten mit Österreich und der Schweiz – Wälder, Berge, Seen und so weiter. Hier im Norden ist alles ziemlich flach. Und jedes Land hat auch seine eigenen Traditionen, Feiertage und Spezialitäten.

2b Hören Sie noch einmal zu. Richtig oder falsch?

a Alf kommt aus Norddeutschland.
b In Deutschland gibt es keine Dialekte.
c Deutschland und Österreich sind in Bundesländer aufgeteilt.
d Jedes Bundesland hat ein Parlament.
e Die Schweiz ist in Kantone aufgeteilt.

3 Hören Sie noch einmal zu und füllen Sie die Tabelle mit Informationen über die drei Länder aus.

	Deutschland	Österreich	die Schweiz
Sprache			
politische Organisation			
Landschaft			

4a Wählen Sie ein deutschsprachiges Land und sammeln Sie im Internet weitere Informationen über Sprache, Politik, Industrie, Tourismus usw.

4b Halten Sie dann einen kleinen Vortrag in Ihrer Klasse. Benutzen Sie die Hilfe-Ausdrücke.

Hilfe

Ich habe das Land … gewählt.
Zuerst möchte ich über … sprechen.
Ich habe erfahren, dass …
Ich finde es besonders interessant, dass …
Touristen können … besuchen.
Die Hauptindustrien sind …

extra! Hören Sie die Nationalhymnen der drei Länder und machen Sie die Übungen auf Arbeitsblatt 3.

Was gibt es hier zu tun?

▌ *Was gibt es in den deutschsprachigen Ländern zu sehen und zu besuchen?*

1 Sehen Sie sich die Bilder an. Raten Sie! Welche Stadt ist das? Berlin, Köln, München oder Wien?

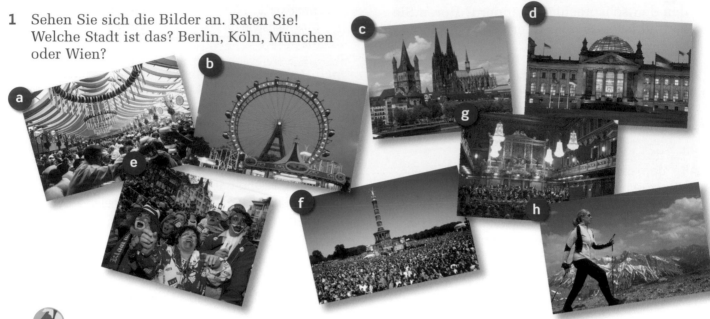

2a 🎧 Hören Sie zu und lesen Sie die Texte.

Berlin

40 Jahre lang geteilt, seit 1990 wieder die Hauptstadt Deutschlands. Und in den Jahren seit der Wende hat sich die Stadt sehr verändert. Wo die Mauer war, gibt es jetzt neue Wohnungen und Einkaufszentren. Selbst der Reichstag, seit 1999 wieder der Sitz des Parlaments und eine der beliebtesten Sehenswürdigkeiten Berlins, hat eine neue Glaskuppel. In Berlin ist die Geschichte überall, ob im Haus am Checkpoint Charlie, wo man alles über die Mauer erfahren kann, oder in Schloss Sanssouci in Potsdam. Aber Berlin ist zugleich eine moderne Stadt mit vielen Technologieparks und einer lebendigen Kunstszene. Die 42 000 Studenten in Berlin können sich nicht über ein mangelndes Nachtleben beklagen, vor allem im Sommer, wenn die Love Parade die größte Open-Air-Disco der Welt ist.

München

Die schöne Stadt mit Alpenkulisse ist eine der reichsten Städte Deutschlands und Sitz der Autofirmen Audi und BMW. München liegt im Süden und man kann mühelos zum Skifahren oder Wandern in die Berge fahren. Die Stadt ist aber vor allem für das Oktoberfest berühmt. Jedes Jahr, vom dritten Samstag im Oktober bis zum ersten Samstag im September, kommen Millionen von Besuchern nach München, um aufs Oktoberfest zu gehen. Besucher können in großen Zelten sitzen und Bier genießen oder sich auf dem großen Rummelplatz mit Achterbahnen und Karussells vergnügen. Aber wer nicht zu viel trinken will, muss aufpassen. Das Bier wird in Maßkrügen serviert, das heißt, man bekommt einen ganzen Liter Bier!

Wien

Wien hält sich für die Welthauptstadt der Musik. In keiner anderen Stadt haben so viele weltberühmte Komponisten gelebt wie in Wien. Mozart, Schubert, Haydn und Beethoven haben alle in der Stadt gelebt und die Wiener Philharmonie ist heute noch eines der besten Orchester der Welt. Auch Künstler wie Gustav Klimt haben hier gearbeitet, und in Wien sind einige der wichtigsten Kunstsammlungen der Welt. Wien hat aber nicht nur Kultur zu bieten. Im Wiener Prater locken über 250 Attraktionen, vom berühmten Riesenrad bis zu Gokart-Bahnen, und dazu auch jede Menge Restaurants, Cafés und Biergärten.

Köln

Köln, die Römerstadt am Rhein, ist eine der ältesten Städte Deutschlands und heute die viertgrößte mit über einer Million Einwohner. Der Kölner Dom, Wahrzeichen der Stadt, ist über 750 Jahre alt, und eines der bekanntesten Monumente Deutschlands. Als Hauptstadt des Rheinlands ist Köln ein idealer Ausgangspunkt für Ausflüge in die Weinberge oder für eine Schifffahrt auf dem Rhein. Und in Köln gibt es auch den größten Karneval Deutschlands. Der Faschingskarneval findet in den letzten Tagen vor der Fastenzeit statt. Es gibt Umzüge, Feste und Tänze und die Leute verkleiden sich.

die Wende – *German reunification*	die Glaskuppel – *glass dome*
der Rummelplatz – *funfair*	die Fastenzeit – *Lent*
der Umzug – *procession*	bieten – *to offer*
mangelnd – *lack of*	aufpassen – *to watch out*
sich verkleiden – *to masquerade*	

2b Sehen Sie sich Ihre Antworten zu Übung 1 noch einmal an. Haben Sie richtig geraten?

2c Finden Sie in den Texten ein Synonym für die unten angegebenen Wörter und Begriffe.

   a sich amüsieren

   b Während dieser Zeit soll man weniger essen und trinken.

   c eine Party

   d eine Maske oder seltsame Kleidung tragen

   e Hier gibt es Achterbahnen und Karussells.

   f viele

2d Richtig oder falsch? Verbessern Sie die falschen Sätze.

   a Berlin war schon immer die Hauptstadt Deutschlands.

   b Man hat den Reichstag renoviert.

   c Es gibt wenig Industrie in Berlin.

   d München ist eine relativ arme Stadt.

   e München liegt weit weg von den Bergen.

   f Das Oktoberfest zieht viele Touristen an.

   g Außer Bier trinken, kann man auf dem Oktoberfest nichts anderes machen.

   h Wien ist vor allem für die Musik bekannt.

   i Der Prater ist eine berühmte Kunstgalerie.

   j Köln existiert seit der Römerzeit.

   k Von Köln aus kann man leicht ins Rheinland fahren.

   l Man muss ein Kostüm tragen, wenn man auf ein Faschingsfest geht.

3 Hören Sie jetzt das Interview mit Christian, der die Fastnacht und das Oktoberfest beschreibt, und beantworten Sie die Fragen.

   a Was bekommen die Narren während der Fastnacht?

   b Wer spielt die Rolle der Narren?

   c Wie wird die Fastnacht gefeiert?

   d Was passiert am Montag?

   e Was findet Christian gut an der Fastnacht?

   f Was hat Christian am Oktoberfest imponiert?

   g Was hat ihm nicht so gut gefallen?

   h Warum findet er sein eigenes Stadtfest besser?

Grammatik   ➡ 165 ➡ W72

Word order

The **verb** should normally be the second idea in any sentence. If the <u>subject</u> is not the first idea, it moves to follow the verb, as in the second example.

   <u>München</u> **ist** vor allem für das Oktoberfest berühmt.

   Vor allem **ist** <u>München</u> für das Oktoberfest berühmt.

Ⓐ Look at the texts on page 10 and find as many examples as possible where the subject follows the verb.

● Remember the rule of Time, Manner, Place (when, how, and where).

   Jedes Jahr kommen Millionen von Besuchern nach München.
   ▼   ▼
   Time   *Place*

   Man kann **mühelos**   **in die Berge** fahren.
                   ▼   ▼
              Manner   *Place*

Ⓑ Make sentences from these words using the correct word order:

   a eine Schifffahrt / in Köln / kann / machen / auf dem Rhein / man

   b wir / heute / fahren / nach Berlin / mit dem Zug

   c den Reichstag / schnell / besucht / ich / habe

   d in die Berge / kann / man / ohne Problem / einen Ausflug / machen

4 Suchen Sie im Internet mehr Informationen über die Fastnacht, das Oktoberfest oder die Love Parade. Sie können die folgenden Web-Seiten benutzen: <u>www.karneval.de</u>, <u>www.cityguide.de/koeln/karneval</u>, <u>www.oktoberfest.de</u>, <u>www.loveparade.de</u>. Halten Sie dann einen Vortrag darüber in Ihrer Klasse.

5 Stellen Sie sich vor, Sie waren entweder bei der Fastnacht, auf dem Oktoberfest oder bei der Love Parade. Schreiben Sie einen Bericht darüber (150 Wörter).

Im Norden ... im Süden

■ *Welche Städte und Regionen in Deutschland kennen Sie?*

1 Diskutieren Sie mit einem Partner/einer Partnerin oder in Ihrer Klasse.

- **Wo wohnen Sie?**
- **Wohnen Sie gern dort?**
- **Was gibt es zu tun?**
- **Was ist besser – das Leben auf dem Land oder in der Stadt? Warum?**
- **Wo würden Sie am liebsten wohnen? Warum?**

2a Welche Länder oder Städte in Deutschland kennen Sie schon? Was verbinden Sie mit Hamburg und Bayern? Finden Sie sie auf der Landkarte. Lesen Sie dann die zwei Texte.

Thomas

Ich wohne in Füssen, einer Kleinstadt mit etwa 14 000 Einwohnern in Bayern in Süddeutschland. Die Hauptstadt von Bayern ist München. Füssen liegt fast an der Grenze zu Österreich und die Landschaft ist wunderschön – Berge, Seen und so weiter. Die Stadt selbst lebt hauptsächlich vom Tourismus. Füssen ist ein Kurort. Meine Mutter arbeitet in einem Krankenhaus hier und mein Vater arbeitet als Makler. Er vermietet Ferienwohnungen an Besucher. Im Sommer müssen sie beide sehr viel Zeit in ihre Arbeit stecken, da dann die meisten Besucher kommen. Vor allem kommen Touristen, um das Schloss Neuschwanstein zu sehen. Das ist das Traumschloss von König Ludwig dem Zweiten, dem letzten bayerischen König, und ist die größte Touristenattraktion Deutschlands. Im Sommer jobbe ich in einem Restaurant in der Nähe des Schlosses. Ich muss traditionelle bayerische Kleidung, eine Lederhose, tragen. Im Winter ist es viel ruhiger und auch ein bisschen langweilig, obwohl man in der Nähe Ski fahren kann. Ich wohne gern hier – ich liebe die Berge und es ist sauber, nicht wie in einer Großstadt.

Manuela

Ich wohne in Hamburg, der zweitgrößten Stadt in Deutschland. Sie ist aber nicht nur eine Stadt – Hamburg ist zugleich ein Bundesland und hat einen Senat. Hamburg hat fast zwei Millionen Einwohner und liegt im Norden an der Elbe. Hamburg ist eine Hafenstadt. Sie hat einen der größten Häfen Europas, und Handel, Schifffahrt und Unternehmen sind sehr wichtig für die Stadt. Trotz der Industrie ist Hamburg eine sehr schöne Stadt. Sie besitzt Parks, Alleen und Wasserwege sowie viele Naturschutzflächen. Hier gibt es auch eine lebendige Kunstszene und Nachtleben – Kneipen und Tanzlokale sind rund um die Uhr geöffnet. Das berühmteste Nachtlokal ist wohl der Kaiserkeller. Hier sind die Beatles aufgetreten, als sie Anfang der 60er Jahre in Hamburg wohnten. Im Zentrum der Stadt ist die Alster. Die Alster ist eigentlich ein Fluss, sieht hier aber wie ein großer See aus. Dort kann man segeln oder am Ufer entlang spazieren gehen. Ja, ich wohne gern hier – Hamburg hat wirklich alles, was man braucht!

der Hafen (¨) – *port*	das Ufer (-) – *riverbank*
der Handel – *trade*	das Unternehmen (-) – *firm, company*
trotz (+ gen.) – *in spite of*	der Kurort (-) – *spa*
der Makler (-) – *estate agent*	

2b Welche Satzhälften passen zusammen?

a Hamburg hat sehr viele

b Der Hafen ist einer der größten

c Das Nachtleben in Hamburg

d Hamburg ist nicht nur eine Stadt,

e Füssen liegt im Bundesland

f Die österreichische Grenze

g König Ludwig II hat Schlösser in der Nähe

h Tourismus ist sehr wichtig

i Eine Lederhose ist ein

1 sondern auch ein Bundesland.

2 Bayern.

3 gebaut.

4 Grünflächen.

5 für Füssen.

6 in Europa.

7 ist in der Nähe.

8 ist sehr lebendig.

9 traditionelles bayerisches Kleidungsstück.

3a Was sind Ihrer Meinung nach die Vor- und Nachteile von Hamburg und Füssen? Schreiben Sie eine Liste. Benutzen Sie die Texte sowie Ihre eigenen Ideen.

Beispiel:
Füssen: Vorteil – schöne Landschaft
　　　　 Nachteil – wenig Nachtleben

3b Wo möchten Sie lieber wohnen – Hamburg oder Füssen? Warum? Diskutieren Sie mit einem Partner/einer Partnerin.

extra! Machen Sie das Rollenspiel auf Arbeitsblatt 4 mit einem Partner oder einer Partnerin und finden Sie mehr über andere deutsche Städte heraus.

extra! Entwerfen Sie eine Broschüre über eine der beiden Städte auf Arbeitsblatt 4. Benutzen Sie die Ideen auf dem Arbeitsblatt.

Grammatik　➡ 146　➡ W4-5

Gender and plurals

There are some patterns in the gender and plural of German nouns. See pp. 146 and 147.

(A) Here are some words from the text on p. 12. Without looking at the text, work out whether each word is masculine, feminine or neuter.

Einwohner	Naturschutzfläche	Makler
Keller	Attraktion	Landschaft
Wohnung	Grenze	Restaurant

(B) Now work out the plurals of these words.

(C) Check your answers in a dictionary.

Tipp

Using a bilingual dictionary

A large bilingual dictionary is invaluable for your AS studies.

◆ Look at *auftreten* in the dictionary. Reject the possibilities that make no sense in the context. The italicised words in brackets (*Künstler, Sänger*) help point to the correct meaning. In *Die Beatles sind in Hamburg aufgetreten* the correct translation is 'appear'.

the verb and noun are entered separately

each labelled section points to a different key meaning

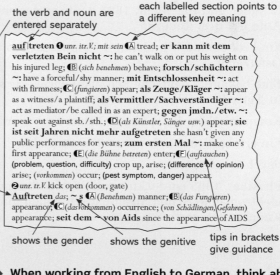

auf|treten **❶** *unr. itr.V.; mit sein* Ⓐ tread; **er kann mit dem verletzten Bein nicht ~:** he can't walk on or put his weight on his injured leg; Ⓑ (*sich benehmen*) behave; **forsch/schüchtern ~:** have a forceful/shy manner; **mit Entschlossenheit ~:** act with firmness; Ⓒ (*fungieren*) appear; **als Zeuge/Kläger ~:** appear as a witness/a plaintiff; **als Vermittler/Sachverständiger ~:** act as mediator/be called in as an expert; **gegen jmdn./etw. ~:** speak out against sb./sth.; Ⓓ (*als Künstler, Sänger usw.*) appear; **sie ist seit Jahren nicht mehr aufgetreten** she hasn't given any public performances for years; **zum ersten Mal ~:** make one's first appearance; Ⓔ (*die Bühne betreten*) enter; Ⓕ (*auftauchen*) (problem, question, difficulty) crop up, arise; (difference of opinion) arise; (*vorkommen*) occur; (pest symptom, danger) appear. **❷** *unr. tr.V.* kick open (door, gate)
Auftreten *das;* **~s** Ⓐ (*Benehmen*) manner; Ⓑ (*das Fungieren*) appearance; Ⓒ (*das Vorkommen*) occurrence; (*von Schädlingen, Gefahren*) appearance; **seit dem ~ von Aids** since the appearance of AIDS

shows the gender　　shows the genitive　　tips in brackets give guidance

◆ When working from English to German, think about the meaning and context of the word and choose the translation which best fits.

See also Arbeitsblatt 5.

Warum sind sie berühmt?

❚ *Welche berühmten Personen aus Deutschland, Österreich oder der Schweiz kennen Sie?*

Martin Luther

Sigmund Freud

Ludwig van Beethoven

Carl Benz

Karl Marx

Albert Einstein

Johann von Goethe

Marlene Dietrich

Steffi Graf

Wolfgang Amadeus Mozart

Roger Federer

Wilhelm Konrad Röntgen

1 Was passt zusammen? Wofür sind diese Personen bekannt?

a Er gründete die evangelische Kirche.

b Philosoph und Co-Autor des kommunistischen Manifests.

c Ein deutscher Physiker – er entwickelte die allgemeine Relativitätstheorie.

d Der bedeutendste Dichter und Schriftsteller Deutschlands.

e Erfinder und Ingenieur. 1885 baute er das erste Auto mit drei Rädern.

f Ein bedeutender Pianist und Komponist aus Österreich.

g Eine bekannte deutsche Schauspielerin, die auch in Amerika erfolgreich wurde.

h Komponist, der im späteren Leben taub wurde.

i Ein erfolgreicher Schweizer Tennisspieler.

j Psychoanalytiker.

k Physiker. 1895 entdeckte er die unsichtbaren elektromagnetischen Strahlen, mit denen man Knochen fotografieren kann.

---

der Adel – *nobility*
der Ruhm – *fame*
die Nierenentzündung – *inflammation of the kidneys*
gelten als – *to be considered*
ziehen (gezogen) – *to move (house)*
vollenden – *to complete*
die Grabstätte (n) – *burial place*
bedeutend – *significant*

2a Lesen Sie den Text.

Wolfgang Amadeus Mozart

Wolfgang Amadeus Mozart wurde am 27. Januar 1756 in Salzburg geboren. Schon als Kind war sein musikalisches Talent offensichtlich. Mit sechs Jahren konnte er schon Klavier, Orgel und Violine spielen und begann Klavierstücke zu komponieren. Gemeinsam mit seinem Vater Leopold gab er Konzerte für den europäischen Adel. Vor seinem vierzehnten Geburtstag hatte er bereits mehrere Sonaten, eine Symphonie und zwei Opern komponiert. 1780 zog er nach Wien und heiratete dort im folgenden Jahr Constanze Weber. Trotz seines Ruhmes lebte die Familie oft in finanzieller Unsicherheit. Während dieser Zeit schrieb Mozart die Opern „Figaros Hochzeit", „Don Giovanni" und „Die Zauberflöte". 1791 begann er sein letztes Werk – ein Requiem. Bevor er es jedoch vollenden konnte, starb er, wahrscheinlich an einer Nierenentzündung. Nur ein paar Freunde kamen zur Beerdigung und seine Grabstätte ist unbekannt. Mozarts Ruhm ist mit der Zeit gewachsen. Heute gilt er als Genie der westlichen Zivilisation und einer der bedeutendsten Komponisten aller Zeiten.

2b Richtig oder falsch?

a Mozart konnte zwei Instrumente spielen.

b Mit 20 Jahren komponierte Mozart seine erste Oper.

c Mozart war 26 Jahre alt, als er Constanze heiratete.

d Die Familie Mozart war sehr arm.

e Kurz vor seinem Tod begann Mozart ein Requiem zu schreiben.

f Besucher können heutzutage Mozarts Grabstätte in Wien sehen.

3 Sehen Sie sich die Daten im Text an und schreiben Sie zu jedem Datum einen Satz.

1756	*Mozart wird geboren*
1762	*Mozart beginnt zu komponieren*
1769	...
1781	...
1791	...

4 Hören Sie nun etwas über zwei weitere berühmte Deutsche. Hören Sie zu und füllen Sie die Lücken aus. Benutzen Sie die Wörter im Kasten.

a Marlene Dietrich ist in ＿＿＿ geboren.

b Marlene Dietrich war ＿＿＿ .

c 1929 spielte sie die ＿＿＿ im Film „Der blaue Engel".

d Nach diesem Film arbeitete sie vor allem in ＿＿＿.

e Dietrich war gegen den ＿＿＿ in Deutschland.

f Sie hat oft ＿＿＿ für amerikanische ＿＿＿ gegeben.

g Sie drehte ihren letzten ＿＿＿ im Jahre 1978.

h Albert Einstein ist ＿＿＿ in Ulm geboren.

i Schon in seiner Kindheit war er ein begabter ＿＿＿.

j Bis 1905 hat er an der ＿＿＿ in Zürich studiert.

k 1905 hat er seine ＿＿＿ veröffentlicht.

l Ab 1933 wohnte er in ＿＿＿ .

m Albert Einstein war sein ganzes Leben lang ＿＿＿ .

Amerika	Berlin	Universität	Hauptrolle
Konzerte	1879	Nationalismus	Schauspielerin
den Vereinigten Staaten		Relativitätstheorie	
Truppen	Film	Mathematiker	Pazifist

Grammatik ➡ 166 ➡ W67

Asking questions

● To ask a question in German, invert verb and subject:
Haben Sie Kinder? *Do you have children?*

● Place any question word at the beginning of the sentence and invert the verb and subject as normal:
Wo wohnen Sie? *Where do you live?*

● Here are some useful question words:

was? *what?*
wo? *where?*
warum? *why?*
wie viele? *how many?*
woher? *where from?*
wann? *when?*
wer? *who?*
wie? *how?*
wohin? *where to?*
was für? *what sort of?*
welcher/welche/welches *which?*
wofür/womit/worin? *for what/with what/in what?*
seit wann? *since when?*

A Join the sentence halves to form some questions you could ask in activity 5 below.

1 Wann	a Bücher haben Sie geschrieben?
2 Wo	b sind Sie geboren?
3 Was	c heißen Ihre Filme?
4 Sind Sie	d Kinder?
5 Wie viele	e wohnen Sie?
6 Haben Sie	f sind Sie nach Amerika gezogen?
7 Wie	g wohnen Sie in London?
8 Warum	h sind Sie von Beruf?
9 Seit wann	i kommen Sie?
10 Woher	j verheiratet?

B Now write a further five questions which you could ask the famous person of your choice.

5 Machen Sie ein Rollenspiel mit einem Partner oder einer Partnerin. A spielt die Rolle eines bekannten Deutschen. B interviewt A. Die Grammatik hilft Ihnen.

6 Fassen Sie das Interview schriftlich zusammen.

Grammatik aktuell

1 The present tense

All verbs in German have the same endings apart from the verb *sein*. Strong verbs change in the *du* and *er/sie/es* forms and can be found in the list on p. 168.

A Fill in the gaps with the correct form of the verb in the present tense.

a Berlin _____ (bieten) viel für Touristen.

b Viele Besucher _____ (kommen) jedes Jahr nach München.

c Wir _____ (fahren) im Sommer in die Schweiz.

d Hamburg _____ (liegen) im Norden Deutschlands.

e Mein Vater _____ (arbeiten) bei der Deutschen Bank in England, _____ (fahren) aber oft auf Geschäftsreise nach Deutschland.

f Ich _____ (lernen) seit fünf Jahren Deutsch.

g In Hamburg _____ (geben) es einen großen Hafen.

h In der Schweiz _____ (sprechen) man Schweizerdeutsch.

i Seit wann _____ (sind) ihr in Wien?

j In welchem Bundesland _____ (wohnen) Sie?

2 Word order

The verb should normally be the second idea in any sentence. Remember the rule of Time, Manner, Place.

A Write these sentences using the correct word order.

a das Mozarthaus/man/in Salzburg/besuchen/kann

b im Herbst/in München/ein/Bierfest/gibt/es/großes

c in Deutschland/es/eine Wirtschaftsdepression/gab/1929

d das Parlament/in Berlin/jetzt/ist/wieder

e Albert Einstein/Mathematiker/schon in seiner Kindheit/war

3 Genders and plurals

Although there are some patterns to the gender and plurals of nouns, you have to learn many of them.

A **D** Work out the gender and possible plural of each of these words from this unit and check your answer in the dictionary.

a Sehenswürdigkeit   e Spezialität

b Komponist   f Sprache

c Künstler   g Ähnlichkeit

d Parlament

B **D** Now use your dictionary to find the gender and plural of these nouns.

a Umzug   e Konzert

b Fest   f Oper

c Wald   g Besucher

d Stadt

4 Asking questions

To ask a question in German, invert the verb and the subject, or place a question word at the beginning of the sentence.

A Change these statements into questions using the question words in brackets. You may need to make some minor changes to the sentences.

Example: Berlin ist die Hauptstadt Deutschlands. (wie?) Wie heißt die Hauptstadt Deutschlands?

a In Berlin kann man viele Museen besuchen. (was?)

b Mozart ist im Jahre 1756 geboren. (wann?)

c Wien liegt im Osten Österreichs. (wo?)

d Über 100 Millionen Europäer haben Deutsch als Muttersprache. (wie viele?)

e Die Russen haben die Berliner Mauer gebaut. (warum?)

f Deutschland ist wieder vereinigt. (seit wann?)

Zur Auswahl

A Try these methods to record the new vocabulary you have met in this unit. Order your vocabulary under the following topic areas and language functions.

- vocabulary for talking about people/geography/history
- useful vocabulary for giving opinions
- useful vocabulary for giving a speech or presentation

You will add to these cards as you go through the course!

B See how many words you can still remember and which ones you need to learn again.

C Use the methods outlined above to learn this vocabulary.

1 Welche Redewendungen auf Deutsch und Englisch passen zusammen?

- a Ende gut, alles gut
- b Das ist die Höhe
- c den Nagel auf den Kopf treffen
- d zwei linke Hände haben
- e auf die Füße fallen
- f eine Nacht über etwas schlafen
- g das Herz auf dem rechten Fleck haben
- h Wer zuletzt lacht, lacht am besten.
- i alles auf eine Karte setzen
- j viel um die Ohren haben

1 to hit the nail on the head
2 to be all thumbs
3 he who laughs last laughs longest
4 all's well that ends well
5 to be up to one's eyes in it
6 to put all one's eggs in one basket
7 to fall on one's feet
8 to sleep on something
9 that's the limit
10 to have one's heart in the right place

2 Erfinden Sie einen Dialog mit einer berühmten Person, in dem Sie so viele Redewendungen wie möglich benutzen.

3 Entwerfen Sie einen Quiz über die deutschsprachigen Länder für Ihre Mitschüler.

By the end of this unit you will be able to:

- Discuss TV viewing habits
- Discuss the way advertising influences you and give your opinions about it
- Discuss the role of the press in society

- Use the cases
- Use possessives
- Use adjectives
- Use statistics
- Expressing opinions

1a Was gibt es jetzt im Fernsehen? Welche Beschreibung passt zu jedem Titel?

1b Was für Sendungen sind dies Ihrer Meinung nach?

1 Ich bin ein Star – holt mich hier raus!

2 Raus aus den Schulden!

3 Erlebnis Erde

4 Marienhof

5 Deutschland sucht den Superstar!

6 Der Landarzt

7 Der letzte Zeuge

a Durch den Klimawandel nehmen Hurrikane zu. Und die Karibik ist besonders bedroht.

b Zwei Frauen sind tot – aber was ist die Verbindung zwischen ihnen?

c Nur noch sieben Sänger bleiben – und wer fliegt heute raus?

d Vera kümmert sich um einen Piloten mit Krebs.

e Das Team hilft einem Ehepaar, das 100 000 Euro auf Kreditkarten ausgegeben hat.

f Axel überzeugt Tanja, dass er sie liebt. Aber Tanja hat andere Probleme …

g Die letzten Ereignisse im Dschungelcamp.

2a Die Zeitschrift „Junge Zeit" hat 1000 Jugendliche gefragt: „Was siehst du gern im Fernsehen?" Schauen Sie sich die Ergebnisse an.

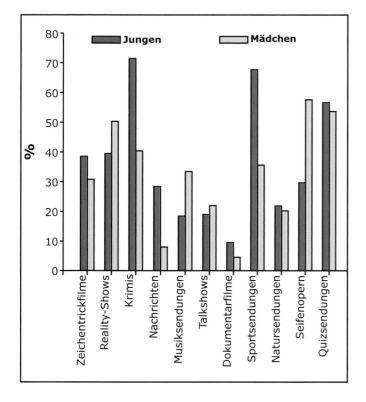

2b Richtig oder falsch?

   a Fast doppelt so viele Jungen wie Mädchen sehen gern Sportsendungen.

   b Ein Drittel der Mädchen sieht gern Reality-Shows.

   c Fast genauso viele Mädchen und Jungen sehen gern Natursendungen.

   d Mehr als dreimal so viele Jungen sehen gern die Nachrichten.

   e Talkshows sind bei den Mädchen am beliebtesten.

   f Dokumentarfilme sind nicht beliebt.

   g Mehr als die Hälfte der Befragten sehen gern Quizsendungen.

   h Ein Viertel der Jungen sieht gern Krimis.

2c Schreiben Sie noch vier Sätze zu der Grafik.

2c Schreiben Sie noch vier Sätze zu der Grafik.

Tipp

Using statistics

- Make sure you know what the figures refer to (numbers, percentages, rank order, etc.).
- Check the visual representation carefully.
- Try to be accurate: rather than saying more than or less than, use expressions such as twice as many. Make sure you know all your numbers in German, including large ones and decimals.

A Find the German for these expressions on this page.

   a on average

   b over three times as many

   c twice as many

   d just as many

   e a third

   f a half

3a Machen Sie diese Umfrage und vergleichen Sie die Ergebnisse in Ihrer Klasse.

   a Wie oft lesen Sie eine Zeitung?

   b Wie lange verbringen Sie im Durchschnitt jeden Tag vor dem Fernseher?

   c Was für Sendungen sehen Sie?

   d Wie lange hören Sie jeden Tag Radio?

   e Wo hören Sie Radio?

   f Haben Sie in letzter Zeit etwas gekauft, weil Sie die Werbung dafür gesehen haben?

3b Machen Sie eine Tabelle mit den Ergebnissen und schreiben Sie Sätze dazu.

Ein bisschen Fernsehen

▌ *Wie sind die heutigen Fernsehgewohnheiten der Deutschen?*

1 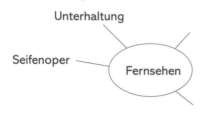 Was verbinden Sie mit dem Begriff „Fernsehen"? Schreiben Sie Ihre Ideen als Diagramm und vergleichen Sie in der Klasse.

> Unterhaltung
>
> Seifenoper ——
>
> (Fernsehen)

2 Was sind Ihre Fernsehgewohnheiten? Diskutieren Sie Folgendes mit einem Partner/ einer Partnerin.

- ● **Wie viele Stunden sehen Sie pro Woche fern?**
- ● **Mit wem sehen Sie normalerweise fern?**
- ● **Warum sehen Sie gern fern?**
- ● **Was für Sendungen sehen Sie gern?**

3a Lesen Sie den Text und finden Sie diese Wörter oder Ausdrücke auf Deutsch im Text.

a around the clock	**f in the future**
b viewers	**g to make it possible**
c a rise of	**h the quality of**
d download	**what's on offer**
e saturated	

3b Sind diese Sätze richtig oder falsch? Verbessern Sie die falschen Sätze.

- **a** **In 32 Millionen deutsche Haushalte läuft der Fernseher ungefähr drei Stunden pro Tag.**
- **b** **Die Auswahl an Fernsehkanälen ist in den letzten Jahren geringer geworden.**
- **c** **Immer weniger Familien haben Satellitenfernsehen.**
- **d** **Es gibt jetzt mehrere Methoden fernzusehen.**
- **e** **Künftig wird man zu jeder Zeit die gewünschte Sendung sehen können.**
- **f** **Die Deutschen werden in Zukunft wahrscheinlich mehr Zeit mit Fernsehen verbringen.**
- **g** **Die Sendungen werden wahrscheinlich noch schlechter werden.**

Die Invasion der Bilder

Allein in Deutschland läuft das Gerät tagtäglich drei Stunden in 32 Millionen Familien. Wer siebzig Jahre alt wird, hat statistisch sieben Jahre rund um die Uhr ferngesehen. Mit der Ankunft des digitalen Zeitalters stehen den Zuschauern jetzt Hunderte von Programmen zur Auswahl. Schon 2006 empfingen 16,4 Millionen Haushalte in Deutschland Satellitenfernsehen: ein Anstieg von 6% im Vergleich zum Vorjahr, und die Tendenz ist weiterhin steigend. Und die Möglichkeiten fernzusehen nehmen zu: Zuschauer können im Internet fernsehen, Podcasts herunterladen und in Kürze auch das Handy als Fernseher benutzen.

Kann es so weiter gehen? Wie viele Kanäle brauchen Zuschauer eigentlich noch? Laut Medienanalyst Günther Renz ist der Markt an neuen Kanälen fast gesättigt: was jetzt kommt, ist die Entwicklung des „On-Demand"-Prinzips. „Künftig werden Sender es Zuschauern ermöglichen, fast alle Sendungen abzurufen und anzusehen, wann sie Zeit und Lust haben. Ich glaube, dass das traditionelle, an feste Zeiten gebundene Fernsehen bald verschwinden wird." Dass die Deutschen dann noch mehr Zeit vor der Glotze verbringen werden, glaubt Renz allerdings nicht. „Zuschauer werden sich dann nicht mehr vor den Apparat setzen, und sich alles ansehen, sondern Sendungen aussuchen, die sie wirklich interessieren. Für die Qualität des Angebots kann das nur gut sein."

tagtäglich – *daily*	die Entwicklung – *development*
die Ankunft – *arrival*	die Glotze – *'the box' (slang for TV)*
empfangen – *to receive*	
im Vorjahr – *the previous year*	

Reality-Shows: Die neuen Fernsehhits

Was gibt's Neues im Fernsehen? In <u>den</u> letzten Jahren hat sich <u>ein</u> Fernsehformat fast explosionsartig verbreitet: <u>die</u> Reality-Show. Auch in Sachen Reality-Shows gibt es Varianten – Doku-Soaps wie „Frauentausch", Casting-Shows wie „Deutschland sucht den Superstar" oder Container-Shows wie „Big Brother". Aber eines haben sie gemeinsam: <u>der</u> Zuschauer kann sein voyeuristisches Interesse <u>am</u> Leben <u>anderer</u> befriedigen. Bei Casting- und Container-Shows kann man auch noch mitbestimmen, wer <u>den</u> großen Preis gewinnt.

Vor allem bei Casting-Shows greifen <u>die</u> Deutschen schnell zum Telefon, um für <u>ihren</u> Lieblingssänger zu stimmen. <u>Die</u> Show „Deutschland sucht <u>den</u> Superstar" ist schon bei <u>der</u> sechsten Staffel, und <u>das</u> Lied von Mark Medlock, dem letzten Gewinner, ist sofort auf <u>den</u> ersten Platz <u>der</u> Hitparade geklettert. Fast zwei Millionen Deutsche hatten ihn zum Sieger gewählt. „Solche Shows sind erfolgreich, weil sie <u>einer</u> normalen Person <u>die</u> Chance geben, ihre Träume zu erfüllen", sagt Fernsehkritikerin Sonja Müller. „Dagegen finde ich, dass Container-Shows <u>die</u> Teilnehmer nur ausbeuten."

die Staffel – *round, or series (as used here)*	erfüllen – *to fulfil*
der Sieger – *victor*	ausbeuten – *to exploit*

4 Lesen Sie den Text. Welche Satzhälften passen zusammen?

1 In letzter Zeit sind Reality-Shows	**a**	wer gewinnt.
2 Die Teilnehmer an Reality-Shows	**b**	hatte nachher viel Erfolg.
3 Die Zuschauer entscheiden,	**c**	haben für den Sieger einer Casting-Show gestimmt.
4 Der Gewinner einer Casting-Show	**d**	sehr populär geworden.
5 Zwei Millionen Deutsche	**e**	sind normale Menschen.

Grammatik ➡ 149 ➡ W10

The cases

All four German cases appear in this sentence:

Die Moderatorin der Show gab dem Sieger den Preis.

- The nominative is used for the subject of a sentence.
- The accusative is used for the direct object and after certain prepositions.
- The genitive is used to express possession/belonging.
- The dative is used for the indirect object and after certain prepositions.

A Look at the underlined words in "Reality-Shows: Die neuen Fernsehhits" and decide which case each belongs to.

5 Was halten diese vier Jugendlichen von Reality-Shows? Hören Sie zu und entscheiden Sie, welche Meinung am besten zu welchem Jugendlichen passt.

a Teilnehmer an Container-Shows müssen damit rechnen, dass Journalisten sich für sie interessieren.

b Es gibt jetzt einen Überfluss an Reality-Shows.

c Sender wollen mit Reality-Shows finanziell von den Zuschauern profitieren.

d Casting-Shows geben Unbekannten eine Chance, berühmt zu werden.

e Container-Shows respektieren die Privatsphäre der Teilnehmer nicht.

f Teilnehmer an Container-Shows verzichten freiwillig auf eine Privatsphäre.

6a Was halten Sie von Reality-Shows und vom Fernsehangebot im Allgemeinen? Diskutieren Sie mit einem Partner/einer Partnerin.

6b Fassen Sie Ihre Meinung in einem kurzen Abschnitt zusammen.

Die Schattenseite des Fernsehkonsums

▌ *Welchen Einfluss hat das Fernsehen? Zeigt es zu viel Gewalt?*

1 Was sind die Vor- und Nachteile des Fernsehens? Stellen Sie eine Liste zusammen und vergleichen Sie diese mit einem Partner/ einer Partnerin.

Fernsehgeneration

In Deutschland sitzen drei Viertel aller Kinder fast täglich vor dem Fernseher, und beinahe ein Drittel hat einen eigenen Fernsehapparat. Laut Psychologen ist es möglich, fernsehsüchtig zu werden. Also – Fernsehen als Droge?

Die Auswirkungen von übermäßigem Fernsehkonsum sind zahlreich – Kinder sind weniger aktiv, weniger erfinderisch und finden es schwieriger, Kontakte mit anderen aufzubauen. Das zunehmende Übergewicht bei Kindern und Jugendlichen ist nicht nur auf eine schlechte Diät zurückzuführen, sondern auch auf einen Lebensstil, bei dem man Fernsehen dem Sport vorzieht. Auch für den Erfolg in der Schule gibt es Konsequenzen. Studien haben gezeigt, dass Kinder, die im Alter von fünf bis 11 Jahren am wenigsten fernsehen, die größte Chance haben, in der Zukunft einen Universitätsabschluss zu machen. Dagegen schneiden Kinder, die vor ihrem dritten Lebensjahr viel ferngesehen haben, am schlechtesten bei Lesetests in der Schule ab.

Für Kinder mit einer besonders lebhaften Fantasie können sich die Grenzen zwischen Fernsehen und Realität manchmal verwischen. Sogar Kindersendungen oder Zeichentrickfilme zeigen Aggressionen und Gewaltszenen – kein Wunder also, dass Kinder dann Mord und Totschlag als Teil des Alltags betrachten. Daher ist es wichtig, auf den Inhalt der Sendungen zu achten und Kinder nicht alles wahllos anschauen zu lassen.

2a Lesen Sie den Text „Fernsehgeneration" und suchen Sie im Text die entsprechenden deutschen Wörter oder Ausdrücke für:

- a according to
- b the effects of watching too much TV
- c obesity
- d can be traced back to
- e content
- f as part of everyday life

2b Beantworten Sie die Fragen auf Deutsch.

- a Wie viele Kinder in Deutschland haben einen eigenen Fernsehapparat?
- b Was kann laut Psychologen passieren, wenn Kinder zu viel fernsehen?
- c Welche anderen Konsequenzen gibt es für die Gesundheit?
- d Wie beeinträchtigt das Fernsehen die Leistungen in der Schule?
- e Was ist vor allem wichtig, wenn Kinder fernsehen?

3a Hören Sie den sechs Jugendlichen zu, die über das Fernsehen sprechen. Wer findet es positiv und wer findet es negativ?

Julia Martin Katrin Josef Andreas Silke

---

zahlreich – *numerous*	betrachten als – *to regard*
erfinderisch – *imaginative*	*as*
zunehmende – *increasing*	wahllos – *indiscriminately*
sich verwischen – *become blurred*	

3b Hören Sie noch einmal zu und entscheiden Sie sich, welche Meinung zu welchem Jugendlichen am besten passt. Passen Sie auf – es gibt drei Aussagen, die zu keinem passen!

a Gewalt wird oft verharmlost.

b Es gibt zu viele Kriegsfilme im Fernsehen.

c Wir brauchen weniger Kanäle, aber von besserer Qualität.

d Eltern sollen die Fernsehgewohnheiten ihrer Kinder genauer überprüfen.

e Es ist gut, dass das Angebot an Fernsehkanälen größer wird.

f Das Fernsehen kann auch eine Bildungsfunktion haben.

g Eltern sollen mit ihren Kindern zusammen fernsehen.

h Das Fernsehen kann für ältere Leute unentbehrlich sein.

i Das Fernsehen unterhält und informiert uns.

4 Thema: Sollen wir Gewaltfilme verbieten? Lesen Sie den Text rechts und machen Sie eine Liste der Argumente dafür und dagegen. Diskutieren Sie mit einem Partner/einer Partnerin.

5 Schreiben Sie einen Brief an einen Fernsehsender, in dem Sie sich über den Anteil an Gewalt im Fernsehen beschweren. Benutzen Sie den Tipp sowie die Hilfe-Ausdrücke.

Tipp

Expressing opinions

To express your opinion in German:

- Meiner Meinung nach ...
- Ich denke ...
- Ich glaube (nicht) ...
- Ich verstehe nicht, warum ...
- Ich finde es normal/gut/schlecht/erschreckend/furchtbar/richtig ...
- Ich bin dafür/dagegen ...
- Ich bin überzeugt, dass ...

Sollen wir Gewaltfilme verbieten?

Pro: Durch Filme und Fernsehsendungen sehen wir Gewalt nicht mehr als eine Ausnahmesituation, sondern als einen Normalzustand und das hat ohne Zweifel einen Einfluss auf die ganze Gesellschaft. Die Statistiken weisen auf eine wachsende Kriminalität unter jungen Menschen hin — das hängt damit zusammen. Als erster Schritt sollte man Filme wie "Rambo", die Gewalt verherrlichen, nicht im Fernsehen zeigen.

Contra: Gewalt ist eine Tatsache in der heutigen Gesellschaft, es wäre also unrealistisch, sie ganz aus dem Fernsehen zu verbannen. Es kommt darauf an, wie die Gewalt dargestellt wird. In Deutschland funktioniert der Jugendschutz gut. Filme, die Gewalt verherrlichen oder verharmlosen, werden bereits verboten. Filme, die Gewalt aus der Opferperspektive zeigen, können sogar die Aggressionsbereitschaft verringern, weil man mit dem Opfer Mitleid hat.

Hilfe

Ich bin regelmäßiger Zuschauer Ihres Fernsehkanals.

Ich mache mir Sorgen um ...

Ich bin mit ... gar nicht zufrieden.

Ich finde es erschreckend ...

Es ist nicht nötig ...

Ich interessiere mich nicht für ...

Ich erwarte Sendungen von hoher Qualität.

Die Werbung

1

■ *Was nutzt uns die Werbung? Welche Wirkung hat die Werbung auf uns? Sollte man sie verbieten?*

1 Diskutieren Sie in Ihrer Klasse.

    a Was haben Sie schon wegen Werbung gekauft?

    b Was ist Ihr Lieblingswerbespot und warum?

2 Sehen Sie die zwei Anzeigen an. Diskutieren Sie in der Klasse:

    a an wen sie sich richten (Männer? Frauen? Jugendliche?)

    b womit das Produkt verbunden wird: mit Gesundheit – mit beruflichem Erfolg – mit Sexappeal – mit Qualität – mit Zuverlässigkeit – mit der Liebe – mit einem guten Lebensstil – mit der Familie.

3 Hören Sie die vier Werbespots. Für welche Produkte wird hier geworben?

extra! Hören Sie noch einmal zu und machen Sie die Aufgaben auf Arbeitsblatt 6.

4a Ist Werbung nötig? Und welchen Einfluss hat sie? Lesen Sie, was diese drei Jugendlichen dazu meinen.

Marianne: Ich glaube, Werbung kann schon nützlich sein. Ich habe mein Handy gekauft, nachdem ich es in einem Werbespot sah. Und mein Freund hat seinen Computer gekauft, weil er im Fernsehen sah, dass es ihn im Sonderangebot gab. So weit ist die Werbung eine gute Sache – sie informiert uns über neue Produkte oder über Preissenkungen. Aber ich finde, dass es zu viel **Werbung** gibt, **die sich an Kinder richtet**. Kinder sind besonders **leicht zu beeinflussen** und wollen dann sofort die Produkte, die ihre Eltern sich oft nicht leisten können. Man sollte Werbespots verbieten, wenn Kindersendungen laufen.

Jessica: Wenn ich fernsehe, will ich meine Ruhe haben, aber alle fünf Minuten kommt ein Werbespot! Ich glaube auch, dass Werbung für den **Konsumzwang** in unserer Gesellschaft verantwortlich ist. **Werbung verführt uns zum Kauf**, indem sie ein Produkt mit einem erstrebenswerten Lebensstil verknüpft. Sie ist nichts als Gehirnwäsche. Vor allem junge Leute sind davon betroffen. Meine jüngere Schwester will oft Spielsachen oder Süßigkeiten, die sie im Fernsehen gesehen hat.

Peter: Wir brauchen Werbung, damit Firmen uns auf ihre Produkte aufmerksam machen können. In unserer Konsumgesellschaft ist Werbung unentbehrlich. Wir sollten eher den Inhalt von Werbespots kontrollieren. Es gibt immer noch zu viele, die Stereotype **verfestigen** – beispielsweise Werbespots für Waschpulver.

sich leisten – *to afford*	aufmerksam machen auf
verantwortlich – *responsible*	(+ Akk.) – *to make aware of*
erstrebenswert – *desirable*	verfestigen – *to reinforce*
die Gehirnwäsche –	
brainwashing	

4b  Was bedeuten die fett gedruckten Ausdrücke in Übung 4a auf Englisch?

4c Wer sagt:

a Werbung ist eine Art Manipulierung.

b Eine freie Marktwirtschaft braucht Werbung.

c Werbung informiert uns über neue Produkte.

d Wegen Werbung fühlen wir uns gezwungen, Produkte zu kaufen.

e Man sollte Kinder vor Werbung schützen.

f Werbung ist unrealistisch.

5 Was sind die Vor- und Nachteile von Werbung? Benutzen Sie Ideen aus den Texten und fügen Sie Ihre eigenen Ideen hinzu.

Vorteile	Nachteile

6 Diskutieren Sie die folgenden Aussagen in kleinen Gruppen. Tauschen Sie anschließend Ihre Meinung mit dem Rest der Klasse aus. Benutzen Sie die Vokabeln von Übung 4 sowie Ihre eigenen Ideen.

a Man sollte Werbung für Alkohol verbieten.

b Man sollte Werbespots zwischen Kindersendungen verbieten.

c Werbespots sollten realistischer sein.

d Man sollte den Anteil an Sex in Werbespots verringern.

e Werbekampagnen können einen wichtigen Einfluss auf die Gesellschaft haben.

7 Wählen Sie dann zwei von den Aussagen in Übung 6 und schreiben Sie je einen Abschnitt (70–80 Wörter) in dem Sie Ihre Meinung dazu äußern. Benutzen Sie den Tipp auf Seite 23 und die Hilfe-Ausdrücke.

Hilfe

Wir müssen ... strenger kontrollieren.

Ich bin fest überzeugt, dass ...

Werbung übt ... Einfluss aus.

Die Werbung ermutigt uns, ...

Die Werbung hat viele Vorteile/Nachteile.

Grammatik ➡ 155 ➡ W37

Possessives

● Possessive pronouns show you who (or what) something belongs to. They are:

mein	unser
dein	euer
sein	ihr
ihr	Ihr

● They take the same endings as *ein*. For a full list see page 151.

Ⓐ Look at the texts on page 24 again and find any possessive pronouns.

Ⓑ Fill in the correct possessive pronouns with the correct ending.

a Durch Werbung kann eine Firma _____ Produkte verkaufen.

b Die meisten Eltern wollen nicht, dass _____ Kinder zu viel Werbung sehen.

c Werbung ist nötig für _____ Marktwirtschaft.

d Thomas hat _____ Handy aufgrund eines Werbespots gekauft.

e Hast du den neuen Werbespot für _____ Auto gesehen?

Was in der Zeitung steht

Was für Zeitungen lesen die Deutschen? Und wie ist es mit der Pressefreiheit?

1a Machen Sie eine Umfrage und vergleichen Sie in Ihrer Klasse. Welche der folgenden Zeitungen lesen Sie regelmäßig und warum?

- a eine regionale Zeitung
- b eine überregionale Zeitung
- c eine Boulevardzeitung
- d eine Zeitschrift
- e eine Ortszeitung

1b Welcher Titel passt zu welcher Kategorie?

1 Bunte
2 Rundblick Engelskirchen
3 Die Süddeutsche Zeitung
4 Die Bild-Zeitung
5 Die Welt

1c Wie unterscheiden sich Zeitungen und Zeitschriften? Welche Beschreibung passt zu welcher Kategorie?

- a Hier kann man Artikel über alles lesen, was in Deutschland und in der weiteren Welt passiert.
- b In dieser Zeitung handeln die Artikel auch von nationalen und internationalen Ereignissen, aber Berichte aus der eigenen Region herrschen vor.
- c Hier gibt es wenige Nachrichten, dafür aber Artikel von allgemeinem Interesse.
- d In dieser Zeitung geht es hauptsächlich um das, was in der eigenen Gemeinde passiert – hier findet man zum Beispiel Geburts- und Hochzeitsanzeigen.
- e In dieser Zeitung gibt es mehr Fotos und nicht so viel Text.

2 Was verbinden Sie mit einer seriösen und was mit einer Boulevardzeitung? Ordnen Sie diese Begriffe der richtigen Spalte zu. Machen Sie dann auch Ihre eigenen Vorschläge.

Boulevardzeitung	seriöse Zeitung

viel Sensationsmache	objektiv	nicht ausführlich
keine Argumentation	informativ	subjektiv
gute Auslandsberichte	viel „Sex und Crime"	
einfach geschrieben	politische Kommentare	
Klatsch und Tratsch	kompliziert geschrieben	

3 Hören Sie, was diese vier Leute. Notieren Sie, welche Zeitung sie lesen und warum.

4 Mit welchen der folgenden Äußerungen sind Sie einverstanden? Diskutieren Sie in Ihrer Klasse.

Die Presse darf:
a jemandem nachspionieren
b Sensationsmache betreiben
c über Tatsachen berichten, die nicht bewiesen sind
d über das Privatleben einer berühmten Person berichten
e über das Privatleben eines Unbekannten berichten
f Telefongespräche abhören
g private Fotos veröffentlichen
h Bestechungsgeld anbieten
i persönliche Kommentare veröffentlichen

5a Hat die Presse zu viel Freiheit? Lesen Sie die Aussagen.

Nils Ja, die Presse hat die wichtige Aufgabe, uns über aktuelle Ereignisse zu informieren. Journalisten haben das Recht, uns über Unrecht oder Korruption zu informieren, aber meiner Meinung nach missbraucht die Presse oft ihre Freiheit, um in die Privatsphäre des Einzelnen einzudringen. Manche Zeitschriften berichten hauptsächlich über Skandale im Leben von Prominenten und sie gehen oft zu weit. Das finde ich nicht akzeptabel.

Aber das ist nichts im Vergleich zu dem, was man im Internet veröffentlichen kann. Zur Zeit kann man ohne Probleme private Fotos oder Videos aufladen, und es gibt keine richtige Kontrollen darüber. Das ist ein riesiges Problem, und wir müssen dringend eine Lösung finden.

Sara Nein. Eine freie Presse spielt eine unentbehrliche Rolle in einer modernen Demokratie. Durch die Presse erfahren wir, was in der Welt passiert, und können uns damit auseinandersetzen. Das ist absolut nötig in einer Demokratie.

Im Grundgesetz steht: „Jeder hat das Recht, seine Meinung frei zu verbreiten", und ich finde, dass wir dies keineswegs einschränken sollten. Das Internet spielt eine große Rolle in der Pressefreiheit. Es ermöglicht Diskussionen über soziale und politische Themen. Vor allem ermöglicht es Leuten, in Ländern, in denen es keine Pressefreiheit gibt, ihre Meinung zu äußern und Diskussionen mit Gleichgesinnten zu führen.

das Unrecht – *injustice*	einschränken – *to restrict*
missbrauchen – *to abuse*	ermöglichen – *to make*
berichten – *to report*	*possible*
veröffentlichen – *to publish*	äußern – *to express*

5b Suchen Sie im Text ein Synonym für diese Wörter und Ausdrücke.

  a die Ansicht

  b benachrichtigen

  c lernen

  d sehr groß

  e sehr nötig

5c Machen Sie eine Liste mit Argumenten für und gegen die Pressefreiheit. Mit welchen sind Sie einverstanden?

6 Vier Leute werden befragt: „Hat die Presse zu viel Freiheit?" Hören Sie zu und füllen Sie die Tabelle aus.

	Ja	Nein	Grund
1 Gudrun			
2 Peter			
3 Jutta			
4 Manfred			

7 Hat die Presse zu viel Freiheit? Diskutieren Sie mit einem Partner/einer Partnerin.

8 Schreiben Sie dann einen Abschnitt von ungefähr 100 Wörtern zu dem Thema: „Hat die Presse zu viel Freiheit?"

Grammatik   ➡ 151 ➡ W20

Adjectives

Where adjectives are placed before the noun they describe, their endings change depending on the gender and case of the noun. When adjectives are used after the noun they describe, often with the verb *sein*, they are in their basic form and have no ending. For tables of all adjective endings, see page 152.

A Find all the adjectives in the text in activity 5 and decide which case and gender they have.

B Fill in the correct ending (or none).

  a Unsere Gesellschaft ist demokratisch____, und daher braucht man eine frei___ Presse.

  b Es gibt keine streng___ Kontrollen über das Internet.

  c Die Presse spielt eine wichtig___ Rolle in der Gesellschaft.

  d Journalisten sollten weniger skandalös___ Artikel schreiben.

  e In nichtdemokratisch___ Ländern ist die Pressefreiheit eingeschränkt.

Grammatik aktuell

1 The cases

In order to speak and write German correctly, it is crucial to be able to use the cases accurately – getting it wrong can change the whole meaning of a sentence.

- The nominative is used for the subject of the sentence.
- The accusative is used for the object of the sentence.
- The dative is used for the indirect object of a sentence.
- The genitive is used to show possession.

A Identify the case in each of the following sentences and translate them into English – this will help you think about how the cases confer meaning.

    a Fast ein Drittel der Kinder in Deutschland hat einen eigenen Fernseher.

    b Der Gewinner der Casting-Show hat einen großen Preis gewonnen.

    c Gute Zeitungen geben ihren Lesern Auskunft über aktuelle Ereignisse.

B Now write three sentences of your own using at least two of the cases in each sentence.

2 Possessive pronouns

Possessive pronouns are words like 'my', 'you', etc., which show who something belongs to. Often if you are answering questions about a text, you need to change the possessive pronoun.

    Example: Sandra sagt: „Ich habe **mein** Handy aufgrund von Werbung gekauft."

                Sandra hat **ihr** Handy aufgrund von Werbung gekauft.

A Identify the case of each possessive pronoun in the sentences that follow in activity B.

B Change these sentences as in the example.

    a Jutta und Thomas sagen: „Unsere Ortszeitung ist von guter Qualität."

        Jutta und Thomas finden _____ Ortszeitung von guter Qualität.

    b Der Redakteur sagt: „Ich achte sehr auf die Interessen meiner Leser."

        Der Redakteur achtet auf die Interessen _____ Leser.

    c Marianne sagt: „Meine Eltern haben keinen Fernseher." Marianne sagt, _____ Eltern haben keinen Fernseher.

3 Adjectives

Using different adjectives is a way of making your language more varied and interesting. You should aim to expand the range of adjectives you are able to use.

Adjectives in German change according to case and gender if they are placed before the noun.

    Example: Eine **freie** Presse.

Adjectives in German do not change if they come after the noun they are describing.

    Example: Die Presse ist **frei**.

A Look back through the unit and find these adjectives in the various texts.

    a tr _ _ _ _ _ on _ _ l

    b erf _ _ _ re _ _ _

    c erf _ _ der _ _ _ _

    d l _ bh _ _ _ en

    e ver _ _ _ _ _ _ _ _ ch

    f un _ _ t _ _ _ _ l _ _ _

    g n _ _ z _ _ _ h

    h er _ _ re _ _ _ _ _ _ _ t

B Now write a sentence on the topic of media using each of the adjectives in activity A.

Zur Auswahl

> Also, ich finde die vielen Talkshows im Fernsehen toll! Da erfährt man doch was über das wirkliche Leben, über die wirklichen Probleme unserer Zeit!

> Deshalb darf mein Lütter auch alle sehen. Damit er eine Ahnung vom Leben mitkriegt!

> Sag mal dem Onkel Karl, was du in letzter Zeit alles gelernt hast.

> Also... es gibt Transvestiten, Transsexuelle, Exhibitionisten, Schuhfetischisten, Voyeure...

1  Sehen Sie sich die Zeichnung an und diskutieren Sie mit einem Partner/einer Partnerin.

   a Wie verstehen Sie die Zeichnung?

   b Sehen Sie oft Talkshows?

   c Was für ein Weltbild wird von Talkshows vermittelt?

   d Stellt das Fernsehen ein realistisches Weltbild dar?

   e Können wir vom Fernsehen lernen?

   f Was für einen Einfluss hat das Fernsehen auf Kinder?

2 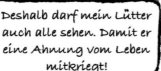 Hören Sie diesen Artikel über die Schülerzeitung des Friedrich-Hahn-Gymnasiums und beantworten Sie die Fragen auf Deutsch.

   a Wie oft wird die Zeitung herausgegeben?

   b Wie viele Schüler arbeiten daran?

   c Seit wann ist Markus Mitglied des Teams?

   d Was ermöglicht eine solche Zeitung?

   e Was steht in der Zeitung?

   f Was möchte Markus später machen?

   g Warum?

   h Was ist sein nächstes Projekt?

3 Welche Rolle spielt Werbung in der heutigen Gesellschaft? Glauben Sie, dass man die Menge an Werbung verringern sollte? Schreiben Sie 150 Wörter zu dem Thema.

Gut gesagt!

b, d und g

A Wie spricht man diese Wörter aus? Vergleichen Sie:

Bild	ob	bleiben	schreibt
Deutsch	gesund	dürfen	bald
gut	Tag	ganz	Erfolg

Man spricht die Konsonanten **b**, **g** und **d** wie **p**, **k** und **t** aus, wenn sie am Ende eines Wortes oder vor **s** oder **t** stehen.

B Üben Sie diese Sätze.

Jeden Tag gesund essen – der gute Weg zum Erfolg!

Mein deutscher Freund wird bald kommen.

Ich weiß nicht, ob er lange bleibt.

2 Die Welt der Kommunikation

By the end of this unit you will be able to:

- Discuss the pros and cons of mobile phones
- Talk about how you use the internet
- Discuss the potential dangers of the internet
- Compare traditional and modern means of communication
- Use *seit*
- Use the perfect tense
- Use modal verbs
- Use separable and inseparable verbs
- Read for gist
- Take notes while listening

1a Welcher Titel passt zu welchem Bild?

  a Kinder ziehen Computerspiele dem Lesen vor.

  b Immer mehr Schüler werden per Handy oder E-Mail belästigt.

  c Die Gefahren des Chatrooms – die meisten Eltern haben keine Ahnung.

  d Computer in der Schule – helfen sie wirklich?

  e Musik gibt's fast nur noch digital.

1b Wählen Sie ein Bild und beschreiben Sie es. Worum handelt es sich? Was wissen Sie bereits über dieses Thema?

2 Quiz. Was ist richtig? Raten Sie!

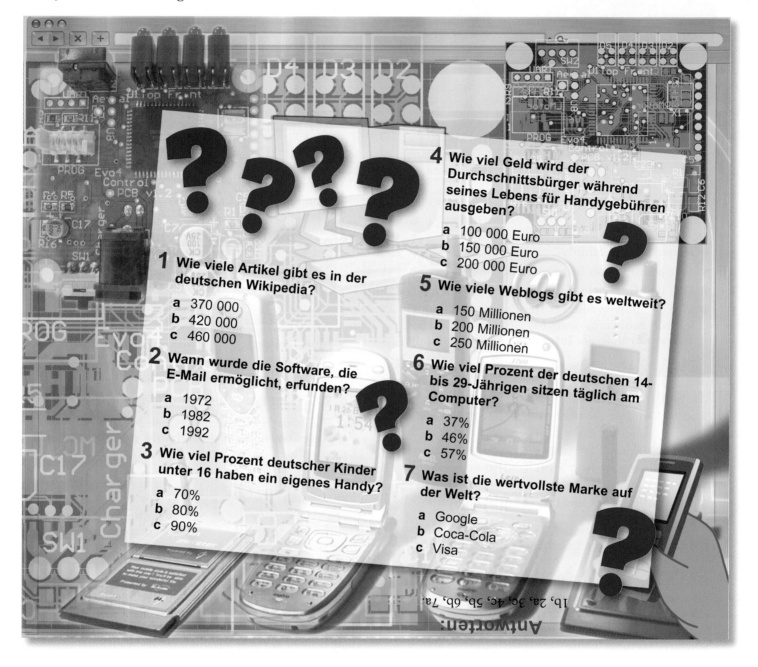

4 Wie viel Geld wird der Durchschnittsbürger während seines Lebens für Handygebühren ausgeben?

a 100 000 Euro
b 150 000 Euro
c 200 000 Euro

1 Wie viele Artikel gibt es in der deutschen Wikipedia?

a 370 000
b 420 000
c 460 000

5 Wie viele Weblogs gibt es weltweit?

a 150 Millionen
b 200 Millionen
c 250 Millionen

2 Wann wurde die Software, die E-Mail ermöglicht, erfunden?

a 1972
b 1982
c 1992

6 Wie viel Prozent der deutschen 14- bis 29-Jährigen sitzen täglich am Computer?

a 37%
b 46%
c 57%

3 Wie viel Prozent deutscher Kinder unter 16 haben ein eigenes Handy?

a 70%
b 80%
c 90%

7 Was ist die wertvollste Marke auf der Welt?

a Google
b Coca-Cola
c Visa

Antworten: 1b, 2a, 3c, 4c, 5b, 6b, 7a.

3 Diskutieren Sie die folgenden Fragen mit einem Partner oder einer Partnerin.

a Welche modernen Kommunikationsgeräte haben Sie zu Hause?

b Seit wann haben Sie sie?

c Wie viel Zeit verbringen Sie jede Woche am Computer? Was machen Sie?

d Wie oft benutzen Sie Computer in der Schule? Helfen sie Ihnen im Unterricht?

e Soll Informatikunterricht obligatorisch sein? Warum?

Ich rufe gleich zurück

▌ *Wie wichtig sind Handys für Jugendliche?*

1a 🗣 Diskutieren Sie die folgenden Fragen mit einem Partner oder einer Partnerin.

- Haben Sie ein Handy?
- Seit wann haben Sie ein Handy?
- Wie viel Geld geben Sie dafür im Monat aus?
- Wozu benutzen Sie das Handy? (a. Telefonate; b. SMS schicken; c. als MP3-Spieler; d. als Fotoapparat; e. als Internetanschluss; f. alle)

1b 🗣 Muss man ein Handy haben? Warum? Haben Handys auch Nachteile? Diskutieren Sie mit einem Partner oder einer Partnerin.

2a Lesen Sie den Text unten und finden Sie den Titel, der am besten zum Text passt.

- **a** Der Modeartikel des Jahres? Ein Handy!
- **b** Die zahlreichen Gebräuche des Handys
- **c** Handys: die neue Lebensnotwendigkeit

2b Wählen Sie die richtige Antwort und ergänzen Sie jeden Satz.

- **a** Während Lebzeiten wird jeder Mensch sehr viel Geld für Handy-Gebühren _____ . (ausgeben/sparen/stehlen)
- **b** Es stimmt nicht, dass Kinder, die ein Handy besitzen, _____ auf den Straßen sind. (sozialer/sicherer/gefährlicher)
- **c** Jugendliche benutzen ihre Handys, um _____ _____ zu organisieren. (ihre Freizeit/ihre Hausaufgaben/ihre Familien)
- **d** Man kann mit dem Handy _____ telefonieren. (ausschließlich/nur/unter anderem)
- **e** _____ Jugendliche filmen Gewalttaten mit dem Handy. (Immer mehr/Immer weniger/ Nicht sehr viele)

2c Beantworten Sie die Fragen auf Deutsch.

- **a** In welchem Alter bekommen Kinder im Durchschnitt ihr erstes Handy?
- **b** Wozu benutzen Jugendliche ihre Handys?
- **c** Was kann man alles mit dem Handy machen?
- **d** Wie viele Jugendliche kennen jemanden, der Gewaltszenen auf dem Handy gespeichert hat?

die Gebühren – *charges*	der Beweis – *piece of evidence*
der Notdienst – *emergency services*	der Zweck – *reason, purpose*
überfallen – *to attack*	

Einer deutschen Studie zufolge bekommen Jugendliche ihr erstes Handy bereits mit acht Jahren. Neun von zehn Jugendlichen haben ein Handy: für die heutige Jugend ist das Handy wichtiger als Schokoriegel. Man schätzt, dass junge Leute über einen Zeitraum von mehreren Jahre über 20 000 Euro für Handyrechnungen ausgeben.

Warum sind Handys bei Jugendlichen so begehrt? Wozu brauchen sie Handys? Es ist einfacher zu verstehen, warum Erwachsene so etwas brauchen: man kann den Notdienst anrufen, wenn man eine Panne hat, mitteilen, dass man zu spät kommt – aber bei Schülern? Manche Eltern wollen einfach, dass ihre Kinder aus Sicherheitsgründen ein Handy haben, dies trotz Beweisen, dass Kinder mit Handys eher überfallen werden. Aber die meisten Jugendlichen benutzen ihre

Handys ausschließlich zu sozialen Zwecken. Es ist nicht mehr nötig, die Eltern zu fragen, ob man telefonieren darf. Jugendliche können Freunde einfach so anrufen oder eine SMS schicken. Und seit neuestem sind Handys nicht nur zum Telefonieren da: sie dienen auch als Fotoapparate, Computer und MP3-Spieler.

Handys also als harmlose Modeartikel für Jugendliche? Nicht ganz. Jetzt kann man sogar Gewaltfilme vom Internet aufs Handy herunterladen oder sogar eigene Gewaltfilme auf dem Handy aufnehmen. Seit den letzten Jahren hat das Filmen von Gewalttaten mit der Handy-Kamera zugenommen – jeder dritte Jugendliche kennt jemanden, der Gewalt-Videos auf seinem Handy gespeichert hat. Es geht hier nun deutlich weniger um junge Mode als um Jugendschutz.

Tipp

Read for gist

A Re-read the text on page 32 and identify the key words from the list below.

einfach	Gewaltfilme
Sicherheitsgründen	Jahren
harmlos	überfallen
zu sozialen Zwecken	Jugendschutz

B Write a sentence in English to convey the idea of each paragraph in the text on page 32.

3a Hören Sie das Interview mit Markus und Sabine. Wer sagt … ?

a Ich habe seit fünf Jahren ein Handy.

b Ich wollte ein Handy, weil das in Mode war.

c Meine Eltern finanzieren mein Handy.

d Meine Eltern wollten nicht, dass ich ein Handy bekomme.

e Ich habe mein eigenes Handy gekauft.

f Meine Eltern wollten aus Sicherheitsgründen, dass ich ein Handy habe.

g Ich höre auch Musik auf dem Handy.

h Ich benutze mein Handy, um mein Privatleben zu organisieren.

i Ich finde es gut, dass ich mein eigenes Telefon habe.

j Nur eine Minderheit filmt Gewaltszenen mit dem Handy.

3b Sehen Sie sich die Aussagen von Übung 3a noch einmal an. Welche treffen auch auf Sie zu? Vergleichen Sie mit einem Partner/einer Partnerin.

4a Lesen Sie die zwei Texte rechts und fassen Sie das Hauptargument jedes Textes in einem Satz auf Deutsch zusammen.

4b Machen Sie nun eine Liste von allen Vor- und Nachteilen von Handys. Vergleichen Sie Ihre Ideen mit einem Partner oder einer Partnerin.

Grammatik ➡ 167

seit

seit (+ dat)	=	since (a point in time)
	=	since (a length of time)

● In German, you use **seit** with the present tense to say how long you have been doing something.

Ich habe **seit** fünf Jahren ein Handy.
I have had a mobile for five years.
Ich habe **seit** 2006 ein Handy.
I have had a mobile since 2006.

A Write five sentences of your own using *seit* to say how long you have been doing or have done certain things.

4c Bereiten Sie eine kurze Präsentation über die Vor- und Nachteile von Handys vor und tragen Sie diese einer Gruppe von zwei bis drei Mitschülern vor.

4d Formulieren Sie nun schriftlich Ihre eigene Meinung zum Thema „Handy" (etwa 100 Wörter).

Handys – machen sie Schüler dümmer oder klüger?

Frau Emmerlich, Deutschlehrerin

Dümmer! Schüler schicken die ganze Zeit SMS oder E-Mails voller Chatsprache – das heißt Abkürzungen oder erfundene Wörter. Und dann schreiben sie genauso in der Schule. Sie können kein richtiges Deutsch mehr.

Herr Rothman, Informatiklehrer

Klüger! Das Web breitet sich zunehmend auf dem Handy aus. Schüler können also das Handy benutzen, um Recherchen im Internet zu machen. Das ist vor allem gut für diejenigen, die sich keinen richtigen Computer leisten können.

Der Sieg des www.

■ *Welche Rolle spielt das Internet in Ihrem Leben?*

1 Machen Sie eine Umfrage in der Klasse.

a Wer hat das Internet zu Hause?

b Wer benutzt das Internet regelmäßig?

c Wozu?

2 Hören Sie sich an, was diese vier Personen sagen. Wozu benutzen sie das Internet? Was halten sie davon?

Name	Wozu benutzt er/sie das Internet?	Meinung
Gerd		
Carola		
Sebastian		
Ute		

3a Lesen Sie den Text rechts und finden Sie die deutschen Begriffe für die folgenden Wörter.

a information

b screen

c to order

d office hours

e choice

f to make a choice

g to find out

3b Lesen Sie **a–d**. In jedem Satz finden Sie ein falsches Detail. Korrigieren Sie die Details und schreiben Sie die Sätze richtig auf.

a Man muss die Adresse der Webseite in den Computer eintippen und nach einiger Zeit erscheint die Auskunft.

b E-Commerce hilft vor allem Reisebüros.

c Christoph hat entdeckt, dass es einfacher ist zu telefonieren, als mit dem Computer zu arbeiten.

d Im Internet ist das Angebot an Informationen geringer als in traditionellen Prospekten.

IVC - Internet Video Converter 1.40

Der Sieg des www.

Radio hören, Zeitung lesen, Kontostand überprüfen – egal was man machen will, man muss nur noch die Adresse in den Computer eintippen und sofort taucht die gewünschte Auskunft auf dem Bildschirm auf. Man hat nur noch wenig Grund aus dem Haus zu gehen – alles, was man braucht, kann man per Internet bestellen, vom Auto bis zu Lebensmitteln. Im Bereich Tourismus kann E-Commerce den Kunden besonders viele Vorteile bringen. Christoph Marschollek hat seine Reise nach London über Internet organisiert – Flug, Hotelreservierung, sogar den Reiseführer und Karten für die Oper hat er online bestellt und mit Kreditkarte bezahlt. „Das war viel einfacher als überall anzurufen", meint er. „Erstens ist es oft schwierig, die gewünschte Telefonnummer zu finden, dann kann man oft nur zu Geschäftszeiten anrufen, wenn ich selbst arbeite. Auch hat man im Internet viel mehr Auswahl – es gibt Fotos von Hotels mit Beschreibungen von den Zimmern. Man ist dann besser in der Lage, eine Wahl zu treffen. Die Bestellung der Opernkarten war besonders praktisch – wo kann man sonst herausfinden, was in London im Theater läuft?"

Internet Video Converter 1.40 - by Anh NGUYEN

3c Füllen Sie die Lücken mit der richtigen Form eines Verbs aus der Liste unten aus.

a Man kann seine Finanzen per Internet _____.

b Durch das Internet kann man zu Hause bleiben und _____ .

c Christoph hat Opernkarten im Internet _____.

d Christoph hat es nicht einfach gefunden, während des Arbeitstags zu _____ .

e Per Internet hat Christoph Auskunft über Veranstaltungen in London _____ .

---

einkaufen telefonieren bekommen

organisieren kontrollieren kaufen

---

4 Sehen Sie sich die Antworten für Übungen 2 und 3 an. Sind Sie damit einverstanden, dass das Internet etwas Positives ist? Machen Sie eine Liste und vergleichen Sie diese mit einem Partner oder einer Partnerin.

Das Internet gehört mir!

Was Jugendliche am Internet so reizvoll finden, ist vor allem, dass sie selbst mitmachen können. Jeder hat Zugang zu einem Chatroom, kann ein Blog schreiben oder sogar eine eigene Webseite haben.

Anna-Lena hat ein Jahr in England als Austauschschülerin verbracht, wollte aber den Kontakt zu ihren Freunden in Deutschland nicht verlieren. So hat sie sich bei mytagebuch. de angemeldet und ihr Tagebuch online geschrieben. So konnten Freunde, Familie und auch Fremde lesen, wie es war, als Deutsche auf eine englische Schule zu gehen – und konnten auch ihre Kommentare dazu abgeben. Für Anna war es ideal: „Ich habe schon immer ein Tagebuch geschrieben", sagt sie, „und durch das Blog konnte ich meine Erfahrungen mit anderen teilen. Natürlich habe ich nichts Privates in meinem Blog geschrieben." Das macht nicht jeder – manche benutzen Blogs, um ihre innersten Gefühle mitzuteilen, weil man im Internet anonym bleiben kann. Aber für andere sind Blogs eine Methode, mit der Welt zu kommunizieren – beispielsweise das berühmte Blog eines jungen Irakers, der über den Zustand in seinem Land während des Kriegs berichtete.

Alexandra ist etwas weitergegangen: Da ein Blog ihr zu wenig war, stellte sie die Webseite „Lizzynet" zusammen – und gewann damit mehrere Preise für die Gestaltung der Seite. „Lizzynet" ist eine Seite für Mädchen zwischen 14 und 19, wo diese Ideen austauschen und ihre Meinungen ausdrücken können. In der LizzyPresse schreiben die Mädchen, was sie erlebt haben, welche Filme und Bücher sie gut gefunden haben und was sie von den neuesten Ereignissen in der Welt halten – es geht also nicht nur um Diäten und Schminktipps. Alexandra ist stolz auf ihre Webseite: „Fast 15 000 haben sich angemeldet", sagt sie, „und ich habe dadurch auch eine Menge Leute kennen gelernt".

die Erfahrung – *experience*	gründen – *to found*
veröffentlichen – *to publish*	das Ereignis – *event*

5a Lesen Sie den Text oben. Welche Überschrift passt zu welchem Absatz?

   a Erlebnisse auf der Webseite mitteilen

   b Junge Leute haben meistens Zugang zum Internet

   c Nachrichten und Gefühle mitteilen

5b Beantworten Sie die Fragen auf Deutsch.

   a Warum finden Jugendliche das Internet so reizvoll?

   b Warum hat Anna-Lena angefangen, ein Blog zu schreiben?

   c Worüber hat sie in ihrem Blog geschrieben?

   d Was hat sie im Vergleich zu anderen Bloggern nicht geschrieben?

   e Wozu benutzen manche Leute Weblogs?

   f Was hat Alexandra gemacht?

   g Wer sind die Mitglieder vom „Lizzynet"?

   h Worüber schreiben die Mädchen?

6 Diskutieren Sie Folgendes mit einem Partner/einer Partnerin.

   ● **Was er/sie alles in der letzten Woche im Internet gemacht hat**

   ● **Ob er/sie je ein Blog geschrieben hat**

   ● **Welche Webseiten er/sie sich regelmäßig anschaut und warum**

7 Schreiben Sie einen kleinen Artikel darüber, wozu Sie das Internet in letzter Zeit benutzt haben und was Sie vom Internet halten.

Grammatik ➡ 158 ➡ W50

The perfect tense

To talk about the past, we often use the perfect tense. It is formed from:

   auxiliary verb (*haben/sein*) + past participle

● The auxiliary verb comes in the normal verb position and changes according to the subject of the sentence. The past participle goes to the end of the sentence.

● Most verbs take *haben* as their auxiliary verb. A few, mostly verbs of movement such as *gehen, fahren, fliegen,* take *sein.*

   Sie **haben** auf dem Land **gelebt.**

   Er **ist** mit dem Rad **gefahren.**

● The past participle of a weak verb:

   leben   **ge-** + leb + **-t**

● Past participles of strong verbs often have a change of vowel and sometimes consonant in the stem.

   bleiben   **ge-** + blieb + **-en**

For a list of strong verbs, see p. 168.

A Look at the text above and note all the verbs in the perfect tense.

Auskunft außer Kontrolle?

▌*Im Internet schreibt fast jeder den Inhalt selbst. Aber ist das immer eine gute Sache?*

1 Im Internet können Schüler schnell Recherchen für Schulprojekte machen – aber stimmt alles, was sie vom Internet herunterladen? Bei Wikipedia, der Enzyklopädie im Internet, kann jeder mitschreiben. Auf der einen Seite bedeutet das, dass interessante Details erscheinen, die man nie in einem Buch finden würde. Aber auf der anderen Seite gibt es bestimmt Fehler oder mangelnde Auskünfte zu bestimmten Themen.

2 Warum soll man sich die Mühe geben, selbst die Hausaufgaben zu schreiben? Auf mehreren Webseiten können Schüler Klassenarbeiten herunterladen. Lehrer regen sich über solche Webseiten auf. „Schüler müssen Hausaufgaben machen, um ihre eigenen Kenntnisse zu vertiefen", meint ein Schulleiter aus Bonn. „Die Regierung sollte diese Webseiten verbieten."

4 Es gibt Webseiten, auf denen man seine eigenen Videos aufladen kann. Für junge Regisseure ist es eine einfache Methode, ihre kreativen Kunstwerke zu veröffentlichen – aber einige Schüler haben Prügelszenen aufgeladen, die sie mit dem Handy aufgenommen haben. Die Benutzer haben selbst Kontrolle über die Webseite – wer etwas Unpassendes findet, kann sich beklagen, und das Video wird innerhalb von 24 Stunden entfernt. Aber bis dahin können bereits Tausende die Szenen gesehen haben.

3 Im Internet lernen Kinder einander kennen – aber nicht nur Kinder melden sich in Chatrooms an. Auch Erwachsene sind dabei, Kriminelle, die Kinder dazu verführen wollen, sich vor einer Web-Kamera auszuziehen – oder noch Schlimmeres zu tun. Die meisten Eltern haben keine Ahnung, mit wem ihre Kinder chatten. Laut Jugendschutzorganisationen sollen sie strenger kontrollieren, mit wem ihre Kinder im Internet kommunizieren.

6 „Reporter ohne Grenzen" unterstützt die Pressefreiheit weltweit, vor allem in Ländern, wo sie beschränkt ist. Mit ihrer Webseite gibt die Organisation Auskunft über Journalisten, die verfolgt werden, weil sie versuchen, die Welt über Ereignisse in ihrem Land zu informieren. Die Organisation unterstützt auch Online-Dissidenten, für die das Internet die einzige Möglichkeit bietet, ihre Meinung zu verbreiten.

5 80% aller Weblogs beeinhalten Pornomeldungen, behaupten Anbieter von Filtersoftware. Eltern müssen sich also einen guten Filter besorgen, wenn sie sicher gehen wollen, dass ihre Kinder solche Texte oder Bilder nicht sehen können.

1a Lesen Sie die sechs Texte. Welche Überschrift passt zu welchem Abschnitt?

a Internet bedeutet Meinungsfreiheit

b Faule Schüler betrügen mit Hilfe des Internets

c Tagebücher oder Pornoseiten?

d Wovor Eltern ihre Kinder schützen müssen

e Informationsflut – aber was stimmt eigentlich?

f Gewalt im Internet

1b In welchem Abschnitt liest man Folgendes?

a In einigen Ländern gibt es keine andere Methode außer dem Internet, sich Gehör zu verschaffen.

b Viele Eltern wissen nicht, mit wem ihre Kinder im Internet Kontakt haben.

c Schüler können problemlos Klassenarbeiten auf Webseiten finden.

d Auf manchen Webseiten sind selbst gedrehte Gewaltvideos zu finden.

e Man muss aufpassen, wenn man Recherchen im Internet macht, weil nicht jede Auskunft richtig ist.

f Eltern müssen Maßnahmen treffen, um unerwünschten Inhalt zu blockieren.

1c Sollte man im Internet Zensur einführen? Machen Sie eine Liste von den Vor- und Nachteilen.

2a 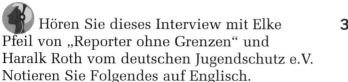 Hören Sie dieses Interview mit Elke Pfeil von „Reporter ohne Grenzen" und Haralk Roth vom deutschen Jugendschutz e.V. Notieren Sie Folgendes auf Englisch.

- **What they think about censoring the Internet**
- **Why they are of this opinion**
- **Any other advice they give**

2b Hören Sie sich die Interviews noch einmal an und beantworten Sie die folgenden Detailfragen.

a **Warum ist es laut Frau Pfeil nicht möglich, das Internet zu kontrollieren?**

b **Warum ist das Internet so wichtig für manche Journalisten?**

c **Was macht „Reporter ohne Grenzen", um Online-Dissidenten zu unterstützen?**

d **Was sollen Eltern laut Herrn Roth machen?**

e **Wie können Eltern das machen?**

f **Was sollen die Besitzer von manchen Webseiten zusätzlich tun?**

Tipp

Taking notes while listening

In listening exercises you may be asked general questions or simply to give a summary. You will need to take notes while you listen.

- **Think about the vocabulary you might hear.**
- **Know your task. Do you have specific questions to answer? Or are you to give a general summary? (In activity 2a you're given three specific areas.)**
- **Try to make sense of what you are hearing and concentrate on the important information.**
- **Only write down key words (and – where appropriate – key figures).**
- **Go over your notes immediately after you have finished listening, while you have the passage still fresh in your mind, and fill in any gaps.**

Gradually develop your own system for writing things down quickly and efficiently so that you can make sense of your notes afterwards.

3a Soll man den Inhalt des Internets strenger kontrollieren? Diskutieren Sie mit einem Partner/einer Partnerin.

3b Sie nehmen an einer Blogsdiskussion zum Thema „Sollte man das Internet strenger kontrollieren?" teil. Schreiben Sie Ihre Ideen auf (etwa 100 Wörter) und tauschen Sie Ihre Meinung mit anderen in der Klasse aus.

Grammatik ➡ 157 ➡ W46

Modal verbs

- Use modal verbs with the infinitive form of another verb.

  können (*ability*) - *to be able to/can*

  wollen (*intention*) - *to want to*

  müssen (*obligation*) - *to have to/must*

  dürfen (*permission*) - *to be allowed to/may*

  sollen (*advice*) - *to be supposed to/ should*

A Find examples of modal verbs in the texts on page 36. Note the position of the modal verb and the infinitive in the sentence.

B Fill in the correct form of the modal verb.

a Eltern _____ (*sollen*) besser aufpassen, wenn ihre Kinder im Internet surfen.

b In manchen Ländern _____ (*dürfen*) man seine Meinung nicht frei verbreiten.

c Die Organisation „Reporter ohne Grenzen" _____ (*wollen*) die Pressefreiheit fördern.

d Manche Webseiten _____ (*müssen*) ihren Inhalt besser kontrollieren.

Die alten gegen die neuen Medien

Im Internet kann man fast alles machen. Brauchen wir die alten Medien noch?

1a Machen Sie ein Spinnendiagramm zum Thema „Alte und neue Medien". Was sind die Vor- und Nachteile beider Medien?

1b Vergleichen Sie Ihre Listen mit einem Partner/einer Partnerin.

2a Brauchen wir die alten Medien noch? Hören Sie zu. Wer sagt das?

a Das Internet ist keineswegs so vorteilhaft, wie es scheint.

b Das Internet ist teurer als die traditionellen Medien.

c Die traditionellen Medien benutzen das Internet, um neue Dienste anzubieten.

d Das Internet macht es einfacher, Nachrichten von zu Hause zu erhalten, wenn man beispielsweise unterwegs ist.

e Wegen des Internets könnte die Arbeitslosenquote steigen.

f Es ist ungesund, zu viel Zeit vor dem Bildschirm zu verbringen.

g Die alten Medien müssen sich modernisieren.

h Die alten Medien könnnen Bilder besser übertragen.

2b Hören Sie noch einmal zu und füllen Sie die Lücken mit einem passenden Wort aus dem Kasten aus.

a Marianne glaubt nicht, dass das Internet die anderen Medien _____ wird.

b Marianne findet die Vorteile des Internets _____.

c Martin glaubt, dass manche Jobs wegen des Internets in _____ sind.

d Silke meint, dass man eine Zeitung besser mit sich _____ kann.

e Sie findet auch, dass es _____ ist, eine Zeitung am Bildschirm zu lesen.

f Hans glaubt, dass das Internet den traditionellen Medien _____, sich zu entwickeln.

unterstützt	reizvoll
ersetzen	mitnehmen
übertrieben	unangenehm
herumtragen	Gefahr

3a Lesen Sie das Interview rechts mit Alex Schuster, Medienanalyst, und finden Sie diese Vokabeln auf Deutsch im Text.

a to endanger

b not at all

c to exaggerate

d to have access to

e in the near future

f simultaneously

g to disappear

3b Beantworten Sie die Fragen auf Deutsch.

a Warum glaubt Herr Schuster nicht, dass das Internet die traditionellen Medien gefährdet?

b Welche Vorteile hat das Internet für Regionalzeitungen und Radiosender?

c Warum könnte es ein Nachteil sein, Computer und Fernseher in einem Gerät zu kombinieren?

d Was kann man jetzt schon machen, wenn man eine Sendung im Fernsehen verpasst hat?

e Welche Vorteile hat das für die Sender?

f Was wird laut Herrn Schuster wahrscheinlich verschwinden und warum?

4 Sehen Sie sich Ihre Antworten zu Übungen 2b und 3b an. Mit welchen sind Sie einverstanden? Diskutieren Sie mit einem Partner/einer Partnerin.

Int.: *Interviewer*
AS: Alex Schuster

Int.: *Herr Schuster, gefährdet das Internet alte Medien wie Fernsehen und Radio? Brauchen wir sie noch?*

AS: Das Internet gefährdet sie keineswegs, sondern bietet ihnen neue Wege an, ihren Einfluss auszubreiten. Man übertreibt die Gefahren des Internets für die alten Medien.

Int.: *Wie meinen Sie das?*

AS: Es gibt zum Beispiel viele Regionalzeitungen oder Radiosender, zu denen man nur vor Ort Zugang hat. Heutzutage kann ich mich an meinen Computer setzen, egal, wo ich auf der Welt bin, um meinen Lieblingssender zu hören oder meine Lieblingszeitung zu lesen. Es heißt also nicht, dass wir Radio und Presse nicht mehr brauchen, sondern dass diese Medien nicht nur Papier oder ein Radiogerät als Kommunikationsmittel benutzen.

Int.: *Und Fernsehen? Werden wir in Zukunft keine Fernsehgeräte mehr brauchen?*

AS: Es ist möglich, dass man sich in der näheren Zukunft ein Gerät anschaffen wird, das zugleich als Computer und Fernseher dient. Aber das ist problematisch – was macht man, wenn ein Familienmitglied surfen und ein anderes fernsehen will? Sicher ist, dass die Fernsehsender auch das Internet benutzen, um neue Dienste anzubieten.

Int.: *Zum Beispiel?*

AS: Jetzt schon kann man Sendungen, die man sehen möchte, direkt von Computer herunterladen. Man muss dafür bezahlen, und das bedeutet finanzielle Sicherheit für die Sender.

Int.: *Wird dann nichts wegen des Internets verschwinden?*

AS: Ich glaube, dass es DVDs so gehen wird wie CDs – viele Jugendliche laden bereits lieber Musik vom Internet herunter, als eine CD zu kaufen. Mit DVDs könnte es genauso gehen.

5 Was kann man im Internet besser machen? In welcher Hinsicht sind die alten Medien besser? Schreiben Sie Ihre Meinung auf (etwa 150 Wörter).

Grammatik   ➡ 157 ➡ W44

Separable and inseparable verbs

● Many verbs are made up of a basic verb (such as *bieten* or *treiben*) and a prefix (such as *an-* or *über-*). Some prefixes are separable and some are not. Separable verbs such as ***anbieten*** split into two parts:

| anbieten | Die Sender **bieten** neue Dienste **an**. |
| übertreiben | Man **übertreibt** die Gefahren des Internets. |

● In the past participle of separable verbs, *-ge-* is inserted between the prefix and the stem:

Die Sender haben neue Dienste an**ge**boten.

● Inseparable verbs do not add *-ge-* in the past participle:
Man hat die Gefahren des Internets **übertrieben**.

A Find these separable verbs in German in the text left.

a to spread, extend   e to get, acquire
b to sit down   f to watch TV
c to download   g to prefer
d to listen to

B Write a sentence using each of the verbs in activity A in the present and perfect tenses.

Grammatik aktuell

1 seit

Remember that you use the present tense + seit to say how long or since when you have been doing something.

A Answer these questions in German using seit.

   a Seit wann hast du ein Handy?

   b Seit wann kannst du einen Computer benutzen?

   c Seit wann lernst du Deutsch?

   d Seit wann hast du eine E-Mail-Adresse?

2 Perfect tense

This is the most common past tense used in spoken German and in everyday writing. You need to be clear about:

- which verbs take haben and sein
- the past participles of irregular verbs

Remember also that verbs which begin with be-, emp-, ent-, ver- or über-, or which end in -ieren, do not form the past participle with ge-.

A Fill in the gaps in the sentences using the perfect tense of the verb in brackets.

   a Ich _____ vor fünf Jahren meinen ersten Computer _____ . (kaufen)

   b Wir _____ Recherchen für Schulprojekte _____ . (machen)

   c Anna-Lena _____ ihr Tagebuch online _____ . (schreiben)

   d Alexandra _____ ihre eigene Webseite _____ . (gründen)

   e Manche _____ in Blogs über politische Ereignisse _____ . (berichten)

   f In den letzten fünf Jahren _____Kinder zunehmend Zeit vor dem Computer _____ . (verbringen)

   g Kinder in Deutschland _____ in den letzten Jahren dicker _____ . (werden)

   h Wie lange _____ du letzte Woche im Internet _____ ? (surfen)

3 Modal verbs

Modal verbs are used a lot in everyday speech, and it is important to be able to use them correctly – remember that they send the second verb to the end of the sentence. Don't forget that möchte is a form of the modal verb mögen.

A Answer the questions using modal verbs. Start each sentence with the modal verb in the question. Give two or three examples for each question.

   a Was kann man mit dem Internet machen?

   b Warum wollen Jugendliche das Internet benutzen?

   c Wozu darf man das Internet in Ihrer Schule benutzen?

   d Möchtest du in der Schule mehr Informatikunterricht haben? Warum?

   e Was müssen Eltern machen, um ihre Kinder vor Gefahren im Internet zu schützen?

   f Was sollte die Regierung machen, um Kinder vor Gefahren in Internet zu schützen?

4 Separable and inseparable verbs

Remember that not all verbs which have prefixes are separable verbs. Verbs beginning with be-, emp-, ent-, ver- or über- are not separable.

A Find these separable verbs in German (they are all in texts in this unit) and write a sentence in the present and perfect tenses using each one.

   a to phone

   b to join in

   c to exchange

   d to express

   e to get to know

Zur Auswahl

Bei Jugendlichen hat der Computer dem Buch den Rang abgelaufen. Laut einer Umfrage setzen sich 47% aller Jugendlichen regelmäßig an den Computer, doch nur 43% lesen Bücher. Vor fünf Jahren haben doppelt so viele Kinder Bücher gelesen, statt den Computer zu benutzen.

Was bedeutet das also für Kinder? Es ist nicht so, dass Kinder überhaupt nicht mehr lesen: bei der letzten Umfrage haben noch 45% regelmäßig gelesen. Aber viel mehr Kinder haben jetzt Zugang zu einem Computer zu Hause. Was sie jetzt weniger machen ist Sport treiben – sie spielen nicht mehr im Garten, sondern spielen am Computer. Diejenigen, die für Computerspiele sind, behaupten, dass sie Kreativität fördern. Aber sie können nicht abstreiten, dass es nicht gerade gesund ist, stundenlang am Computer zu sitzen. „Eltern müssen regeln, wie ihre Kinder ihre Freizeit verbringen", meint Kinderpsychologin Antje Bauer, „Es schadet keineswegs, am Computer zu spielen, aber höchstens für eine Stunde am Tag. Kinder sollten auch lesen und Zeit an der frischen Luft verbringen. Das steigende Übergewicht bei Kindern zeigt uns, wie ernst dieses Problem ist."

1 Lesen Sie den Text und wählen Sie die richtige Antwort.

a Die Anzahl der Kinder, die regelmäßig den Computer benutzen, ist in den letzten fünf Jahren _____. (gesunken/gestiegen/gleich geblieben)

b Kinder lesen _____ als vor fünf Jahren. (viel weniger/ein bisschen weniger/viel mehr)

c Kinder verbringen jetzt weniger Zeit _____. (zu Hause/im Freien/beim Spielen)

d Computerspiele sollen Kindern helfen, _____ zu werden. (intelligent/launisch/erfinderisch)

e Eltern sollten _____ , wie lange ihre Kinder vor dem Computer verbringen. (bestimmen/zählen/ignorieren)

f Weniger Sport führt dazu, dass Kinder _____. (weniger essen/zunehmen/schlecht schlafen)

2 Sehen Sie sich die Aussagen unten an. Sind Sie damit einverstanden oder nicht? Diskutieren Sie mit einem Partner oder einer Partnerin und fassen Sie dann Ihre Ideen schriftlich zusammen.

a Wir brauchen mehr Computer in der Schule.

b Eltern sollten strenger kontrollieren, was ihre Kinder im Internet machen.

c Jedes Kind sollte aus Sicherheitsgründen ein Handy haben.

d Wir sollten den Zugang zu bestimmten Webseiten in der Schule verbieten.

3 Bereiten Sie eine Broschüre namens „Sicher surfen" vor. Welche Tipps geben Sie Jugendlichen, damit sie das Internet gefahrlos benutzen können?

Gut gesagt!

ig, ich, isch

A Wiederholen Sie die Adjektive.

wen**ig**	mög**lich**	prakt**isch**
bill**ig**	eigent**lich**	polit**isch**
witz**ig**	jugend**lich**	laun**isch**
günst**ig**	schrift**lich**	erfinder**isch**

B Versuchen Sie jetzt diesen Zungenbrecher:

Theoretisch ist das richtig, aber eigentlich gar nicht wichtig – beschwichtigt der ewig praktische Herr Derwisch.

1a Lesen Sie den Text.

Verrückt nach Seifenopern!

Am Anfang war Seife! In den zwanziger Jahren kamen amerikanische Waschmittel-Produzenten auf die Idee mit Herz-Schmerz-Geschichten für ihre Produkte zu werben. Die Soaps sind geboren – und boomen immer noch. Nicht nur Importe aus Amerika gibt es heute – in Deutschland hat fast jeder Kanal inzwischen seine eigene Soap. Hauptsache bei einer Seifenoper – kurze Szenen, damit der Zuschauer sich nicht zu lange konzentrieren muss, viele interessante Charaktere und Spannung. Soaps sind immerhin nicht alle nach demselben Modell geschnitten. „Verbotene Liebe" ist die einzige deutsche Soap nach dem amerikanischen Modell – zwei rivalisierende Familienclans mit viel Geld und jede Menge Intrigen. „Marienhof" auf der anderen Seite versucht etwas realistischer zu sein. Denise Jahn arbeitet bei der ARD in der Redaktion von „Marienhof": „Klar ist Unterhaltung der Hauptzweck einer Soap", meint sie, „aber die Zuschauer sollen sich mit den Charakteren identifizieren können. Die Sendung ist populär, weil unsere Zuschauer ihr eigenes Leben darin erkennen. Wir versuchen auch aktuelle

Themen wie Ausländerfeindlichkeit zu behandeln. In dieser Hinsicht haben Seifenopern die Macht, die Aufmerksamkeit der Zuschauer auf Brennpunkte der heutigen Gesellschaft zu lenken." Soziologin Andrea Hammer hat eine andere Erklärung: „Die Soaps ersetzen die sozialen Kontakte für die immer größere Anzahl an Menschen, die allein wohnen. Außerdem sind die eigenen Probleme gegenüber denen in der Serie nicht halb so schlimm!"

---

die Spannung – *tension*
die Redaktion – *editorial team*
der Hauptzweck – *main purpose*
die Ausländerfeindlichkeit – *hostility to foreigners, racism*
in dieser Hinsicht – *in this respect*
der Brennpunkt – *burning issue*

1b Beantworten Sie diese Fragen auf Englisch.

a **When and where were the first soap operas broadcast?**

b **What was the purpose of these soap operas?**

c **What are the typical characteristics of a soap opera?**

d **What is „Verbotene Liebe" about?**

e **How are „Verbotene Liebe" and „Marienhof" different?**

f **Why is Marienhof successful according to Denise Jahn?**

g **What important role do soap operas play in society in her opinion?**

h **How does Andrea Hammer explain the success of soap operas?**

2a Denken Sie an eine Seifenoper, die Sie kennen, und machen Sie Notizen unter den folgenden Stichpunkten.

- **An wen richtet sich die Seifenoper?**
- **Sind die Charaktere realistisch?**
- **Können Sie sich mit den Charakteren identifizieren?**
- **Welche aktuellen Themen hat die Sendung neulich behandelt?**

Beschreiben Sie Ihre gewählte Seifenoper den anderen Mitgliedern der Klasse. Sie sollen erraten, welche Sendung Sie beschreiben.

2b Sind Sie mit Denise Jahn einverstanden? Haben Seifenopern viel Macht? Können sie eine nützliche Rolle erfüllen? Diskutieren Sie in Ihrer Klasse.

3 Fassen Sie die Übungen 2a und 2b schriftlich zusammen. Beschreiben Sie Ihre Lieblingsseifenoper und äußern Sie Ihre Meinung darüber.

4 Sind Computer die besseren Lehrer? Hören Sie zu und wählen Sie die richtige Antwort.

1 Nach der Schule schaltet Andreas den Computer _____ ein.

a selten   c sofort

b nie

2 In der Schule findet Andreas es schwierig, _____ zu sitzen.

a in Ruhe   c allein

b vor dem Computer

3 Am Computer kann er arbeiten, _____.

a wann er Lust hat

b wenn er nichts Besseres zu tun hat

c wenn seine Eltern es ihm sagen

4 Abends kann sich Andreas _____ konzentrieren.

a überhaupt nicht   c besser

b schlecht

5 Es gibt _____ Webseiten, die bei Hausaufgaben helfen.

a viele   c keine

b wenige

6 Manche Schulen _____ die neuesten Computer.

a wollen   c haben kein Geld für

b kaufen

7 In Amerika haben _____ der Schüler einen eigene Laptop.

a 4%   b 25%   c 34%

8 Die Noten der Schüler mit Laptops haben sich _____.

a verbessert   c nicht verändert

b verschlechtert

5 Sind Computer die besseren Lehrer? Was meinen Sie? Diskutieren Sie die folgenden Fragen mit einem Partner/einer Partnerin.

- Wie viele Schulstunden verbringen Sie jede Woche im Informatiklabor?
- Sind Computer in der Schule nötig?
- Kann man mehr von einem Computer lernen als von einem Lehrer?
- Welche Gefahren gibt es, wenn man nur vom Internet Auskunft bekommt?
- Sollen Schulen mehr Geld in Computer investieren?

6 Fassen Sie Ihre Meinung dann schriftlich zusammen.

7 Schreiben Sie einen Werbespot für dieses Produkt.

By the end of this unit you will be able to:

■ Discuss what Germans like to do in their free time

■ Describe different hobbies and pastimes

■ Comment on various trends in cinema and its relevance in the 21st century

■ Talk about music and musicians

■ Gain an insight into German culture

■ Use subordinate clauses

■ Use relative pronouns

■ Use indefinite pronouns

■ Deal with longer texts

■ Improve your writing skills

Freunde besuchen, in den Park gehen, zu Hause bleiben und faulenzen – das alles kostet nichts. Für andere Freizeitaktivitäten muss man jedoch oft bezahlen, und viele Jugendliche können sich das nicht leisten.

Die Prioritäten der 14- bis 17-Jährigen: 87% geben Geld für Handys aus, 86% fürs Kino und 80% für CDs und DVDs.

Die folgende Statistik zeigt, für welche Freizeitaktivitäten Deutsche (in allen Altersgruppen) im Durchschnitt mehr oder weniger Geld ausgeben.

Aktivität	%
Restaurantbesuche	87%
Zeitschriften/Illustrierte	77%
CDs/DVDs	73%
Tagesausflug	71%
Mobiltelefon	71%
Urlaubsreise	59%
Sportbekleidung, -ausrüstung	55%
Kinobesuch	53%
Werken/Reparaturen/Garten	52%
Computer	49%
Oper/Theater/Konzert	45%
Wochenendreise	41%
Kurzurlaub	39%
Wellnessangebote (z. B. Sauna)	38%
Sport (z. B. Tennis, Golf)	37%
Fitnessclub/Sportverein	34%
Freizeitparkbesuch	32%
Weiterbildung	21%
Rock-, Pop-, Openairkonzert	20%
Musicalbesuch	20%

1a Schauen Sie sich die Grafik an. Beantworten Sie diese Fragen mit einer Prozentzahl.

a Wie viele Leute gehen in ihrer Freizeit zum Essen aus?

b Wie viele gehen aus, um einen Film zu sehen?

c Wie viele kaufen regelmäßig etwas zum Lesen?

d Wie viele verreisen am Samstag und Sonntag?

e Wie viele besuchen Kurse?

f Wie viele pflanzen, bauen oder reparieren etwas zu Hause?

1b Vergleichen Sie jetzt einige der Zahlen. Ergänzen Sie die Sätze mit den Wörtern im Kasten.

a Die Deutschen geben viel Geld aus, um in _____ zu essen.

b Man gibt mehr _____ für Rockkonzerte als für Musicalbesuche aus.

c Für Kinobesuche gibt man _____ aus als für Zeitschriften.

d Man gibt _____ für _____ und Tagesausflüge aus.

e Die Deutschen _____ mehr Geld für Computer als für Sport.

f Für Weiterbildung geben sie _____ aus als für Freizeitparkbesuche.

| mehr | gleich viel | zahlen | Geld |
| Restaurants | | weniger | Mobiltelefons |

1c Wofür geben Sie in der Freizeit Geld aus? Machen Sie Ihre eigenen Vergleiche.

Beispiel: Ich gebe sehr wenig/ziemlich viel für Computer aus.

2a Welche Kulturveranstaltungen besuchen die Deutschen gern? Hören Sie den ersten Teil des Berichts und notieren Sie die Resultate in der Tabelle.

	68%
Klassische Konzerte	
	41%
	40%
Oper	
Theater	

2b Hören Sie nun den zweiten Teil. Sind die folgenden Sätze richtig oder falsch? Korrigieren Sie die falschen Sätze.

a Beide Altersgruppen verbringen mehr Zeit mit Fernsehen als mit Lesen.

b 17-Jährige verbringen mehr Zeit mit Bücherlesen als 23-Jährige.

c 13-Jährige sitzen länger als zehn Stunden pro Woche vor dem Fernseher.

d 20-Jährige lesen durchschnittlich 30 Minuten länger als 15-Jährige.

e Die ältere Gruppe verbringt vier Stunden 30 Minuten im Kino, Konzert oder Theater.

f Die jüngere Gruppe verbringt damit nur eine Stunde weniger.

3a Machen Sie eine Umfrage zum Thema Freizeit.

a Für welche Freizeitaktivitäten geben Sie (sehr viel/nicht viel/wenig/kein) Geld aus?

b Gehen Sie (jede Woche/einmal im Monat/ab und zu/nie) zu einer Kulturveranstaltung?

c Welche Art von Unterhaltung mögen Sie? (Kino/Theater/Konzert/Ballett/Musical)

d Wie viel Zeit verbringen Sie pro Woche vor dem Fernseher?

e Wie lange lesen Sie jede Woche?

f Lesen Sie lieber Bücher, Zeitschriften oder Zeitungen?

3b Präsentieren Sie der Klasse das Resultat Ihrer Umfrage.

4 Das Jugendzentrum in Ihrer Gegend wird geschlossen. Schreiben Sie einen Protestbrief und sagen Sie, warum es wichtig ist, dass es offen bleibt. Erwähnen Sie die folgenden Punkte.

- wenig Freizeitmöglichkeiten für Jugendliche in der Stadt (z. B. kein Sportplatz)
- hohe Preise für Kinokarten, Cafés und Discos
- Jugendliche sitzen zu viel vor dem Fernseher oder Computer
- Langeweile bringt soziale Probleme (z. B. Alkohol, Drogen)

Wochenende

■ *Jeder freut sich aufs Wochenende. Oft macht man schon montags Pläne für den kommenden Samstag oder Sonntag. Geht es Ihnen auch so?*

1 Machen Sie ein Brainstorming zum Thema Wochenende und erstellen Sie eine Liste mit mindestens 15 Freizeitaktivitäten.

Ich heiße Ruth, bin 16 Jahre alt und liebe Musik. Ich höre vor allem Rap, Hip-Hop und Soul. Wenn eine gute Band spielt und wir genug Geld haben, gehe ich mit meinen Freunden ins Konzert. Livemusik ist einfach besser! Um fit zu bleiben, spiele ich oft Tennis, und ab und zu mache ich mit meiner Familie eine Wanderung aufs Land.

Ich bin die Anne. Wenn das Wetter schön ist, fahren meine Freundin und ich mit dem Rad an die Dreisam. Das ist der Fluss, der durch unsere Stadt fließt. Wir setzen uns ans Flussufer und machen unsere Hausaufgaben, weil es zusammen mehr Spaß macht. Manchmal treffen wir dort auch andere Freunde. Wenn das Wetter schlecht ist, gehen wir in die Stadt und schauen uns die Geschäfte an.

Mein Name ist Philipp. In meiner Freizeit lese ich total gern Comics, und ich sammle sie auch. Obwohl ich nicht alle Asterix-Comics habe, kenne ich sie alle. Ich weiß, dass ich eigentlich mehr Bücher lesen sollte, aber Comics lesen ist einfacher und man muss sich nicht so konzentrieren. Ich „chatte" auch gern im Internet, aber erst nachdem ich meine Hausaufgaben gemacht habe.

Ich bin 17 Jahre alt und heiße Klaus. Früher habe ich am Wochenende stundenlang mit meinen Freunden rumgehangen, habe Fußball gespielt oder am Computer gesessen. Seit einem Jahr habe ich eine Freundin, und wir gehen lieber zu zweit ins Kino oder in die Diskothek.

2 Was machen diese jungen Leute in ihrer Freizeit? Lesen Sie die Aussagen und beantworten Sie diese Fragen.

a Wer geht manchmal gern einkaufen?

b Wer muss am Wochenende arbeiten?

c Wer macht gern lange Spaziergänge?

d Wer mag eine spezielle Art von Lesematerial?

e Geht Anne zu Fuß an den Fluss?

f Mit wem geht Klaus am liebsten aus?

g Wann sitzt Philipp am Computer?

h Warum geht Ruth gern in Konzerte?

3a Hören Sie sich die Interviews mit Nicki und Markus an. Machen Sie Notizen über das, was die beiden in ihrer Freizeit und am Wochenende machen.

	Nicki	**Markus**
Job		
Arbeitszeiten/Wann		
Meinung		
Hobbys		

3b Hören Sie das erste Interview noch einmal an. Suchen Sie die richtige Antwort (1–5) zu diesen Fragen (a–e).

a Was bedeuten die Prüfungen im Sommer für Nicki?

b Was ist nicht gut?

c Warum hat sie beschlossen, etwas Geld zu verdienen?

d Warum findet sie die Arbeit ganz toll?

e Wann hofft sie in den Sommerferien auch noch zu arbeiten?

1 Bevor sie mit ihren Freunden zusammen in Ferien fährt.

2 Damit sie, wenn sie auf die Uni geht, genug Geld hat.

3 Wenn man nur den ganzen Tag paukt.

4 Dass nur wenig Zeit für ihre Hobbys bleibt.

5 Weil man seine Englischkenntnisse anwenden kann.

3c Hören Sie sich das zweite Interview noch einmal an. Richtig oder falsch?

a Markus macht gleich nach der Schule seine Hausaufgaben.

b Meistens gibt es nichts Interessantes im Fernsehen.

c Markus findet Fußball nicht schlecht.

d Letztes Jahr hat Markus jemanden gerettet.

e Wenn er ins Schwimmbad geht, bezahlt er nichts.

4 Machen Sie ein Interview mit einem Partner/einer Partnerin über seine/ihre Freizeit- und Wochenendaktivitäten. Sie können Fragen stellen über:

● Zeit für Hobbys?
● Welche Freizeitbeschäftigung?
● Samstagsjob?/Arbeitszeiten?
● Taschengeld?
● Aktivitäten am Wochenende?

5 Schreiben Sie einen Abschnitt (120–150 Wörter) über Ihre Freizeit- und Wochenendaktivitäten.

Grammatik ➡167 ➡W74

Subordinating conjunctions

● Subordinating conjunctions connect a main clause with a subordinate clause:

Er spielt Tennis, weil es ihm Spaß macht.

● The most common subordinating conjunctions are:

als	*when (single occasion in the past)*
damit	*so that, in order that*
dass	*that*
nachdem	*after*
obwohl	*although*
so dass	*so that*
während	*while*
weil	*because*
wenn	*when, whenever, if*

For a fuller list see page 167.

● If a sentence starts with a subordinate clause, that whole clause is the first idea and the main verb in the main clause comes straight after it.

Während sie ihre Hausaufgaben macht, spielt ihr Bruder Fußball.

A Find the sentences in the texts on page 46 which start with a subordinating conjunction. Where are the verbs in each clause?

B Fill in the correct conjunctions:

a Wir treffen unsere Freunde jeden Abend, ____ wir viele Hausaufgaben haben.

b ___ man Sport treibt, kann man fit bleiben.

c Er hat vor, sich neue Sportschuhe zu kaufen, ____ er besser laufen kann.

d ___ sie eine Stunde geschwommen war, ging sie in die Sauna.

e Man hat leider nicht viel Freizeit, ____ man einen Wochenendjob hat.

Film im 21. Jahrhundert

▌ *Trotz Video, DVD und Internet ist ins Kino gehen eine der beliebtesten Freizeitaktivitäten der Deutschen.*

1 Arbeiten Sie mit einem Partner/einer Partnerin. Vergleichen Sie Ihre Antworten zu den folgenden Fragen.

- Sehen Sie Filme lieber im Kino, auf DVDs oder im Fernsehen?
- Wie oft gehen Sie ins Kino?
- Wann waren Sie zum letzten Mal im Kino?
- Welchen Film haben Sie gesehen?
- Wie fanden Sie den Film?
- Welche Art von Filmen mögen Sie am liebsten?
- Haben Sie einen Lieblingsfilm?
- Wenn ja, wie heißt er und wovon handelt er?

2 Verbinden Sie die deutschen mit den englischen Ausdrücken.

1	synchronisiert	a	silent film
2	die Leinwand	b	to predict
3	der Stummfilm	c	dubbed
4	unterhaltend	d	foreign
5	der Inhalt	e	performance
6	der Darsteller	f	entertaining
7	der Untertitel	g	content
8	die Vorführung	h	screen
9	voraussagen	i	subtitle
10	ausländisch	j	performer

3 Hören Sie sich das Gespräch an und beantworten Sie diese Fragen:

- **a** Wie sollte ein Film Tanjas Meinung nach sein?
- **b** Warum mag sie keine Trickfilme?
- **c** Was macht Oliver, statt eine Kinokarte zu kaufen?
- **d** Findet Tanja es wichtig, welche Schauspieler in einem Film spielen?
- **e** Was sagt Oliver über die Verfilmung von Büchern?
- **f** Was sagt er über Schwarzweißfilme?
- **g** Worin stimmen Tanja und Oliver überein?

4 Was ist besser – Filme im Kino oder auf DVD? Warum? Machen Sie eine Liste der Vor- und Nachteile und präsentieren Sie Ihre Ideen.

5a Lesen Sie den Text auf Seite 49. Welcher Titel passt zu welchem Absatz im Text? (Lesen Sie zuerst den Tipp.)

- **a** Deutsche Filme international
- **b** Die Anfänge des Films
- **c** Die Kriegsjahre
- **d** Die neue Welle
- **e** Erste Erfolge
- **f** Deutsches Talent im Ausland
- **g** Film in Ost und West
- **h** Vom Stummfilm zum Ton

5b Beantworten Sie diese Fragen zum Text.

- **a** Wie lange dauerten die frühesten Filme ungefähr?
- **b** Was konnte man in den ersten Filmen sehen?
- **c** Wie ging es der deutschen Filmindustrie um 1920?
- **d** Wer hatte die Hauptrolle im Film *Der blaue Engel*?
- **e** Welche Arten von Film waren während der Nazizeit verboten?
- **f** Warum waren die jungen Filmemacher z. B. gegen *Heimatfilme*?
- **g** Welche der genannten Filme handeln von der Teilung und Wiedervereinigung Deutschlands?
- **h** Warum gingen viele deutsche Schauspieler nach Hollywood?

6 Schreiben Sie einen Bericht von etwa 150 Wörtern über eines der folgenden Themen.

- einen Filmdirektor, den Sie besonders mögen
- Ihren Lieblingsfilm
- die beste Art, einen Film zu sehen
- die Unterschiede zwischen kommerziellen und alternativen Filmen
- einen deutschen Film, den Sie gesehen haben

Film in Deutschland

Vor etwa hundert Jahren wurden die ersten Filme gezeigt. Seither hat sich vieles geändert.

1 Am 1. November 1895, dem Geburtsjahr des Films, konnte man in Berlin die erste Vorführung sehen. Doch sie war schnell vorbei, denn die frühesten Filme dauerten nur ein paar Sekunden. Wie war der Inhalt? Zu Beginn filmte man meistens nur alltägliche Szenen, doch langsam wurden die Filme interessanter und länger. Man konnte zum Beispiel Szenen mit wilden Tieren sehen, es gab die ersten Serien, und das Publikum hatte schon Lieblingsschauspieler. Natürlich waren dies alles Stummfilme in Schwarzweiß!

2 „Kintopps" wurden immer beliebter, und im Jahr 1919 gab es in Deutschland schon etwa 3000. In einem Jahr produzierte man etwa 500 neue Filme, sodass die 350 Millionen Besucher immer wieder etwas Neues zu sehen bekamen. Auch in anderen Ländern konnte man Stummfilme aus Deutschland sehen. Meistens waren es Unterhaltungsfilme, doch man begann auch mehr expressionistische Filme zu drehen. Der klassische Stummfilm *Metropolis* von Fritz Lang ist auch heute noch faszinierend und war die Inspiration für Filme wie *Blade Runner* und *Robocop*.

3 Bald konnte man die Schauspieler nicht nur sehen, sondern auch hören. Die Qualität des Tons war anfangs technisch nicht sehr gut, doch bald entstanden Meisterwerke wie *Der blaue Engel* mit Marlene Dietrich und die Filmversion von Brechts *Dreigroschenoper*. Am Ende der dreißiger Jahre kamen die ersten Farbfilme in die Kinos.

4 Als die Nationalsozialisten an die Macht kamen, gab es große Veränderungen. Kritische, experimentelle und auch viele ausländische Filme wurden von der Zensur verboten. Unterhaltungsfilme, die oft auch Propaganda für das Hitler-Regime machten, waren jetzt populär. Was sich nicht änderte: Millionen von Leuten strömten weiterhin in die Kinos.

5 Nach dem Krieg war das Leben hart. Als Kontrast waren die ersten westdeutschen Produktionen *Heimatfilme*: sie handelten vom romantischen Leben auf dem Land. Komödien, zum Beispiel *Charlie-Chaplin*-Filme, und die *Karl-May*-Western waren auch sehr beliebt. In Ostdeutschland drehte man politische, antifaschistische Filme, aber auch viele Kinderfilme.

6 Im Jahr 1962 erklärte eine Gruppe von jungen Filmemachern: „Papas Kino ist tot". Sie waren gegen die konventionelle Kultur und wollten Themen wie Terrorismus und Jugendprobleme bearbeiten. Einige der bekanntesten Titel und Filmemacher dieser Zeit sind Alexander Kluges *Abschied von Gestern; Die verlorene Ehre der Katharina Blum* von Volker Schlöndorff; Rainer Werner Fassbinder mit *Angst essen Seele auf; Paris, Texas* von Wim Wenders und *Aguirre, der Zorn Gottes* von Werner Herzog.

7 Viele der neueren deutschen Filme waren auch im Ausland ein großer Erfolg. *Die Blechtrommel* und *Nirgendwo in Afrika* gewannen einen Oscar, *Das Boot* erhielt Auszeichnungen. Die Geschichte und Probleme von Ost- und Westdeutschland waren die Inspiration zum Film *Good-bye Lenin*. Einer der erfolgreichsten Filme zu diesem Thema ist *Das Leben der Anderen,* der 2006 einen Oscar gewann.

8 Während der Nazizeit musste eine große Zahl von deutschen Filmproduzenten und Schauspielern auswandern. Viele von ihnen gingen nach Hollywood, so zum Beispiel Erich von Strohheim, Fritz Lang, Marlene Dietrich und Billy Wilder. Auch heute arbeiten deutsche Talente im Ausland. Nastassja Kinski, die Tochter des verstorbenen Schauspielers Klaus Kinski, hat in einigen Hollywood-Filmen mitgespielt, und der Österreicher Arnold Schwarzenegger war der Star vieler Filme, bevor er Gouverneur von Kalifornien wurde.

Tipp

Dealing with longer texts

Remember! You don't have to know the exact meaning of every word in order to understand a longer text. To help you make some informed guesses about word meanings, make sure that you know what the general theme of the text is. Look at the title and any illustrations. Summarize in a few words what each paragraph means.

A Skim through the text above and work out the general theme.

B Do the gist-reading activity 5a to help you understand the focus of the paragraphs.

C Now do the activities on Arbeitsblatt 20.

D Do activity 5b for a more detailed understanding of the text.

E Keep the grammar in mind and make sure you know what type of word you are looking at (i.e. verb, adjective or noun) and what tense the text or sentence is written in.

F If there are still sentences you do not understand, use a dictionary to look up new words. But remember: do not rely on the dictionary, as you will not be allowed one in your exam.

Musik – klassisch bis modern

❚ *Barock, Klassik, Romantik – in jeder Epoche gab es im deutschsprachigem Raum viele Komponisten und Musiker. Und wie ist die moderne Musikszene?*

1 Besprechen Sie mit einem Partner/einer Partnerin das Thema Musik und beantworten Sie diese Fragen.

- Welche Art von Musik mögen Sie (z.B. Rock, Jazz, Folk, klassische Musik)?
- Was hören Sie nicht gern? Warum?
- Wo und wie oft hören Sie Musik?
- Hören Sie Musik im Radio, auf CDs oder auf MP3-Spielern?
- Gehen Sie manchmal in ein Konzert? Wenn ja, welche Art von Konzert?
- Waren Sie schon einmal auf einem Musikfestival?
- Spielen Sie selbst ein Instrument oder singen Sie in einem Chor?

2 Hören Sie gut zu. Richtig oder falsch? Korrigieren Sie die falschen Aussagen.

- **a** Johann Sebastian Bach schrieb religiöse Musik.
- **b** Wolfgang Amadeus Mozart wurde sehr alt.
- **c** Johann Strauss komponierte eine Art Tanzmusik.
- **d** Georg Friedrich Händel hat das *Deutsche Requiem* komponiert.
- **e** Johannes Brahms hat Clara Schumann geheiratet.
- **f** Arnold Schoenberg lebte bis ins 20. Jahrhundert.

extra! Machen Sie das Musik-Quiz auf Arbeitsblatt 16.

3 Lesen Sie die Texte und verbinden Sie die Satzhälften.

1 Wolf Biermann ist ein Liedermacher,
2 Er zieht nach Ostdeutschland,
3 Ehrenbürger der Stadt Berlin ist ein Preis,
4 Nina Hagen ist eine Sängerin
5 *Du hast den Farbfilm vergessen* ist das Lied,
6 Nina Hagen hat eine Stimme,
7 *Guten Tag* ist ein Lied,
8 *Wir sind Helden* ist eine Band,
9 Sie geben Konzerte,
10 In Deutschland gibt es viele Leute,

Von Liedermachern, Punk und Techno ins 21. Jahrhundert

Wolf Biermann

Einer der bekanntesten deutschen Liedermacher
Schon in seiner Jugend politisch sehr engagiert
In Hamburg geboren, zieht 1953 nach Ostdeutschland
Bekommt durch seine Arbeit oft Konflikte mit der Regierung
Sein großes Konzert in Köln wird 1976 im Fernsehen gezeigt
Nach diesem Konzert sind seine Lieder in der DDR verboten
Muss die DDR verlassen und geht nach Westdeutschland
Schreibt weiterhin Lieder, Gedichte und auch Bücher
Gewinnt viele Preise und Auszeichnungen
Andere berühmte deutsche Liedermacher sind Franz Joseph Degenhart, Reinhard Mey und Hannes Wader

Nina Hagen

In der DDR geboren (Stieftochter von Wolf Biermann)
Singt mit verschiedenen Bands in Polen und der DDR
Erreicht mit dem Lied *Du hast den Farbfilm vergessen* Kultstatus
Kommt 1976 nach Westdeutschland
Gründet mit drei anderen Musikern die *Nina Hagen Band*
Unbehagen (1979) ist eines ihrer bekanntesten Alben
Manche Leute finden die exzentrische Punksängerin schockierend
Lebt eine Zeit lang in Amerika, wo sie sehr erfolgreich ist
Hat ein neues Image, aber ihre Stimme ist weiterhin sehr stark
Singt jetzt manchmal auf Deutsch, manchmal auf Englisch

Wir sind Helden

Eine der erfolgreichsten deutschen Indie-Bands
Sie spielen eine Mischung aus Popmusik und Rock
Ihr erstes Lied, *Guten Tag*, ist ein Protest gegen die Konsumgesellschaft
Es erreicht Platz 6 in der Hitparade
Die Leadsängerin heißt Judith Holofernes
Bevor sie der Band beitrat, war sie Folksängerin
Wir sind Helden produzieren ihrer eigenen CDs
Ihre Konzerte sind immer ausverkauft

a das Platz 6 erreichte.
b das sie berühmt machte.
c die sehr stark ist.
d der sich politisch engagiert.
e die immer ausverkauft sind.
f deren Sängerin Judith Holofernes heißt.
g das zur Zeit ein kommunistisches Land ist.
h den Biermann 2007 bekommt.
i die englische Popmusik hören.
j die ziemlich exzentrisch ist.

Grammatik ➡ 154 ➡ W34

Relative pronouns

● Relative pronouns mean 'who' or 'which' and are used to join sentences together.

● The relative pronoun agrees with the noun to which it refers and takes its case from the role it plays in the relative clause. See page 154 for a full list.

● In English, you can sometimes leave out the relative pronoun. In German, you never can.

Examples: Nina Hagen, die in der DDR geboren ist, lebt jetzt teilweise in Amerika. Wolf Biermann, dessen Lieder verboten waren, wird jetzt akzeptiert. *Wir sind Helden* ist eine Band, die viele Fans hat.

Ⓐ When you have completed activity 3, you will see that all the sentences are relative clauses. Translate them into English.

Ⓑ Look at the texts on page 50 and complete these sentences with the correct relative pronoun.

a Wolf Biermann, ____ 1936 geboren wurde, ist sehr bekannt.

b Das Konzert, ____ er in Köln gab, wurde im Fernsehen gesendet.

c Liedermacher haben einen Stil, ____ man vor allem in Deutschland kennt.

d *Wir sind Helden* ist eine Band, ____ gegen Kommerzialisierung ist.

e Nina Hagen, ____ Mutter mit Wolf Biermann verheiratet war, verließ die DDR 1976.

4a 🖼 Finden Sie Informationen über eine(n) Musiker(in) oder Sänger(in) und schreiben Sie Notizen (wie in Übung 3). Benutzen Sie das Internet, zum Beispiel Wikipedia oder die Webseiten und Links des Goethe-Instituts.

4b 🖼 Geben Sie Ihrer Klasse eine kurze Präsentation über diese(n) Musiker(in)/Sänger(in). Benutzen Sie dazu die Notizen, die Sie gemacht haben.

Tipp

Improving writing skills

These are some of the strategies you can use to improve your writing skills.

● **Use a wide range of vocabulary and tenses**
● **Extend your sentences**
● **Vary the word order**
● **Use adjectives for more detailed descriptions**
● **Include the grammatical structures you have learnt**
● **Look carefully at structures you come across in your reading and try to adapt them to the topic you are working on**
● **Instead of repeating the same word use an alternative term, e.g. *berühmt* or *erfolgreich*, instead of *bekannt*.**

Ⓐ Can you think of another way of saying *im Fernsehen gezeigt*?

Ⓑ Translate: Although she is a folk singer, Judith Holofernes is now the lead singer of *Wir sind Helden*.

Ⓒ Change the word order for *,Unbehagen' ist eines ihrer bekanntesten Alben.*

Ⓓ What adjectives could you add to … *sein großes Konzert* in the Wolf Biermann text?

Ⓔ Translate the following: Wolf Biermann, who is very well-known, wins many prizes.

5 Lesen Sie den Tipp. Schreiben Sie dann die Biografie eines/einer bekannten Musikers/ Musikerin. Sie können die Texte auf Seite 50 und auch Ihre Notizen für Übung 4 benutzen. Schreiben Sie mindestens zwei Sätze mit Relativpronomen.

Kulturszene

▌*Man lernt ein Land und seine Leute besser kennen, wenn man sich für die Kultur interessiert.*

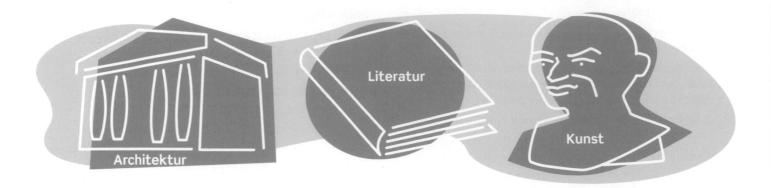

1 Ordnen Sie die Wörter im Kasten (rechts) den drei Begriffen *Architektur, Literatur, Kunst* zu.

2a Lesen Sie die Aussagen der Jugendlichen und finden Sie einen passenden Titel für jeden Text.

> Schlösser Bücher Fotografie Dichter Palais
> Schriftsteller Pop-Art Gemälde
> Autobiografie Skulptur Kirchen Denkmäler
> Poesie Roman Ausstellungen Maler

Thomas (18) „Was ich von Kultur halte? Nun, es kommt darauf an. Also auf Opern, modernes Theater und so, steh ich nicht so sehr. Das ist zu anstrengend. Kultur ist für mich eher bodenständig. Ich mag ganz gern Komödien, etwas mit Humor. Im Kino interessiere ich mich mehr für Unterhaltungsfilme. In Neustadt, der Stadt, in der ich wohne, gibt es jedes Jahr ein Stadtfest. Das gehört meiner Meinung nach auch zur Kultur. Verschiedene Musikgruppen und Bands spielen am Abend zum Tanz und zur Unterhaltung. Zum Essen gibt es Spezialitäten aus der Gegend, aber auch Pommes, Pizzas und so. Ich treffe mich dort mit meinen Kumpels und die Stimmung ist meistens spitze."

Gabi (17) „Hallo, ich komme aus Berlin. Berlin bietet für jeden etwas, wenn es um Kultur geht. Genau das ist es, was mir an Berlin so gut gefällt. Es gibt nicht nur drei Opernhäuser und ein Schloss. Hier kannst du experimentelles Theater und Filme der Avantgarde sehen, was mir besonders gut gefällt. Für Literaturfreunde gibt es das Literaturhaus oder das Literaturforum im Brechthaus in der Friedrichstraße. Wer sich für alternatives Theater oder alternative Kunst interessiert, für den gibt's im Tacheles in Berlin Mitte oder im Theater Zerbrochene Fenster im Stadtteil Kreuzberg immer etwas Neues. Der Prater in der Kastanienallee bietet Kultur und Bier, na denn Prost! Aber mein Geschmack ist das nicht so. Ich finde dagegen das Haus der Kulturen echt gut, besonders mag ich die Musikveranstaltungen da: Musik und Jazz aus aller Welt."

Karina (17) „Für mich bedeutet Kultur ,Goethe', ,Klassische Musik', Schauspiel und Oper. Obwohl viele Jugendliche das heute total doof finden, muss ich sagen, dass ich da anders denke. Ich höre mir gern ein klassisches Konzert im Radio an. Ich finde, klassische Musik hat eine entspannende Wirkung auf mich. Ich gehe auch gern ins Theater. Mein Onkel ist Hausmeister am Theater hier in Freiburg und durch ihn bekomme ich ab und zu Freikarten. Ich interessiere mich besonders für Schauspiele und bin ein Brecht-Fan. Letzten Monat habe ich eine Aufführung von Mutter Courage gesehen. Es war sagenhaft. Ich finde die ganze Atmosphäre im Theater einfach inspirierend."

2b Suchen Sie die entsprechenden deutschen Ausdrücke in den Texten.

a Berlin offers something for everyone

b when it's a question of culture

c ... what I particularly like about Berlin

d that's not really my taste

e it depends

f I'm not very keen on

g too much like hard work

h down to earth

i the atmosphere is great

j ... think it totally boring

2c Lesen Sie die Texte noch einmal. Was verstehen die drei Jugendlichen unter ‚Kultur'?

3 Hören Sie zu und beantworten Sie die Fragen mit einem Wort aus dem Kasten.

a In welchem Theater kann man klassische Stücke sehen?

b Wo gibt es Bilder von französischen Impressionisten?

c Welches Gebiet gehört zum UNESCO Weltkulturerbe?

d Was war die Arena früher?

e Welches Museum informiert über die Berliner Mauer?

f Welches Gebäude hat eine moderne Glaskuppel?

> Museumsinsel Busdepot Reichstag
> Haus am Checkpoint Charlie
> Das Deutsche Theater   Alte Nationalgalerie

4 Sie planen mit Ihrem Partner/Ihrer Partnerin ein kulturelles Wochenende in Ihrer Gegend. Machen Sie Vorschläge und benutzen Sie die Hilfe-Ausdrücke.

Hilfe

Wie wäre es mit ...?   Wir könnten ...   Hast du Lust ...?

Wie findest du ...?   Sollen wir ...?

5 Schreiben Sie eine Zusammenfassung über das Kulturangebot in Ihrer Stadt/Gegend. Verwenden Sie Ausdrücke aus den Texten.

extra! Machen Sie die Übungen auf Arbeitsblatt 17.

Grammatik   ➡ 155 ➡ W39

Indefinite pronouns

● These indefinite pronouns never change:

man	one, 'they', nominative only
etwas	something, anything
nichts	nothing

● These take endings in accusative and dative:

niemand/-en/-em	no-one, nobody
jemand/-en/-em	someone, somebody, anyone, anybody

● These take the same endings as *dieser* (see p. 151):

einer/-en/-em	one, one of a group
keiner/-en/-em	no-one, nobody
jeder/-en/-em	each, every, everyone

A Translate these sentences into English.

a Man hat nicht so viele Besucher erwartet.

b Jemand hat mir das Bild in der Zeitung gezeigt.

c Bis jetzt hat noch niemand das neue Buch gelesen.

d Aber einer muss es lesen.

e Keinem gefällt das neue U-Bahn Kino.

B Fill in the correct pronoun.

a _____ wird sich in Berlin langweilen.

b In dieser Stadt gibt es immer _____ zu tun.

c Hier hat _____ ein Stück von Brecht uraufgeführt.

d _____ der Museen ist auf antike Kunst spezialisiert.

e Gestern habe ich _____ getroffen, der Konzertpianist ist.

f Von der Berliner Mauer existiert fast _____ mehr.

C Translate these sentences into German.

a Everybody finds something to do or to see.

b Nobody has seen the new film.

c Benjamin Lebert writes for everyone.

d There was nothing for children.

D Make up your own sentence using indefinite pronouns.

Grammatik aktuell

1 Subordinating conjunctions

Using subordinating conjunctions can extend and enrich both your spoken and written German. The verb is always sent to the end of the clause after a subordinating conjunction. You can find a comprehensive list of subordinating conjunctions on page 167.

A Form one longer sentence from the two short ones, using the subordinating conjunction in brackets.

a Die Nationalsozialisten waren an der Macht. Filme wurden zensuriert. (während)

b Die ersten Filme waren kurz. Sie waren sehr beliebt. (obwohl)

c Die Leute gingen früher oft ins Kino. Es war billig. (weil)

d Fritz Lang musste auswandern. Er arbeitete in Hollywood. (nachdem)

e Die ersten Tonfilme wurden produziert. Man filmte Musicals. (als)

f Es gibt heute moderne Computerprogramme. Man kann viele Animationen kreieren. (sodass)

2 Relative pronouns

Relative pronouns mean 'who' or 'which/that' and are used to join simple sentences together. In German, relative pronouns agree with the number, gender and case of the noun to which they refer and send the verb to the end of the sentence. There is always a comma before the relative pronoun.

A Join the two sentences together with the correct relative pronoun.

Example: Tennis ist ein Hobby. Es ist sehr gesund.
Tennis ist ein Hobby, das sehr gesund ist.

a Ich habe ein Buch gekauft. Es ist sehr spannend.

b Ich habe einen Job im Supermarkt. Er ist ganz in der Nähe.

c Ich habe eine Freundin. Ihr Bruder ist Fußballfan.

d Gestern haben wir einen Film gesehen. Wir fanden ihn sehr lustig.

e Unsere Lehrer geben uns viele Hausaufgaben. Sie sind immer langweilig.

f Ich gehe mit meiner Schwester Rad fahren. Sie ist sehr sportlich.

3 Indefinite pronouns

Indefinite pronouns stand in place of a noun, but do not refer to anything definite (e.g. 'someone', 'nobody'). Using them will improve your spoken and written work by making it more emphatic and persuasive.

A Choose the correct pronoun in each sentence.

a Vor hundert Jahren kannte niemand/jemand/jeder Tonfilme.

b Hat etwas/einer/nichts von euch den Film *Das Leben der Anderen* gesehen?

c Während des Kriegs hat nichts/etwas/man in Deutschland Filme zensiert.

d Dieser Film hat niemand/niemandem/niemanden gefallen.

e Keiner/keinem/keinen der Filmemacher wollte kommerzielle Filme drehen.

f Die Teilung Deutschlands hat jeder/jedem/jeden betroffen.

B Complete the sentences with an indefinite pronoun.

a Ich habe ____ Interessantes gesehen.

b An dem Film hat mir ____ gefallen.

c Experimentelle Filme hat ____ verboten.

d Man hat ____ einen Oscar verliehen.

e Sie hat für ____ eine Kinokarte gekauft.

f ____ hat erwartet, dass Arnold Schwarzenegger Politiker wird.

Ein ungewöhnliches Tanzprojekt – und auch ein Film

Zum Projekt gehörten 250 junge Leute im Alter zwischen acht und zwanzig Jahren sowie die Berliner Philharmoniker und ihr Dirigent Sir Simon Rattle. Die meisten Jugendlichen kamen aus armen, deutschen oder ausländischen Familien, hatten soziale Probleme, wenig Motivation, zur Schule zu gehen, und waren noch nie in einem Konzert oder Ballett gewesen. Für Sir Simon Rattle war das kein Problem. Er findet, dass Musik im Leben genauso wichtig ist wie Atmen und Trinken, und er beschloss, mit ihnen das Ballett *Le sacre du printemps* von Igor Stravinsky aufzuführen.

Die Tänzer und das Orchester führten das Ballett vor 3000 Zuschauern auf. Zuvor arbeiteten die Jugendlichen wochenlang mit dem Choreographen Royston Maldoom. Es gab oft Schwierigkeiten und persönliche Konflikte; manche hatten Krisen und wollten nicht weitermachen. Doch die meisten trainierten hart und entdeckten ihre Kraft und Kreativität als Tänzer und Tänzerinnen. Während der Proben wurde ein Dokumentarfilm gedreht. Er heisst *Rhythm is it!* und hat viele Preise gewonnen. Am Anfang und Ende des Films hört man diese Zeilen eines Rap-Lieds: „Versteck Dich nicht! Zeige, was Du kannst!"

1 Wählen Sie das passende Wort in jedem Satz.

a Sir Simon Rattle ist ein Dirigent/Komponist/Pianist.

b Die Berliner Philharmoniker sind eine Ballettgruppe/eine Band/ein Orchester.

c Die Jugendlichen waren nicht/teilweise/alle Deutsche.

d Die meisten/alle/keine der Jugendlichen hatten *Le sacre du printemps* noch nie gehört oder gesehen.

e Vor einer Aufführung muss man viel filmen/proben/sprechen.

f Ein Choreograph arbeitet vor allem mit Musikern/Schauspielern/Tänzern.

2 Hören Sie sich Annika und Kai an und beantworten Sie die Fragen.

a Wo war Kai letztes Wochenende?

b Welche Art von Kunst macht Annika?

c Was denkt Annika über Theater?

d Was gibt es im Stadttheater für Studenten?

e Warum hört Kai klassische Musik?

f Was ist Annikas Lieblingsmusik?

3a Sie organisieren ein Theaterprojekt für jüngere Schüler in Ihrer Stadt. Produzieren Sie einen Werbespot für den lokalen Radiosender mit den folgenden Informationen.

- **Alter der Teilnehmer**
- **Datum und Länge des Projekts**
- **Ort des Projekts**
- **Name des Theaterstücks**
- **Jeder kann mitmachen (die Teilnahme am Projekt ist kostenlos/man braucht keine Erfahrung)**

3b Dann schreiben Sie einen Artikel darüber für die Ortszeitung.

Gut gesagt!
s, ß, st, sp

A Üben Sie mit diesen Wörtern:

Sonntag	sein
Stein	Straße
Fußball	Spaß
Sorge	Pass
Staatsangehörigkeit	Statistik

B Üben Sie jetzt diesen Zungenbrecher:

Am Sonntag sitzt sein Sohn auf der Straße in der Stadt, sonst strickt er Socken, spielt Fußball und sammelt Steine.

4 So lebt die Jugend

By the end of this unit you will be able to:

- Say what is important to you in life
- Discuss the importance of image for young people
- Talk about the role of celebrities
- Comment on the influence of peer groups
- Discuss values and social responsibilities
- Talk about military service and alternative choices for young men in Germany
- Comment on the role of young people in the community
- Use the imperfect tense
- Use adverbs
- Form comparatives and superlatives
- Work with synonyms and antonyms
- Speak from notes

Karriere machen

reich werden

selbstständig sein

Kinder haben

viel Spaß haben

nahe bei meiner Familie leben

meine Kultur bewahren

heiraten

viel lernen

Ich möchte

berühmt werden

die Umwelt schützen

die Welt verändern

glücklich sein

so wenig wie möglich arbeiten

viel reisen

ein bequemes Leben führen

immer aktiv sein

gesund bleiben

gute Freunde haben

Menschen helfen

1a Suchen Sie im Text die entsprechenden deutschen Ausdrücke für:

a rich

b to stay, remain

c to marry

d to help people

e to become famous

f as little as possible

g to lead a comfortable life

h independent

1b Was ist die englische Bedeutung der folgenden Wörter?

a die Umwelt

b das Leben

c verändern

d Spaß

e gesund

❶

❷

2 Machen Sie eine Liste der für Sie zehn wichtigsten Ideen. Vergleichen Sie Ihre Liste mit einem Partner/einer Partnerin.

Beispiel:
Gesund sein ist für mich Nummer eins/am wichtigsten. Was ist für dich Nummer eins/am wichtigsten?

3 Schreiben Sie fünf positive und fünf negative Sätze.

Beispiel:
+ Glücklich sein ist für mich sehr wichtig *oder*
Für mich ist es sehr wichtig, glücklich zu sein.
– Karriere machen ist für mich nicht wichtig *oder*
Für mich ist es nicht wichtig, Karriere zu machen.

4 Sehen Sie sich die Fotos an und diskutieren Sie diese Fragen in der Gruppe.

● **Sind diese Leute Studenten oder arbeiten sie?**

● **Welche Interessen haben sie? (z.B. Musik)**

● **Sind sie aktiv oder eher passiv, lustig oder ernst?**

● **Was sind ihre Pläne für die Zukunft? (z.B. Karriere machen oder reisen)**

● **Finden sie Mode wichtig?**

5a Hören Sie jetzt, was Svenja und Ergan meinen. Sind diese Sätze richtig oder falsch?

a Ergan will Medizin studieren, um viel Geld zu verdienen.

b Er findet die Ideen seiner Eltern schrecklich.

c Er möchte eine Familie haben.

d Svenja möchte selbstständig arbeiten.

e Sie will die Welt kennenlernen.

f Sie interessiert sich nicht für andere Leute.

5b Welche Sätze von Seite 56 passen zu Ergan, welche passen zu Svenja?

Beispiel:
Svenja – reich werden
Ergan – meine Kultur bewahren

Wer bin ich?

▌ *Warum sind Mode und Image wichtige Themen für junge Leute? Definiert das Image eine Person? Kann man sein Image ändern? Wie war es in früheren Generationen?*

1a Besprechen Sie folgende Fragen mit einem Partner/einer Partnerin und machen Sie Notizen.

- **Wie wichtig ist Mode für Sie?**
- **Kaufen Sie sich für jede Saison neue Sachen?**
- **Finden Sie es wichtig, dass andere Leute Sie modisch finden?**
- **Wie ist Ihr persönlicher Stil?**

1b Berichten Sie dann der Klasse, wie wichtig Image für Ihren Partner/Ihre Partnerin ist.

2a Ist das Thema ‚Image' neu? Lesen Sie die Texte rechts und finden Sie die deutsche Übersetzung für die folgenden Ausdrücke.

a a better world	**f** the main thing is
b with a flower pattern	**g** a sign of our identity
c it's up to them	**h** without war
d very old-fashioned	**i** peace for everyone
e what the clothes cost	**j** not true friends

2b Vervollständigen Sie diese Sätze.

a Musik ist für Simone wichtiger als _____.

b Sie will sich _____ fühlen und tragen, was ihr _____.

c Viele Hippies hatten _____ Haare.

d Gerds Generation _____ gegen Krieg.

e Manche _____ in Simones Klasse _____ viel Geld für Kleidung aus.

f Richtige _____ finden die Person wichtiger als das _____.

g Blumen _____ waren ein _____ für Liebe und Frieden.

2c Korrigieren Sie diese Sätze.

a Als Teenager interessierte sich Gerd für Mode.

b Seine Eltern waren Hippies.

c Er fand die politische Situation in Ordnung.

d Simones Freunde haben immer die allerneuesten Designer-Sachen.

e Sie findet es wichtig, dass ihre Kleidung modisch ist.

f Sie bekommt kein Taschengeld.

Gerd Müller

Als ich Teenager war, zur Zeit der Hippie-Mode, trug ich weite Jeans, bunte T-Shirts und Pullis; für den Winter hatte ich einen Pelzmantel mit Blumenmuster. Lange Haare gehörten natürlich auch dazu. Meine Eltern fanden das alles schrecklich! Wie viel die Kleider kosteten oder wo wir sie kauften, das interessierte uns nicht. Für viele Teenager ging es nicht nur darum, cool auszusehen. Die Blumen in unseren Haaren, die individuelle Kleidung, die Musik, die wir hörten – das alles waren Symbole für unsere Identität und unsere Ideen. Wir protestierten gegen das politische System und die Autorität der älteren Generation. Was wir wollten? Eine bessere Welt ohne Krieg und Nuklearwaffen, mit Frieden und Liebe für alle Leute …

Simone Meier

Für mich ist Mode kein großes Thema – Freunde, Musik und Spaß haben sind mir wichtiger. Natürlich will ich nicht schmuddelig oder total altmodisch aussehen. Wenn mir die Mode gefällt, kaufe ich mir gern etwas Neues. Hauptsache ist, dass meine Kleider zu meinem Stil passen und bequem sind. Es ist egal, ob ein bekannter Name auf dem T-Shirt oder den Turnschuhen steht. Mein ganzes Taschengeld für Kleidung ausgeben – nein danke! Manche Leute in meiner Klasse kaufen immer die neuesten Designer-Outfits. Es ist ihre Sache, ob sie Hunderte von Euros dafür zahlen. Ich finde es aber nicht gut, wenn diese Leute über andere lachen, die nicht die allerneuesten Klamotten, Taschen oder Handys haben. Die gucken nur auf das Image und interessieren sich überhaupt nicht für den Charakter. Das sind keine richtigen Freunde.

extra! Füllen Sie den Lückentext auf Arbeitsblatt 21 aus.

Grammatik ➡ 159 ➡ W54

The imperfect tense

Remember, to refer to the past in German you can use either the perfect or the imperfect tense. In general, the perfect tense is used for one-off events, whereas you use the imperfect to talk about a more ongoing situation in the past.

● Regular and modal verbs form the imperfect by adding the following endings to the verb stem. The modal stem loses its umlaut (see page 160).

mach~~en~~

ich mach**te**	wir mach**ten**
du mach**test**	ihr mach**tet**
er/sie/es mach**te**	sie/Sie mach**ten**

● Strong verbs have a change of vowel and sometimes of consonant and a different set of endings:

gehen

ich ging	wir ging**en**
du ging**st**	ihr ging**t**
er/sie/es/man ging	sie/Sie ging**en**

A Re-read Gerd Müller's text on page 58 and write out ten examples of verbs in the imperfect.

B Fill in the gaps with the correct form of the imperfect tense of the verb in brackets.

Gerd _a_ (haben) lange Haare und _b_ (tragen) bunte Kleider. Seine Eltern _c_ (finden) die Hippie-Mode nicht gut. Es _d_ (sein) ihm egal, wo er die Kleidung _e_ (kaufen). Seine Generation _f_ (wollen) eine bessere Welt.

3a Wie wichtig ist Image? Hören Sie die Meinung von vier jungen Leuten und beantworten Sie diese Fragen.

a Wer ist religiös?
b Wer interessiert sich überhaupt nicht für Mode?
c Wer fühlt sich in modischer Kleidung besser?
d Wer findet Mode sehr kreativ?
e Was kauft Aminah gern?
f Was findet Daniel ein Problem?
g Was sind Sonjas Tipps für junge Leute mit wenig Geld?

3b Finden Sie im Hörtext die deutsche Übersetzung für folgende Ausdrücke.

a what I do and think
b the first impression
c nothing else
d are forced
e to look different
f part of my identity
g for religious reasons

4a Schreiben Sie Antworten (2–3 Sätze) zu diesen Fragen.

● Bequem oder modisch – worauf kommt es Ihnen beim Kleidungseinkauf an?
● Ist es für Sie und Ihre Freunde wichtig, Designer-Sachen zu haben? Warum (nicht)?
● Finden Sie es richtig, dass junge Leute heute in erster Linie Designer-Sachen kaufen?
● Ist ‚Image' für Jungen und Mädchen gleich wichtig?
● Was sagen Sie zu Leuten, die über Ihre Kleidung lachen?

4b Wählen Sie eines der Themen in Übung 4a und bereiten Sie mit einem Partner/einer Partnerin eine Präsentation vor. Geben Sie positive und negative Argumente an. Die Hilfe-Ausdrücke helfen Ihnen.

Hilfe

Wir sprechen über … .	Die Vorteile/Nachteile sind … .
Manche Leute denken … .	Unserer Meinung nach … .
Einerseits/Andererseits … .	Wir finden … .

4c Ist Image für Sie wichtig? Beantworten Sie die Frage in 150–200 Wörtern. Denken Sie an folgende Punkte.

● Tragen Sie dieselbe Kleidung wie Ihre Freunde oder sind Sie Individualist(in)?
● Möchten Sie Ihr Image ändern oder sind Sie damit zufrieden?
● Wählen Sie Freunde, weil sie ein spezielles Image oder dieselben Ideen haben?
● Beschreiben Sie eine Situation (wirklich oder imaginär), in der Ihr Aussehen einen merklichen Einfluss auf andere Leute hatte und deren Reaktionen geändert hat.

Stars als Vorbilder?

Sensationelle Fotos, zahlreichen Artikel über Stars, Interviews und Shows im Fernsehen, hunderte von Webseiten ... Sind Stars gute oder schlechte Vorbilder?

1a Lesen Sie diese Schlagzeilen und finden Sie dann unten die passenden Texte dazu.

1 Ist ihre Ehe wirklich zu Ende?

2 So kannst auch du ein Star sein.

3 Supermodel bringt neue Modekollektion auf den Markt.

4 Topmusiker spielen bei Benefiz-Konzert.

5 Star adoptiert zweites Kind.

6 Traumpaar heiratet auf Karibikinsel.

A Tausende von Mädchen warteten stundenlang vor dem Geschäft, um ein Kleid oder T-Shirt mit dem neuesten Designer-Namen zu kaufen. „Was es kostet, ist egal", sagten viele, „wenn nur das Label klar draufsteht."

B Kein Lächeln oder Händchenhalten auf der Party des Jahres – die beiden sahen sich frostig an und waren den ganzen Abend lang kaum zusammen. Sie erklärten jedoch nachdrücklich: „Bei uns ist alles in Ordnung."

C Mach schnell mit bei unserem Wettbewerb! Wer gewinnt, verbringt einen ganzen Tag im Studio – mit den Topstars dieser Show. Dazu Schönheits- und Modetipps und die neuesten Diäten und Fitnessprogramme.

D „Er wird bei uns ein besseres Leben haben und glücklich sein", sagte sie gestern auf einer Pressekonferenz in der kleinen afrikanischen Stadt. Ohne weitere Formalitäten wird das Kind morgen nach Europa reisen.

E Eine tolle Atmosphare, schönes Wetter, über zwanzig weltberühmte Bands und Solisten – alle spielten umsonst und spendeten ihre Gagen für internationale Hilfswerke.

F Sie wollten ihre Hochzeit privat feiern, aber die Fotografen und Journalisten folgten ihnen dennoch. „Lasst uns alleine und respektiert endlich unser Privatleben!" erklärte das Paar heute vor seiner Luxusvilla.

1b Lesen Sie diesen Text und schreiben Sie einen passenden Titel dazu.

Wer am Strand täglich Berühmtheiten treffen möchte, fährt dieses Jahr am besten in die Karibik. Für den Winterurlaub ist St. Moritz immer noch an erster Stelle.

1c Schreiben Sie jetzt einen kurzen Text zu dieser Schlagzeile und benutzen Sie die Wörter im Kasten.

Die neuesten Nachrichten
aus Hollywood

Filmstar	Autounfall	kein Führerschein
zu viel Alkohol/Drogen	Polizei	

1d Erfinden Sie Ihre eigenen Schlagzeilen. Tauschen Sie dann mit einem Partner/einer Partnerin. Er/Sie schreibt einen Text zu Ihren Schlagzeilen, und umgekehrt.

Tipp

Synonyms and antonyms

Synonyms are words which have the same meaning:

Ferien/Urlaub   sagen/erklären

Antonyms are words which have opposite meanings:

alles/nichts   reich/arm

Finding the right synonym or antonym will help with comprehension exercises, expand your vocabulary and extend your writing and speaking.

A Find an antonym on page 60 for each of these:

a zu Beginn   c eine schreckliche Atmosphäre
b traurig sein   d Leben in der Öffentlichkeit

B Now find synonyms for these expressions:

a die neuesten Nachrichten   d die Heirat feiern
b wer den ersten Preis bekommt   e ohne Bezahlung
c was es kostet, macht nichts

2a Hören Sie zu und schreiben Sie einen der Namen zu jeder Frage.

a Wer möchte viel Geld haben?
b Wer ist über das Leben von Stars informiert?
c Wer findet, dass Sportler ein gutes Vorbild sein können?
d Wer beschreibt, was manche Stars mit ihrem Geld tun?
e Wer interessiert sich nicht für das Privatleben der Stars?
f Wer findet, dass Stars manchmal sehr schlechte Vorbilder sind?

2b Verbinden Sie jetzt die Satzhälften.

1 Das Leben der Stars	a Geld für arme Menschen.
2 Talentierte Musiker	b davon, ein Star zu sein.
3 Manchmal spenden Stars	c ist nicht wirklich realistisch.
4 Spitzensportler werben	d für Sportartikel und Nahrungsmittel.
5 Viele Teenager träumen	e brauchen keine Werbung.

Grammatik → 152 → W27

Adverbs

Adverbs add detail to a sentence by describing how, when or where something is done, or saying more about an adjective.

A Find these words on page 60. How would you translate them?

a klar   c endlich
b stundenlang   d nachdrücklich

In German, any adjective can also be used as an adverb, with no ending at all:

Adjective: Er kocht <u>gutes</u> Essen. *He cooks good food.*
Adverb: Er kocht <u>gut</u>. *He cooks well.*

However, there are some adverbs that exist only as adverbs:

● some adverbs of place: *hier, dort, dorthin, oben, unten*
● some adverbs of time: *häufig, oft, nie, heute Morgen*

B Look again at the text. Exactly where do the adverbs come in the clause?

● If there are several adverbs in a sentence, the normal rules apply: Time, Manner, Place.
   Ich fahre heute allein dorthin.
   I'm travelling there alone today.
● In German, an adverb can never be placed between the subject and the verb:
   Ich kann oft nicht schlafen.
   I often can't sleep.

C Make a list of at least ten adverbs from the texts on page 60. Then choose five of them to write your own sentences.

   Ich surfe <u>stundenlang</u> im Internet.

3 Geben Sie Ihre Meinung zum Thema „Stars als Vorbilder?" ab. Nehmen Sie eine berühmte Person als Beispiel. Erklären Sie, wie diese Person ein gutes/schlechtes Vorbild sein kann.

4 Schreiben Sie einen kurzen Text zum Thema „Meine Vorbilder". Erklären Sie, welche Person(en) Sie als Vorbild(er) haben. Was sind die speziellen Eigenschaften dieser Person(en)? Ist es für Sie wichtig, ein Vorbild zu haben?

Miteinander leben

Welche Eigenschaften hat ein guter Mitbürger?

1 🔵 Finden Sie die englische Bedeutung dieser Wörter.

1	die Gesellschaft	a	minority
2	das Verständnis	b	human rights
3	die Minderheit	c	disabled
4	das Verhalten	d	nowadays
5	die Menschenrechte	e	society
6	behindert	f	understanding
7	obdachlos	g	to participate
8	heutzutage	h	behaviour
9	teilnehmen	i	to offer
10	anbieten	j	homeless

2a 🔊 Hören Sie jetzt, wie Hendrik, Corinna, Antje und Rolf die Frage oben beantworten. Welches Thema passt zu welchem Namen?

a korrektes Verhalten   c Politik

b Toleranz   d Gutes für andere tun

2b 🔊 Hören Sie die Umfrage ein zweites Mal und beantworten Sie folgende Fragen.

a Welche Minderheiten nennt Hendrik?

b Welche Themen interessieren junge Leute Antjes Meinung nach?

c Was meint sie mit dem Begriff „Null-Bock"?

d Was sind Corinnas negative und positive Beispiele?

e Welche Organisationen nennt Rolf?

f Was tut seine Schwester?

2c 🔊 Hören Sie noch einmal genau hin und finden Sie die Synonyme für die folgenden Wörter und Ausdrücke. Als Hilfe könnten Sie sich noch einmal Übung 1 anschauen.

a Minorität

b Charakteristikum

c Abfall

d Naturschutz

e beispielhaft

f Frauen, die ein Baby erwarten

g Menschen ohne Dach über dem Kopf

h als Volontär(in)

3a Lesen Sie diese Beispiele für soziales Engagement und beantworten Sie die Fragen.

Hilfe für hungernde Menschen in Afrika
Dominik ist schockiert über die Hungersnot in Afrika. Er spricht mit seiner Klasse darüber und die Schüler starten eine Aktion. Sie stellen ein Informationsblatt zusammen und besuchen damit andere Klassen. Sie verkaufen Bücher, Kuchen, waschen Autos und machen Babysitting. Nach ein paar Wochen können sie 1000 Euro an das Internationale Rote Kreuz senden.

Soziales Jahr
Sigrid (19) macht nach dem Abitur ein freiwilliges soziales Jahr. Sie unterstützt Petra, eine blinde Studentin. Sie begleitet Petra jeden Tag zur Universität, schreibt für sie Notizen, geht mit ihr essen und einkaufen. Dank dieser Hilfe ist Petras Leben einfacher und Sigrid lernt das Studentenleben kennen.

Eine neue Schule für Sri Lanka
Martin nimmt an einer Radtour durch Frankreich teil. Zuerst muss er Sponsoren finden. Seine Familie, Verwandten, Freunde und Nachbarn unterschreiben seine Liste und garantieren eine bestimmte Summe für jeden Kilometer, den er fährt. Das Geld, das er sammelt, geht an eine Hilfsorganisation für Tsunami-Opfer.

a Warum spricht Dominik mit seiner Klasse?

b Was war das Endergebnis seiner Aktion?

c Was hat Sigrid in ihrem sozialen Jahr gemacht?

d Was waren die Vorteile ihrer Arbeit?

e Wie hat Martin Sponsoren gefunden?

f Was wird mit dem Geld, das er sammelt, gemacht?

3b Sprechen Sie in einer kleinen Gruppe über die drei Beispiele.

- **Welches Projekt finden Sie gut/nicht gut? Warum?**
- **Haben Sie schon bei einem sozialen Projekt mitgemacht? Was war das?**
- **Wie und wo möchten Sie sich in Zukunft sozial engagieren?**

extra! Carla ist umgezogen und geht auf eine neue Schule. Lesen Sie den Auszug aus ihrem Tagebuch auf Arbeitsblatt 22.

4a Wählen Sie das richtige Wort in diesen Sätzen.

a Zu Beginn fand Carla Veronika sehr **freundlich/ doof/laut.**

b Nach dem ersten Tag an der neuen Schule war Carla **traurig/zufrieden/nervös.**

c Die Leute in der Clique **amüsierten/bedienten/ ärgerten** die anderen Leute im Café.

d Carla fand es **falsch/richtig/egal,** was die Jungen über Türkinnen sagten.

e Die Leute in der Clique sind **ruhig/ordentlich/ nicht umweltfreundlich.**

f Sie fuhren Rad, wo es **erlaubt/verboten/leer** war.

g Carla möchte sich **oft/abends/nicht mehr** mit der Clique treffen.

4b Machen Sie eine Liste der Eigenschaften eines guten Mitbürgers. Finden Sie Ideen im Text über Dominik, Martin und Sigrid.

Beispiel: Geld für hungernde Menschen sammeln

4c Bin ich ein guter Mitbürger/eine gute Mitbürgerin? Schreiben Sie eine Antwort zu dieser Frage. Denken Sie dabei an folgende Punkte und geben Sie konkrete Beispiele.

- **Helfen Sie anderen Leuten? Warum (nicht)? Wie?**
- **Sind Sie tolerant?**
- **Schützen Sie die Umwelt?**
- **Interessieren Sie sich für Politik?**
- **Was möchten Sie in Zukunft für andere tun?**
- **Wie kann man am besten miteinander leben?**

Grammatik ➡152 ➡W28

Comparative and superlative

To make comparisons in German, use the following:

- **Adjectives**
  Example of regular form:

wichtig	wichtiger	der/die/das wichtigste
important	*more important*	*the most important*

  Example of irregular form:

gut	besser	der/die/das beste
good	*better*	*the best*

- **Adverbs**
  Example of regular form:

häufig	häufiger	am häufigsten
often	*more often*	*most often*

  Example of irregular form:

viel	mehr	am meisten
a lot	*more*	*most*

To compare two things, you use:

nicht so gut **wie** - *not as good as*

genauso gut **wie** - *just as good as*

ebenso gut **wie** - *just as good as*

besser **als** - *better than*

A Complete the sentences with the comparative form of the adjectives in the box.

a Der erste Schultag war _____, als Carla dachte.

b Radfahrer sind ___ als Fußgänger.

c Türkische Mädchen sind manchmal _____ als deutsche.

traditionell	schnell	gut

B Now put the adjectives into the superlative form.

a Dominiks Klasse organisierte die _____ Aktion.

b Der Tsunami war eine der _____ Katastrophen.

c Viele der _____ Menschen leben in Afrika.

d Schmutziges Wasser ist der _____ Grund für Krankheiten.

e Martin machte die _____ Radtour seines Lebens.

f Petra ist eine der _____ Studentinnen.

schrecklich	arm	lang
fleißig	groß	häufig

Werte und Verantwortung

▌ *Junge Männer in Deutschland müssen entscheiden: Militär – ja oder nein? Was sind die Alternativen und wie ist die Situation für junge Frauen?*

Wehrpflicht und Zivildienst in der Bundesrepublik

Wie in einigen anderen europäischen Ländern, zum Beispiel in Österreich und der Schweiz, besteht in Deutschland die allgemeine Wehrpflicht. Das heißt: Die meisten jungen Männer ab 17 Jahren müssen für neun Monate als Soldat zur Bundeswehr. Man kann aus gesundheitlichen Gründen vom Wehrdienst befreit werden. Manche verweigern den Wehrdienst, weil sie gegen die Idee einer Armee sind. Wer nicht mit Waffen umgehen will, hat eine Alternative: Er kann Zivildienst leisten. 'Zivis' (Zivildienstleistende) arbeiten zum Beispiel in Krankenhäusern, mit Behinderten oder im Umweltschutz. Für junge Frauen gibt es keine Wehrpflicht, aber sie können als Beruf Soldatin wählen. Früher durften Frauen nur Verwaltungsarbeiten ausführen oder im medizinischen Bereich bei der Bundeswehr arbeiten. Seit dem Jahr 2001 haben sie das Recht auf dieselben Positionen in der Armee wie Männer.

1a Richtig oder falsch? Verbessern Sie die falschen Aussagen.

a Deutschland hat nur eine Berufsarmee.

b Junge Männer müssen für ein Jahr Soldat sein.

c Wer körperlich behindert ist, muss nicht zum Militär.

d Im Wehrdienst muss man mit Waffen trainieren.

e Soldatinnen können nur in Büros arbeiten.

f Im Zivildienst kann man kranken Menschen helfen.

1b Lesen Sie den Text und finden Sie die Synonyme für diese Ausdrücke.

a Obligation, Soldat zu sein

b ablehnen/nein sagen

c wegen körperlichen Schwächen

d die gesetzliche Erlaubnis haben

2a Finden Sie die richtige Übersetzung (a–j) für jedes Wort.

1	der Aufenthaltsraum	a	paralysed
2	empfindlich	b	transport fleet
3	gelähmt	c	barracks
4	der Fuhrpark	d	sensitive
5	das Kaff (coll.)	e	nappy
6	die Kaserne	f	lorry
7	der Lkw (Lastkraftwagen)	g	dump/small village
8	pingelig	h	recreation room
9	die Windel	i	fussy
10	umsonst	j	without payment

2b 🎧 Hören Sie zwei jungen Deutschen zu. Ivo macht Zivildienst, Henning ist beim Militär. Beantworten Sie die folgenden Fragen auf Englisch.

a How did Ivo feel when he first came to the old people's home?

b How has his day changed since he started working there?

c What are his tasks? Mention at least two.

d What did Henning have to do during his basic training?

e What is the one big advantage for him?

Zu viele Pflichten für junge Leute?

Amirah Ich finde es gut, dass es in Deutschland nicht nur eine Berufsarmee gibt, sondern dass jeder eine Zeitlang Wehrdienst machen muss. So haben viele Mitbürger die Verantwortung, das Land zu verteidigen, wenn es angegriffen wird. Außerdem kann man beim Wehrdienst viel lernen: man wird fit und lernt Disziplin – das ist für das spätere Leben sehr nützlich.

Jens Viele Jungen sehen die neun Monate beim Bund als verlorene Zeit, und ich freue mich auch nicht darauf. Trotzdem kommt Zivildienst für mich nicht in Frage. Mein Bruder war beim Bund, und alle meine Freunde werden Wehrdienst machen. Ich denke, dass auch Frauen Wehrdienst machen sollen. Sie haben die gleichen Rechte wie Männer, sollen also auch dieselben Pflichten haben.

Stefanie Da bin ich einverstanden: Frauen sollen auch Verantwortung haben. Ich finde Zivildienst jedoch viel sinnvoller als Wehrdienst. Ich würde am liebsten in einem Krankenhaus oder mit kleinen Kindern arbeiten.

Das Kasernenleben stelle ich mir schrecklich vor – Freunde, die im Wehrdienst sind, erzählen mir immer, dass sie eigentlich nur Zeit totschlagen.

Daniel Niemand sollte zur Armee gehen! Ich werde den Wehrdienst garantiert verweigern. Meiner Meinung nach sollten alle Jungen und Mädchen Zivildienst leisten. Behinderten, kranken oder älteren Menschen zu helfen ist harte Arbeit. Es ist jedoch viel positiver, als schießen zu lernen. Die Armee kostet das Land Millionen von Euro – damit könnte man vielen armen Menschen helfen. Schließlich lösen Waffen keine Probleme!

Simon Ich bin auch gegen Krieg und wünsche mir eine friedliche Welt. In der Armee geht es jedoch nicht nur um Waffen und die wenigsten Soldaten wollen kämpfen. Oft haben sie auch eine humanitäre Rolle. Bei Naturkatastrophen helfen sie, Leute zu evakuieren oder sie transportieren Verletzte nach schweren Unfällen ins Krankenhaus. Wer würde diese Arbeit machen, wenn wir keine Armee hätten?

3 Lesen Sie die Meinungen und beantworten Sie die Fragen.

a Wer ist nicht gegen eine Berufsarmee?

b Wer sieht auch die positiveren Aspekte des Wehrdienstes?

c Wer findet, dass der Wehrdienst fairer sein sollte?

d Wer argumentiert am besten gegen den Wehrdienst?

e Wer wird garantiert nicht Zivildienst machen?

4a Bereiten Sie eine kleine Präsentation über die Vor- und Nachteile von Wehrdienst und Zivildienst vor. Lesen Sie den Tipp. Benutzen Sie die Informationen, die Sie von Ivo und Henning gehört haben. Was würden Sie anstelle eines jungen Deutschen wählen? Denken Sie dabei an diese Fragen:

● Ist es richtig, dass Teenager Pflichten haben?

● Sollte man in unserem Land Wehrpflicht oder Zivildienst haben?

● Warum ist es wichtig, anderen Menschen zu helfen?

4b Halten Sie Ihre Präsentation vor einer kleinen Gruppe von zwei bis drei anderen.

Hilfe

erstens ..., zweitens ..., drittens ...	schließlich
einerseits ..., andererseits ...	alles in allem
vor allem	

5 Formulieren Sie nun schriftlich Ihre eigene Meinung zu dem Thema „Wehrdienst oder Zivildienst".

Beispiel: Einerseits finde ich es wichtig, dass man eine Armee hat. Alles in allem ist Zivildienst sinnvoller, weil... .

Tipp

Speaking from notes

◆ Collect all the facts and arguments you want to use.

Ⓐ You have the choice of spending a year as a soldier or as a care assistant in an old people's home. Which is more appealing? Brainstorm in German everything you can think of about both options.

◆ Write them out in a structured way (see the Tipp on p. 85). Use key words and short phrases.

◆ Keep it simple.

◆ Speak clearly to ensure everyone understands you.

Grammatik aktuell

1 The imperfect

Use the imperfect tense to write narratives, reports and accounts in the past. With certain verbs it is more commonly used than the perfect tense, even in speech, e.g. *sein – ich war; haben – ich hatte; werden – ich wurde.*

How you form the imperfect depends on whether a verb is weak, strong or mixed. See page 159 for more information.

A Put the verbs in brackets into the imperfect. Make sure you have checked if they are regular or irregular and be careful to use the correct endings.

a Ich (machen) Zivildienst, weil ich nicht mit Waffen umgehen (wollen).

b Ich (arbeiten) in einem Heim für behinderte Kinder, aber ich (wohnen) zu Hause.

c Zu Beginn (finden) ich die Arbeit hart, aber ich (gewöhnen) mich bald daran.

d Ich (sein) froh, dass ich keine Uniform tragen (müssen).

e Die Kinder (freuen) sich, wenn ich mit ihnen (lesen) oder (spielen).

f Wenn wir in die Stadt (gehen), (helfen) ich einem Kind im Rollstuhl.

g Am Abend (kochen) und (essen) die Betreuer mit den Kindern.

2 Comparative and superlative

Extend and enrich your spoken and written German by making comparisons between different things.

A Write down the comparative form of the adjectives in brackets. Make sure you use the correct ending. If you need help, see page 152.

Example: Die Schweiz ist ein (klein) Land als Deutschland. Die Schweiz ist ein **kleineres** Land als Deutschland.

a Es gibt (interessant) Vorbilder als Popstars.

b Teenager tragen (modisch) Kleidung als ihre Eltern.

c Gute Mitbürger sind (umweltfreundlich).

d Die Hippies wollten eine (tolerant) Welt.

e Junge Leute wünschen sich oft ein (gut) Image.

f Ist Zivildienst (sinnvoll) als Wehrdienst?

B Now write the superlative form of the adjectives in brackets.

Example: Januar ist der (kalt) Monat im Jahr. Januar ist der kälteste Monat im Jahr.

a Ich suche immer die (billig) Angebote.

b Im Secondhandshop findet man oft die (lustig) Sachen.

c Weshalb tragen Filmstars immer die (teuer) Designer-Sachen?

d Kinder zu haben ist die (groß) Verantwortung.

e Die (reich) Stars sind nicht immer die (kreativ).

f Mag deine (gut) Freundin dieselbe Kleidung?

3 Adverbs

Using adverbs makes your written work more interesting.

A Here are some positive and negative opinions about young people. Choose the correct adverb from the box below to complete the sentences.

a Manche Teenager möchten ___ reich und berühmt werden.

b Andere möchten ___ reisen und keine Verantwortung haben.

c Viele denken, dass sie ___ selbstständig werden sollten.

d Mädchen interessieren sich ___ für Stars als Jungen.

e Junge Männer benehmen sich ___ und helfen ___.

f Junge Leute sind ___ über berühmte Leute informiert, weil Zeitschriften immer mehr über Promis/Prominente berichten.

lieber	besser	seltener	am liebsten
lauter	häufiger	schneller	

B Now write your own sentences about young people, using the adverbs above.

Zur Auswahl

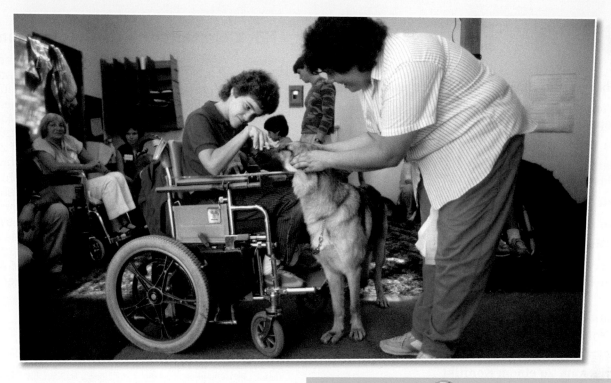

1 Schauen Sie das Foto an und beantworten Sie die Fragen.

a Was macht der Junge im Rollstuhl?

b Sieht er glücklich oder traurig aus?

c Wo befinden sich die Leute?

d Gibt es in Ihrer Familie oder unter Ihren Freunden behinderte Menschen?

2 Wie kann man behinderten Menschen am besten helfen? Diskutieren Sie diese Frage in einer kleinen Gruppe.

3a Hören Sie sich das Gespräch zwischen Leonie und Ann Kathrin an. Machen Sie Notizen und verbinden Sie die Satzhälften.

1 In der Sporthalle	**a** wissen, wer Graffiti gesprüht hat.
2 Der Direktor möchte	**b** gegen Ausländer.
3 Die Graffiti sind	**c** wer in der Gruppe ist.
4 Leonie weiß	**d** sind seit letzter Woche Graffiti.

Gut gesagt!

ei, ie

A Lesen Sie die Wörter laut vor und hören Sie sich dann die Aussprache auf CD an. Haben Sie alles richtig ausgesprochen?

eins, zwei, drei

Eintracht und Zwietracht

Dienstag, Mittwoch und Freitag

schwierig

der Schweiß

B Die Arbeit ist nicht schwierig, aber schweißtreibend. Ich schreibe. Ich schrieb. Ich habe geschrieben. Er muss sich entscheiden. Er hat sich entschieden. Liebeslieder von Liebe und Leiden.

3b Beantworten Sie jetzt die Fragen.

a Was ist Leonies Dilemma?

b Was ist Ann Kathrins Reaktion?

4 Soll Leonie die Namen nennen? Schreiben Sie einen kurzen Brief an Leonie mit Tipps und Ihrer Meinung.

Wiederholung Einheit 3-4

1 🎧 Hören Sie gut zu und beantworten Sie die Fragen.

a Über welche Altersgruppe spricht man zu Beginn?

b Wie viele besuchen mehrmals im Jahr ein Rock-, Pop- oder Jazzkonzert?

c Zu welchen Veranstaltungen gehen etwa 11%?

d Gehen mehr oder weniger als 50% nie in ein klassisches Konzert?

e Für wie viele ist Musikhören nicht sehr wichtig?

f Wo ist das Publikum eher älter?

g Wohin gehen immer mehr junge Leute?

h Warum beschreibt man die Museen als Gewinner der Kulturszene?

2 Lesen Sie die Texte und verbinden Sie die Satzhälften.

1 Es kam zu einem Konflikt

2 Die Jugendlichen waren

3 Ein Junge ist

4 Jugendgewalt ist für die Polizei

5 Sandra Meister ist auf

6 Vielleicht führen brutale Filme

7 Es ist gefährlich,

8 Manchmal dominiert ein Bandenchef

9 In den meisten Cliquen

10 Manche Eltern haben

11 Jugendliche sprechen gern mit

12 Möglicherweise ist Kriminalität

a ein großes Problem.

b trägt niemand eine Waffe.

c Jugendliche spezialisiert.

d zu wenig Zeit für ihre Kinder.

e an seinen Verletzungen gestorben.

f in der Nähe des Stadtparks.

g Gleichaltrigen über Probleme.

h kein modernes Phänomen.

i zwischen zwei Gruppen.

j zu mehr Aggression.

k die anderen Mitglieder.

l wenn Jugendliche Waffen tragen.

Noch ein Opfer im Kampf der Gangs

Gestern Abend fand in der Gegend von Hessen erneut ein Angriff auf eine Gruppe von Teenagern statt. Wie die Polizei berichtet, befand sich die Gruppe von fünf 14- bis 15-Jährigen am Eingang zum Stadtpark. Gegen 21 Uhr 30 erschienen einige ältere Jugendliche auf Motorrädern. Es kam zu einer aggressiven Auseinandersetzung zwischen den zwei Gruppen, was kurz darauf zu einem Messerangriff führte. Ein 15-jähriger Junge wurde schwer verletzt und starb in der gleichen Nacht. Zwei weitere Jungen erlitten Schnittwunden, konnten jedoch nach ärztlicher Behandlung aus dem Krankenhaus entlassen werden. Die Motive für den Angriff sind noch nicht bekannt; die Polizei vermutet jedoch, dass es sich um Rivalitäten zwischen zwei Gangs handelt. „Es gibt immer mehr Banden", erklärte der Polizeichef auf einer Pressekonferenz, „und jugendliche Gewalttäter sind ein enormes Problem."

Asoziales Verhalten – warum?

Sandra Meister, Psychologin und Expertin für Jugendfragen, meint: „Es ist möglich, dass die Jugend heute aggressiver ist als früher. Ein Grund ist, dass schon junge Kinder oft brutale Filme und Videos sehen. Die Eltern sollten das nicht erlauben! Manche Rap-Musiker zum Beispiel sind schlechte Vorbilder, weil sie viel über Gewalt singen. Viele Jugendliche finden es gut, ein Messer bei sich zu tragen oder – noch schlimmer – eine Schusswaffe. Es sollte viel bessere Kontrollen der Waffenhändler geben! Es gibt auch große Probleme mit Gangs oder Banden, besonders wenn die Jugendlichen von einem Chef dominiert werden. Oft kommt es zu Konflikten mit anderen Gruppen oder mit der Polizei."

Stefan Woller, 16 Jahre alt, ist anderer Meinung: „Sicher gibt es einige Banden, die Messer oder andere Waffen tragen und andere attackieren. Aber die meisten Jugendlichen sind in einer Clique, weil sie lieber mit Gleichaltrigen zusammen sind als allein zu sein. Das ist häufiger so, wenn es zu Hause Probleme gibt, die Eltern keine Zeit haben oder sich nicht für ihre Kinder interessieren. In meiner Clique kann ich mit Freunden über Probleme sprechen, wir haben viel Spaß, keiner trägt eine Waffe – und doch kann jeder individuell sein und machen und denken, was er oder sie will. Früher gab es wahrscheinlich genauso viel Kriminalität, aber vielleicht hörte man in den Medien weniger davon."

3 Benutzen Sie die Adjektive im Kasten und schreiben Sie die fehlenden Superlativformen.

a Jugendbanden sind das ____ Problem.

b Die Leute in der Clique sind seine ____ Freunde.

c Es war der ____ Angriff.

d Die ____ Banden tragen Waffen.

e Aggressive Musiker sind die ____ Vorbilder.

f Hier sind die ____ Nachrichten aus Hessen.

gut	gefährlich	schlecht
groß	brutal	neu

4a Hören Sie zu und schreiben Sie die Sätze mit den Wörtern im Kasten zu Ende.

a Nach 1945 boykottierte _____ die Filme von Leni Riefenstahl.

b _____ ist sicher, ob sie für oder gegen die Nazis war.

c Heute kennt _____ diese Filmtechniken.

d _____ ihrer Filme heißt *Triumph des Willen.*

e Über Politik wollte sie _____ sagen.

f Im Internet kann man _____ über Leni Riefenstahl lesen.

einer	viel	niemand	man	nichts	jeder

4b Hören Sie noch einmal zu und beantworten Sie die Fragen.

a In welchem Jahr wurde Leni Riefenstahl geboren?

b Wann und wo drehte sie den Film *Olympia?*

c Was zeigte sie in diesem Film?

d Warum war sie eine kontroverse Figur?

e Welcher Politiker fand ihre Filme ausgezeichnet?

f Wo gab es 1934 eine große Parade?

g Was sagte Leni Riefenstahl über Politik?

h Machte sie nach dem Krieg weitere Filme?

5 Diskutieren Sie in einer Gruppe die Frage: Sollen Stars politisch engagiert sein? Finden Sie positive und negative Beispiele und machen Sie eine Liste von Argumenten dafür und dagegen.

Beispiel: Stars haben sehr viel Geld und können armen Menschen helfen. Sie sind nicht über Politik und soziale Probleme informiert.

6 Lesen Sie den Text rechts oben. Richtig, falsch oder nicht im Text?

a Ulrich Mühe wurde in Westdeutschland geboren.

b Georg Wiesler war ein Schauspieler.

c Im Film wird der Polizeioffizier langsam freundlicher.

d In seinem Leben interessierte sich Ulrich Mühe nicht für Politik.

Politik im Leben – Politik auf der Leinwand

Der Schauspieler Ulrich Mühe kannte das politische Leben der DDR (Ostdeutschland) in der Realität und vor der Kamera. Im Film *Das Leben der Anderen* hatte er die Rolle von Georg Wiesler, einem ostdeutschen Geheimpolizisten bei der Stasi. Er spielt einen harten, intoleranten Offizier, der einen Autor und seine Freundin überwachen muss. Welche Politik unterstützen diese zwei Leute? Nach einiger Zeit interessiert ihn diese Frage nicht mehr. Er ist fasziniert von ihrem Leben, sieht, wie korrupt das politische System ist, und versucht, die zwei zu schützen.

Er konnte sich gut mit der Rolle identifizieren. Denn auch in seinem eigenen Leben rebellierte Ulrich Mühe oft gegen das politische System. Als Soldat in der ostdeutschen Armee war er eine Zeitlang an der Berliner Mauer stationiert. Er wollte nicht auf Menschen schießen, die versuchten, in den Westen zu fliehen. Später wurde er Schauspieler und arbeitete im Theater, beim Film und Fernsehen. Er wusste, dass die Geheimpolizei ihn und viele seiner Freunde und Kollegen beobachtete. Trotzdem machte er bei vielen großen Demonstrationen gegen das DDR-Regime mit, bis 1989 die Mauer fiel. Danach bekam er größere und interessantere Rollen. Leider starb Ulrich Mühe 2007, im Alter von nur 54 Jahren.

e Ulrich Mühe arbeitete nie im Theater.

f Vor 1989 gab es in der DDR viele Demonstrationen.

g Ulrich Mühe war verheiratet.

h Ulrich Mühe ist jung gestorben.

7 Schauen Sie sich noch einmal die Texte über Wolf Biermann, Nina Hagen und *Wir sind Helden* auf Seite 50 an. Schreiben Sie pro Text mindestens fünf Sätze im Imperfekt. (Der Text oben wird Ihnen dabei helfen.)

Beispiel: Bevor sie die Nina Hagen Band gründete, arbeitete Nina Hagen in Polen.

8 Schreiben Sie jetzt einen längeren Text über einen lebenden oder verstorbenen Musiker. (Sie könnten dazu Ihre Notizen von Seite 51 verwenden.)

By the end of this unit you will be able to:

- Compare and discuss sporting trends
- Discuss the relationship between physical activity and mental well-being
- Compare different lifestyles
- Give your opinion on what constitutes a healthy lifestyle
- Discuss the importance of sports personalities as role models
- Discuss the commercialisation of sports and express an opinion about its positive and negative effects

- Use the imperative
- Use impersonal expressions
- Answer questions in German
- Adapt a text

„Treibst du in der Freizeit Sport?"

Eine Umfrage von ungefähr 4000 14-jährigen Schülern/Schülerinnen an 40 Schulen in Bochum und Herne zeigt das folgende Ergebnis.

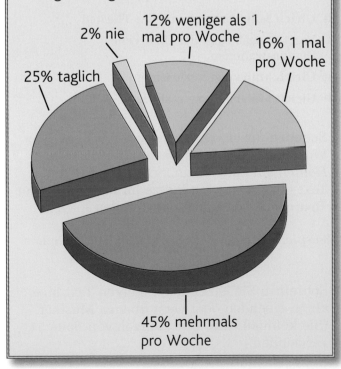

2% nie

12% weniger als 1 mal pro Woche

16% 1 mal pro Woche

25% taglich

45% mehrmals pro Woche

1a Wie viel Sport treiben diese deutschen Jugendlichen? Vervollständigen Sie diese Sätze mit Hilfe des Kreisdiagramms.

a Weniger als 5% dieser befragten Jugendlichen ...
b Fast jeder Zweite der Schüler/Schülerinnen ...
c Jeder Vierte ...
d Weniger als 20%...

1b Machen Sie eine Umfrage in der Klasse: „Wie oft treibst du Sport?" Vergleichen Sie Ihr Ergebnis mit dem Ergebnis der deutschen Umfrage.

Hilfe

25% = ein Viertel oder jeder vierte

50% = die Hälfte oder jeder zweite

2% = zwei Prozent

2a Welche Sportarten sind bei den befragten Jugendlichen, die Sport treiben, am beliebtesten? Schauen Sie das Diagramm auf Seite 71 an und wählen Sie die richtige Alternative.

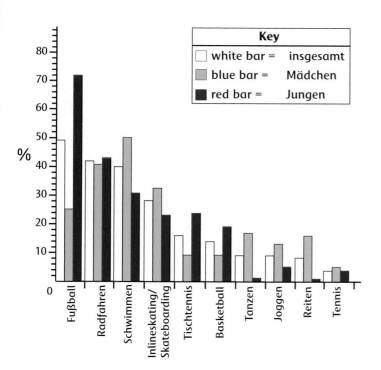

1 Fußball ist bei den Jungen

  a sehr beliebt   c am beliebtesten

  b beliebt

2 Schwimmen kommt

  a weit hinten   c nach Fußball

  b an dritter Stelle

3 Bei Mädchen spielt Radfahren

  a eine große Rolle c nur eine kleine Rolle

  b keine Rolle

4 Eine weniger beliebte Sportart bei den Jungen ist

  a Reiten

  b Tanzen

  c Tennis

> Sportverein – *sports club*
> an erster Stelle – *in first place*

2b 🎧 Hören Sie zu und beantworten Sie diese Fragen auf Englisch.

  a Which sport is almost as popular as table tennis?

  b What other type of sport apart from dancing and horse-riding do girls like?

  c Where and with whom do these young people do sports?

  d How many are members of a sports club?

3 Welche Aussage passt zu welchem Bild?

a Verbesserte Cholesterinwerte nach vier Monaten. Essen Sie zwei Fischgerichte pro Woche: besonders gut sind Lachs, Makrele und Hering.

b Essen Sie täglich 80 Gramm Haferflocken und einen Becher Jogurt. Schon nach sechs Wochen erhöht sich Ihre Immunkraft. So schützen Sie sich vor Infektionen.

c Vier Stunden Training pro Woche sind gut für das Herz und senken das Schlaganfallrisiko um die Hälfte.

d Schon nach acht Tagen weniger Stress-Symptome. Beim Massieren setzen sich Hormone frei, die entspannend wirken.

e Essen Sie kein oder nur wenig Fastfood und auch wenig Fertiggerichte. Sie enthalten zu viel Fett und Zucker.

4a Schreiben Sie einen Kurzbericht (ca. 150–200 Wörter) über Ihren Lebensstil. Erwähnen Sie:

- welchen Sport und wie oft Sie Sport treiben
- was Sie tun, um sich fit zu halten.

4b 👥 Geben Sie den Kurzbericht Ihrem Lehrer/Ihrer Lehrerin. Er/Sie wird einen Text vorlesen. Raten Sie dann, wer in Ihrer Klasse den Text geschrieben hat.

Traditioneller Sport oder Trendsportarten?

▌ *Sportarten wie Fußball oder Tennis sind heute noch genauso beliebt wie früher. Aber auch die sogenannten Trendsportarten werden von Jahr zu Jahr beliebter.*

1a Welches Bild passt zu welcher Sportart?

a Cyclocross	**g** Beachvolleyball	
b Radfahren	**h** Schlittschuhlaufen	
c Inlineskating	**i** Basketball	
d Tennis	**j** Sandboarden	
e Kitesurfen	**k** Klettern	
f Mountainbiking	**l** Nordic Walking	

1b Welche Beschreibung passt zu welcher erwähnten Sportart oben?

1 Wer sein Snowboard im Sommer zu Hause lässt, ist selbst schuld. Für begeisterte Snowboarder gibt es keine Sommerpause. Sie schwingen ihre Bögen nicht im Schnee, sondern im Sand.

2 Die Windsurfer gehen jetzt sogar in die Luft! Mit einem Lenkdrachen heben die Surfer ab: bis zu 10 Meter hoch und bis zu 100 Meter weit.

3 „Ich brauche doch keinen Stock. Das ist etwas für die Alten!" Von wegen! In ein paar Jahren wird dieser Trendsport bestimmt zum Breitensport.

1c Welche der genannten Sportarten **a-l** haben Sie schon einmal gemacht? Welche würden Sie gern machen? Diskutieren Sie zuerst mit einem Partner/einer Partnerin, dann mit der Klasse.

2a Lesen Sie jetzt den Text. Finden Sie möglichst viele Unterschiede zwischen Trendsport und traditionellem Sport.

TRENDSPORT – WIE UNTERSCHEIDET ER SICH VOM TRADITIONELLEN SPORT?

Trendsport nennt man die neuen Sportarten, die sich von den traditionellen Sportarten unterscheiden und die man nicht als Breitensport, also als Sport für die breite Bevölkerung, bezeichnen kann.

Zum Trendsport gehören Fitnessaktivitäten, Funsport und Risikosport. Das heißt also es geht um Geschwindigkeit, um Spaß, um extreme Gefühle und um Nervenkitzel. Trendsporttreffen nennt man oft ‚Happenings'. Bei diesen Treffen geht es außer der sportlichen Aktivität auch um die spezielle Szene. Wer dazu gehören will, muss natürlich die spezielle Kleidung und die entsprechenden Markenprodukte haben. Außerdem haben die Trendsportler sogar ein eigenes Vokabular entwickelt. Wie der Name sagt, sind diese Sportarten ein Trend. Das bedeutet, dass sie kommen und gehen.

Der Trendsport Inlineskaten ist jedoch in den letzten Jahren immer beliebter geworden und hat sich zum Breitensport entwickelt. Ungefähr acht Millionen Deutsche lieben den Sport auf Rollen, und jährlich werden rund 1,7 Millionen Paar Inlineskates verkauft. Es gibt auch schon Varianten von Inlineskating, nämlich Fitness Skating, Freestyle Skating und Speedskating.

selbst schuld sein - *one's own fault*	Unterschied - *difference*
der Drachen - *kite*	der Bogen (¨) - *turn, curve*

2b Warum macht man Trendsportarten? Diskutieren Sie in der Klasse. Benutzen Sie die Hilfe-Ausdrücke.

Hilfe

Meiner Meinung nach ...

Es geht vor allem um ...

Im Vergleich zu traditionellen Sportarten, ...

Tipp

Answering questions in German

- Always read the whole text before answering a question.
- Read each question and make sure you understand it.
- Look up any unknown words.
- Look at the question words, as they help you find the answer, e.g.
  Wie viele ... ? (Look for numbers in the text)
  Wann ... ? (Look for a time element).
- Look for key words in the question, then find these key words in the text.
- Check how many marks each question is worth, then look for the appropriate number of examples in the text.
- When answering in full sentences, keep your sentences simple in order to avoid mistakes and check the word order carefully.

Ⓐ Make a list of as many German question words as possible and translate them into English.

Ⓑ Now read the text about *Trendsport* again and answer these questions.

a Was versteht man unter dem Begriff 'Trendsportarten'? (1)

b Worum geht es bei Trendsportarten? (3)

c Was ist wichtig, wenn man zu einem Trendsport dazugehören will? (3)

d Wie viele Deutsche machen Inlineskating? (1)

e Woran sieht man auch, dass der Sport sehr beliebt ist? (1)

f Welche Arten von Inlineskating gibt es? (3)

3a Hören Sie sich die Meinungen von drei Jugendlichen an und machen Sie Notizen zu den folgenden Fragen.

	Warum treiben sie Sport?	Was halten sie von Sport?
Daniela		
Florian		
Jens		

3b Fassen Sie die Hauptpunkte schriftlich zusammen und erwähnen Sie auch Ihre Meinung (ca. 100–150 Wörter).

4a Benutzen Sie die Information und die Argumente auf diesen Seiten und machen Sie zwei Listen.

- **Trendsportarten: Vorteile und Nachteile**
- **Traditionelle Sportarten und Vereinssport: Vorteile und Nachteile**

4b Diskutieren Sie nun die Vor- und Nachteile in der Klasse.

5a Entwerfen Sie einen Fragebogen zum Thema „Trendsport oder traditioneller Sport" und bitten Sie vier Freunde, ihn auszufüllen. Hier ein paar Vorschläge:

- **Welche Sportarten?**
- **Warum?/Warum nicht?**
- **Wie oft?**
- **Seit wann?**

5b Fassen Sie das Ergebnis in einem kurzen Bericht zusammen und lesen Sie Ihrer Klasse das Ergebnis vor.

5c Beschreiben Sie Ihren Lieblingssport und nennen Sie Gründe dafür. Präsentieren Sie Ihrer Klasse Ihre Beschreibung.

Sport und Gesundheit

„Treiben Sie Sport – und Sie bleiben gesund!" Stimmt diese Aussage wirklich?
Warum leiden heute so viele Leute an Bewegungsmangel?

A

B

1a Diskutieren Sie mit Ihrem Partner/Ihrer Partnerin, welchem dieser beiden Typen doen Sie zuslimmen und warum.

1b Wie halten Sie sich fit? Machen Sie eine Liste mit positiven Punkten. Machen Sie eine zweite Liste mit dem, was sie nicht machen sollten.

2a Finden Sie die passende englische Bedeutung.

1	die Bewegung	a	metabolism
2	fördern	b	recommendation
3	der Stoffwechsel	c	to promote
4	der Mangel an	d	to prevent
5	ausgewogen	e	balanced
6	die Empfehlung	f	fluid
7	die Flüssigkeit	g	lack of
8	vorbeugen	h	movement

2b Hören Sie einen Text mit Empfehlungen des Deutschen Olympischen Sportbundes. Lesen Sie dann die folgenden Aussagen und finden Sie die sechs Aussagen, die dem Sinn des Hörtextes entsprechen.

a Sport hilft bei Prävention und Rehabilitation.

b Besonders die Technik entwickelt sich schnell.

c Die Menschen sitzen immer mehr.

d Freizeitsport ist nicht so wichtig.

e Durch Sporttreiben und gesundes Essen schützt man seinen Körper vor Krankheiten.

f Verbringen Sie nicht zu viel Zeit an der frischen Luft.

g Genügend Flüssigkeit zu sich nehmen ist wichtig.

h Rauchen Sie nicht und trinken Sie wenig Alkohol.

2c Hören Sie den Text noch einmal und beantworten Sie die folgenden Fragen.

a Was ist gut für die Gesundheit?

b Wie viele Sportvereine gibt es in Deutschland?

c Was ist heute ein besonderes Problem?

d Warum werden Freizeit- und Gesundheitssport immer wichtiger?

e Nennen Sie mindestens vier Tipps für einen gesunden Alltag.

3a Lesen Sie die beiden Texte unten und finden Sie das passende Bild.

A Katja steht ein Jahr vor ihrem Abitur und fühlt sich ständig unter Stress. Sie geht zu ihrer Hausärztin und bekommt die folgenden Tipps.

● **Überprüfe deine Zeiteinteilung: arbeite eine Stunde lang und mach dann eine Pause.**

● **Genieß auch mal das Nichtstun und denk nicht immer an die Schule.**

● **Sprich mit deinen Freunden und frag sie, wie sie mit dem Schulstress fertig werden.**

● **Lass dir Zeit beim Essen und ernähr dich gesund.**

● **Geh spazieren oder nimm ein entspannendes Bad.**

B Herr Teuber hat einen sehr verantwortungsvollen Beruf und hat seit kurzem Probleme mit dem Kreislauf. Bei seinem Arztbesuch bekommt er diese Tipps.

● **Vermeiden Sie psychischen Stress.**

● **Treten Sie einem Sportverein bei und bewegen Sie sich regelmäßig.**

● **Hören Sie sofort auf zu rauchen.**

● **Trinken Sie nur wenig Alkohol.**

● **Entspannen Sie sich öfter.**

3b Welche der Tipps finden Sie gut, welche nicht? Diskutieren Sie mit einem Partner/einer Partnerin.

3c Rollenspiel: Ihr Freund/Ihre Freundin treibt keinen Sport und verbringt die ganze Freizeit vor dem Computer. Geben Sie einige Tipps, wie er/sie seinen/ihren Lebensstil verbessern kann.

4 Lesen Sie die Information über den Imperativ und schreiben Sie fünf Gesundheits-Tipps für die Grundschüler/innen in Bild 3.

Grammatik ➡ 164 ➡ W66

The imperative

The imperative is the command form. There are three forms in German, one each for *du, ihr (familiar forms)* and *Sie (polite form).*

A Look at the texts in activity 3a again and try to work out how the imperative is formed for the *du* and the *Sie* forms. Then check below.

Example: Sport treiben
  (du) Treib mehr Sport!
  (ihr) Treibt mehr Sport!
  (Sie) Treiben Sie mehr Sport!

● *Sein* has irregular imperative forms.
  (du) Sei nicht so langsam!
  (ihr) Seid nicht so langsam!
  (Sie) Seien Sie nicht so langsam!

B Complete these using the imperative.

a Thomas, ___ mehr Sport! (treiben)

b Susi und Katja, ___ die Tennisbälle ___ ! (einsammeln)

c Frau Maier, ___ Sie etwas schneller! (gehen)

d Herr Disch und Frau Klein, ___ Sie jede Woche eine Stunde lang! (trainieren)

e Anja, ___ nicht so langsam! (fahren)

f Kinder, ___ jetzt gut ___ ! (zuhören)

C Design a leaflet for young teenagers to inform them about the importance of sport and health. Use as many imperatives as possible.

Wie hält man sich fit?

Was versteht man unter einem gesunden Lebensstil? Wie lebt man gesund? Leben Sie gesund?

1 Ordnen Sie die Wörter und Ausdrücke rechts der richtigen Spalte zu.

Gesunder Lebensstil	Ungesunder Lebensstil

2a Annika beschreibt ihren Lebensstil. Lesen Sie den Text. Wie sagt man auf Deutsch …

a I don't like school very much at the moment.

b a very high average of marks

c I lack motivation

d it's rather tiring

e I can't stand … .

Mineralwasser Alkohol
Milchschokolade zu Fuß gehen
Bewegung Training
Zucker regelmäßiges Essen
fetthaltiges Essen Sport
eine ausgeglichene Ernährung
Tabletten Snacks
Stress Faulenzen
Massage Rauchen

Annika (17) ist Schülerin am Kepler-Gymnasium in Freiburg. Sie will nächstes Jahr Abitur machen und möchte dann Medizin studieren.

„Zur Zeit gefällt es mir nicht so gut in der Schule. Mein Leben ist ziemlich stressig. Ich stehe jeden Morgen um zirka sechs Uhr auf, um meine Hausaufgaben zu machen, da ich mich morgens viel besser konzentrieren kann. Ich stehe ganz schön unter Stress, weil man einen sehr hohen Notendurchschnitt braucht, um Medizin zu studieren. Nachmittags fehlt es mir einfach an Motivation zum Lernen. Außerdem muss ich jeden Nachmittag auf meine kleinen Schwestern aufpassen, und das ist ziemlich anstrengend. Abends entspanne ich mich oft bei Musik oder mit einem heißen Bad. Normalerweise gehe ich zwischen halb elf und halb zwölf ins Bett. Es kommt darauf an, ob ich ein gutes Buch zum Lesen habe oder nicht.

Gesundes Essen ist sehr wichtig für mich. Meiner Meinung nach sind mehrere kleine Mahlzeiten besser als zwei große. Fastfood kann ich nicht ausstehen. Immer nur fettige Burger und Pommes – nein danke. Das ist nichts für mich! Ich stehe mehr auf Salate und frisches Gemüse, und ich trinke auch ziemlich gern frisch gepresste Fruchtsäfte."

2b Lesen Sie den Text noch einmal. Richtig, falsch oder nicht im Text?

a Annika findet das Lernen stressig.

b Wenn man Medizin studieren will, braucht man sehr gute Noten.

c Ältere und jüngere Menschen sollten auf ihre Gesundheit achten, Annikas Meinung nach.

d Annika entspannt sich nicht oft.

e Sie isst gern frische Lebensmittel.

2c Machen Sie Notizen zu den folgenden Punkten.

● Tagesanfang/Tagesende
● Hausaufgaben
● Ernährung
● Einstellung zu Stress
● Einstellung zu Entspannung

2d 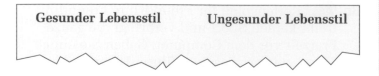 Diskutieren Sie mit einem Partner/ einer Partnerin. Wie finden Sie Annikas Lebensstil? Begründen Sie Ihre Meinung.

3a Der berühmte Tennisspieler Bernhard Müller spricht über seinen Lebensstil. Hören Sie gut zu und machen Sie Notizen zu den folgenden Punkten.

- **Entspannung**
- **Stress**
- **Training**
- **Ernährung**
- **Zukunftspläne**

3b Wer hat Ihrer Meinung nach den besseren Lebensstil: Annika oder Bernhard? Begründen Sie Ihre Antwort mit Beispielen aus dem Hörtext.

4a Sprechen Sie mit einem Partner/einer Partnerin über Ihren persönlichen Lebensstil. Wie stehen Sie zu Folgendem?

- **Tägliche Routine**
- **Ernährung**
- **Stress**
- **Entspannung**
- **Sport**

Grammatik → 156 → W84

Impersonal expressions

A Look at the following phrases from the text. What do you notice about the words in bold?

Es gefällt **ihm/ihr** zur Zeit nicht so gut in der Schule. *He/She doesn't like school very much at the moment.*

Es fehlt **mir** einfach an Motivation. *I simply lack motivation.*

Es kommt darauf an, ob **ich** ein gutes Buch zum Lesen habe. *It depends on whether I have a good book to read.*

- In impersonal expressions the subject is usually *es*. Sometimes *es* can be replaced by a noun:

  Die Schule gefällt mir zur Zeit nicht so gut.

- Other impersonal expressions include:

  Es gelingt mir, ... *I succeed in ...,/I manage ...*
  Es freut mich, dass ... *I'm pleased that ...*

- In some impersonal expressions *es* is never dropped:

  Es fehlt mir an (+ dat.) *I lack ...*
  Es handelt sich um ... *It is a question of ...*
  Es heißt, dass ... *It is said that ...*
  Es fragt sich, ob ... *The question is whether ...*

B Rewrite the following sentences using the verbs in activity A. Replace the phrases in bold with an impersonal expression.

Example: **Ich finde es gut**, dass ich Zeit zum Entspannen habe. →
Es gefällt mir, dass ich Zeit zum Entspannen habe.

a Ich hoffe, ich **schaffe es**, gute Noten zu bekommen.
b Ich **bin froh**, dass ich bald mein Abitur mache.
c Ich **habe nicht genug** Geld für teure Hobbys.

4b Schreiben Sie einen Artikel über den Lebensstil Ihrer Freundin/Ihres Freundes für eine Jugendzeitschrift.

Sport – nur noch ein Geschäft?

▍ *Die Schattenseiten des Sports: Kommerzialisierung und Doping. Haben die Olympischen Spiele und Weltmeisterschaften ihren Sinn verloren? Sind die heutigen Spitzensportler noch Vorbilder für Jugendliche?*

1 Machen Sie zu zweit eine Liste mit Beispielen, die zeigen wie kommerziell Sport heute ist. Die Bilder oben können Ihnen dabei helfen.

2a Lesen Sie den Text und finden Sie dann die entsprechenden deutschen Ausdrücke unten.

  a to market one's achievement

  b to show itself

  c one has renamed

  d individual teams

  e ideals such as perseverance

2b Lesen Sie den Text noch einmal. Richtig, falsch oder nicht im Text? Verbessern Sie die falschen Sätze.

  a Die meisten Sportler haben die Motivation, zu gewinnen.

  b Die meisten Sportler können viel Geld verdienen.

  c Wenn man in einem großen Sportverein ist, hat man als Sportler bessere Chancen.

  d Viele bekannte Sportler sind schlecht für einen Verein.

  e Nicht alle Sportarten sind gleich stark vermarktet.

  f Besonders im Radsport tragen die Teams den Namen des Landes.

  g Kommerzialisierung spielt bei den Olympischen Spielen keine Rolle.

  h Geld zerstört die sportlichen und olympischen Ideale.

Kommerzialisierung des Sports

Was motiviert nicht nur Spitzensportler, sondern auch Amateur- und Freizeitsportler dazu, eine bestimmte Sportart auszuüben? Zuallererst wahrscheinlich, weil man gut darin ist, weil man gewinnt, weil man ein gewisses Talent hat und natürlich, weil es Spaß macht. Wenn nun ein Sportler merkt, dass man damit sogar Geld verdienen kann, ändert sich seine Motivation. Der Sportler beginnt, seine Leistung zu vermarkten. Er überlegt sich, ob es besser wäre, einem größeren Verein beizutreten, Sponsoren zu finden oder eine Firma, für die er werben könnte, indem er ihre T-Shirts oder Trainingsschuhe bei Wettkämpfen trägt.

Wenn viele erfolgreiche Sportler in einem Sportverein sind, wird der Verein dadurch natürlich bekannt. Er braucht jedoch immer mehr Geld, um das Training und die Wettkämpfe der Sportler zu finanzieren, damit sich ihre sportlichen Leistungen noch weiter verbessern. Das kann besonders beim Fußball dazu führen, dass Spieler von einem Verein „gekauft und verkauft werden". Sportarten wie Fußball, Boxen, Skisport und Tennis sind besonders stark kommerzialisiert.

Die Kommerzialisierung zeigt sich auch, wenn traditionelle Namen von Stadien durch die Namen der Sponsoren ersetzt werden. Beispielsweise hat man das ‚Westfalenstadion' in ‚Signal Iduna Park' umbenannt. Im Radsport haben die einzelnen Teams die Namen der Sponsoren wie ‚Team Telecom' oder ‚Geroldsteiner', nicht den Namen des Landes.

Die Kommerzialisierung zeigt sich auch bei Wettkämpfen wie zum Beispiel bei den Olympischen Spielen. Spitzensportler stehen unter Druck, immer schnellere Zeiten und bessere Ergebnisse zu erreichen. Dann ist es nur noch ein kleiner Schritt zum Doping. Die Spitzensportler werden auch immer jünger. Wenn man zum Beispiel mit 12 Jahren täglich vier bis sechs Stunden trainiert, ist die körperliche Belastung einfach zu groß. Außerdem ist es nicht einfach, mit den psychischen Anforderungen fertig zu werden, besonders nach einer Niederlage. Fördert die Kommerzialisierung also die olympischen Ideale von internationalem Wettkampf und sportlicher Leistung oder zerstört das Geld den olympischen Charakter und die sportlichen Ideale von Fairness und Durchhaltevermögen?

> die Belastung – *pressure, strain*
> Anforderungen – *demands*
> die Niederlage – *defeat*

3a Machen Sie eine Liste mit berühmten Sportler/innen. Welche dieser Sportler/innen bewundern Sie und warum?

3b Sammeln Sie Informationen über den Sportler/die Sportlerin, den/die Sie ausgewählt haben, und beschreiben Sie ihn/sie und seine/ihre sportliche Karriere, ohne den Namen zu erwähnen.

3c Lesen Sie der Klasse Ihre Beschreibungen vor und lassen Sie sie Ihre Sportpersönlichkeit erraten.

4a Hören Sie ein Interview zum Thema „Vorbilder im Sport". Wählen Sie dann das richtige Wort aus der Liste unten und ergänzen Sie den Lückentext.

a Die _____ aller fünf- bis 18-Jährigen sind in einem Sportverein.

b Trainer sind oft _____ ohne es zu wissen.

c Die Jugendlichen hören nicht so gern auf ihre _____ sondern eher auf ihren _____

d Es ist wichtig, dass die jungen Sportler _____ haben und auch gut _____.

e Nach dem Training ist manchmal ein _____ Gespräch wichtig.

f Es geht dabei um _____ Themen wie Doping.

g Mitmachen ist genauso _____ wie eine Medaille zu bekommen.

wichtig	akzeptieren	mitmachen
Spaß	Vorbilder	Trainer
sechs Millionen	aktuelle	aufmerksam
ernstes	Eltern	Zeit
Hälfte	trainieren	

4b Machen Sie Notizen zu den folgenden Punkten.

- die Rolle der Trainer
- was man in den Kursen lernt
- worum es im Sport vor allem geht

5 Rollenspiel.

> **A** Sie sind Reporter einer bekannten Sportzeitschrift und wollen eine Spitzensportlerin/einen Spitzensportler interviewen. Stellen Sie Fragen zu den unten genannten Punkten:
>
> - Beginn
> - Training
> - Gründe
> - Zukunftspläne

> **B** Sie sind ein Spitzensportler/eine Spitzensportlerin. Der Reporter einer bekannten Sportzeitschrift will Sie interviewen. Bereiten Sie Antworten zu den oben genannten Punkten vor.

Tipp

Adapting a text

In activity 6 you will be adapting two texts about different aspects of sport. This means finding the main ideas and arguments you want to use, and manipulating the language used in the texts to express the ideas or points from the texts in your own words.

- **Which ideas or points of the texts do you want to use?**

A To decide what to use, make notes about the negative aspects of sports, such as the commercial side, making lots of money, doping, giving up one's ideals.

Example: viel Geld verdienen
wichtiger als Spaß
für eine Firma Werbung machen …

- **Use linking words and expressions, such as:** *auf der einen Seite/einerseits – auf der anderen Seite/andererseits, jedoch, aber, außerdem, obwohl, weil, …*

- **After you have made a statement, try to express your opinion using expressions such as:** *meiner Meinung nach, meiner Ansicht nach, ich finde, dass, … ich stimme zu/nicht zu, weil …*

6 Schreiben Sie eine Zusammenfassung der positiven und negativen Seiten des Sports. Benutzen Sie die Argumente und Ideen aus den Texten auf den Seiten 74–75. Lesen Sie vorher den Tipp.

Grammatik aktuell

1 Impersonal expressions

In impersonal expressions the subject is usually *es*.
Sometimes the *es* can be replaced by a noun. For a list of
impersonal expressions see page 156.

A Look at the picture and describe it by
completing the sentences.

    a Es _____ sich _____ die Eröffnung der
Olympischen Spiele.

    b Das Bild _____ mir, weil … .

    c Leider werde ich nie an Olympischen Spielen
teilnehmen können, weil es mir _____ Erfahrung
_____ .

    d Aber vielleicht _____ es mir, einmal an
nationalen Sportwettkämpfen teilzunehmen.

    e Es _____ darauf _____, ob ich genug trainiere.

    f Aber es _____ ja, dass Übung den Meister macht!

B Translate the following sentences into German.

    a She lacks experience.

    b We hope that you succeed.

    c It is about the Olympic Games.

    d The question is whether sport is always healthy.

    e It depends on how fast you are.

2 Imperatives

The imperative is the command form. There are three
forms in German, one each for *du*, *ihr* (familiar forms) and
Sie (polite form):

    Example: **gehen**
                 Geh! (du)
                 Geht! (ihr)
                 Gehen Sie! (Sie)

A Listen to Lisa's advice for a healthy
lifestyle and make notes on the following
two points.

    ● **ungesunder Lebensstil**
    ● **gesunder Lebensstil**

B Now convert your notes for activity A into
plural imperatives. Write down at least eight
imperatives.

    Example: „Trinkt nicht so viel Alkohol!"

C Read this recipe and rewrite it for a friend
using the singular imperative form.

Käsespätzle

Geben Sie 500g Mehl, drei Eier und 2 Teelöffel Salz
in eine Schüssel. Fügen Sie ¼ Liter Wasser hinzu und
rühren Sie die Zutaten so lange, bis ein fester, glatter Teig
entsteht. Diesen Teig drücken Sie durch ein großlöchriges
Sieb in einen Topf mit kochendem Salzwasser. Lassen Sie
die Spätzle aufkochen und gießen Sie dann das Wasser
ab. Erhitzen Sie die Butter. Reiben Sie 100g Käse. Geben
Sie eine Schicht Spätzle in eine feuerfeste Form, darauf
eine Schicht geriebenen Käse, eine weitere Schicht Spätzle
und so fort. Schieben Sie die Form für 30 Minuten in
einen vorgeheizten Ofen. Zum Schluss geröstete Zwiebeln
darüber geben und das Ganze sofort heiß servieren.
Guten Appetit!

Zur Auswahl

1 Was verstehen Sie unter dem Begriff ,Lebensstil'? Schauen Sie die Karikaturen an. Sammeln Sie Ausdrücke, die zu der jeweiligen Karikatur passen. Beschreiben Sie dann jede Karikatur in drei oder vier Sätzen.

2 Hören Sie einen Bericht über das Ergebnis einer Umfrage zum Bewegungs- und Ernährungsverhalten der Deutschen. Beantworten Sie die folgenden Fragen.

a Wie viele Deutsche treiben keinen Sport?

b Was sind die beliebtesten Tätigkeiten?

c Welche drei Dinge hat die Umfrage über die sportliche Betätigung der Deutschen herausgefunden?

d Wozu kann zu wenig Bewegung führen?

e Warum befinden sich Übergewichtige oft in einem Teufelskreis?

Fußball und Gewalt

Gewalt im Fußball ist nicht nur bei den Profis ein Problem: Auch im Amateur-Fußball nimmt die Gewalt bei Spielen zu. Probleme gibt es besonders zwischen jungen deutschen und ausländischen, oft türkischstämmigen Amateur-Fußballern. Nun will das Bundesland Niedersachsen mit einem Pilotprojekt der Brutalität und dem Rassismus auf dem Fußballplatz die rote Karte zeigen. Man will die jugendlichen Fußballspieler in 40 Unterrichtsstunden zu Mediatoren oder Schlichtern ausbilden, Gewalt zu reduzieren. Sie sollen durch Rollenspiele und Gespräche lernen, in Konfliktsituationen Ärger und Agressionen abzubauen.

3 Lesen Sie den Text und wählen Sie die richtige Antwort.

1 Gewalt ist … ein Problem.

  a besonders bei den Profis

  b besonders bei den jungen Fußballern

  c bei Profis und Amateuren

2 Gewalt gibt es zwischen … Jugendlichen.

  a ausländischen und türkischen

  b verschiedenen deutschen

  c deutschen und in der Türkei geborenen

3 Durch Rollenspiele will man …

  a Ärger und Agressionen vergessen.

  b Ärger und Agressionen reduzieren.

  c Ärger und Agressionen diskutieren.

4 „Alle Jugendlichen sollten mindestens einmal pro Woche Sport treiben." Schreiben Sie rund 150–200 Wörter zu diesem Thema.

Gut gesagt!

Lange und kurze Vokale

A Hören Sie die folgenden Wörter an und wiederholen Sie sie. Machen Sie diese Übung mehrmals.

Langer Vokal	Kurzer Vokal
mag, Rad, Spaß, Abend, sagen	hallo, etwas, Geschmack, Stadt, satt
sehr, gehen, jedes, Federball, Meter	Essen, Tennis, schlecht, Welt, Geld
mir, hier, Spiel, Ziel, viel	Gibt, sich, immer, finden, Wirkung
ohne, wohnen, so, oder, Mode	kommen, besonders, Kosten, gebrochen, noch
Ruhe, Schule, Fuß, zu, nun	muss, Mutter, Eiskunstlauf, Druck, Schuss

6 Gesundheit

By the end of this unit you will be able to:

- Give reasons why people drink alcohol or smoke
- Conduct a debate about the smoking ban
- Discuss the consequences of alcohol misuse and drug-taking
- Express your opinion about the legalisation of drugs
- Discuss the causes of eating disorders and the importance of a healthy diet
- Discuss health issues such as Aids and cancer
- Use the future tense
- Use conjunctions for style
- Use prepositions
- Extend your vocabulary
- Structure a debate

Achten Sie auf Ihre Gesundheit? Machen Sie das Quiz! Was meinen Sie?

1 Wer raucht, setzt seine Gesundheit aufs Spiel, aber wer Alkohol trinkt, nicht.

- A Das ist total richtig. Alkohol ist nicht so schädlich wie Rauchen.
- B So ein Quatsch! Wenn man pro Tag ein oder zwei Zigaretten raucht, ist das genauso ungefährlich wie Alkohol trinken.
- C Sowohl Rauchen als auch Alkoholtrinken sind gefährlich, besonders wenn man beides regelmäßig macht.

2 Wie sieht, Ihrer Meinung nach, ein gesundes Mittagessen aus?

- A Der tägliche Imbiss zum Mitnehmen.
- B Mittagessen? Wer hat dafür noch Zeit?
- C Ein Käse-Vollkornbrötchen mit etwas gemischtem Salat.

3 Es ist Samstagabend und Sie treffen sich mit Freunden in der Stadt. Gehen Sie ...

- A ... sofort in eine Kneipe und trinken Sie ein Bier nach dem anderen?
- B ... in eine Bar und trinken Sie so schnell und so viel wie möglich?
- C ... zuerst etwas essen und danach in eine gemütliche Kneipe auf ein Glas Wein oder ein Bierchen?

4 Es ist 14.00 Uhr an einem heißen, sonnigen Ferientag. Was machen Sie?

- A Sie nehmen einen bequemen Liegestuhl, ein gutes Buch und legen sich in die Sonne.
- B Sie cremen sich mit Sonnenmilch ein und legen sich in Ihrem Liegestuhl mit einem guten Buch unter einen Baum.
- C Sie bleiben in Ihrem Zimmer, weil Sie die Hitze nicht mögen.

5 Ihr bester Freund/Ihre beste Freundin schenkt Ihnen eine Riesenschachtel Pralinen.

- A Sie nehmen die Pralinen mit in die Schule und naschen den ganzen Tag davon.
- B Sie verschlingen die ganze Schachtel nach einem besonders stressigen Schultag.
- C Sie werfen ihm/ihr die Pralinen an den Kopf. Ist er/sie noch zu retten?

1a Finden Sie die richtige Übersetzung für jedes Wort.

1	Qualm	a	overdose
2	starben	b	allowed
3	infiziert	c	increases
4	beliebt	d	smoke
5	Überdosis	e	infected
6	erlaubt	f	died
7	steigt	g	popular

1b Um welche Themen geht es hier? Überlegen Sie mit einem Partner/einer Partnerin.

a 12-jähriges Mädchen – bewusstlos im Park!

b Endlich Schluss mit der Qualmerei!

c Heute zum Mittagessen: 20 Hamburger oder ein Blatt Salat?

d Sie teilten die Nadeln und das Heroin – nun ist es zu spät!

e Nicht nur Afrika leidet – auch in Westeuropa breitet sich der Virus immer mehr aus.

1c Hören Sie zu (1–5) und wählen Sie jemals die passende Überschrift in Übung 1b.

1d Hören Sie den Text noch einmal und machen Sie zu jedem Thema Notizen.
- **Worum geht es hier?**
- **Welche Fakten werden erwähnt?**

1e Wählen Sie eine der Überschriften in Übung 1b und schreiben Sie einen kurzen Bericht (50–70 Wörter) dazu. Sammeln Sie alle Kurzberichte und stellen Sie eine Seite mit Kurznachrichten für eine Zeitung zusammen.

Tipp

Extending your vocabulary

To do your exam tasks successfully, you will need to build up a wide vocabulary.

- **Word families: when looking up words in a dictionary, make a note of other nouns, adjectives or verbs related to the word.**

  Jugendliche, Jugend (f), Jugendklub (m) (*nouns*)

  jugendlich (*adjective*)

  jung sein (*verb*)

A Find nouns, adjectives and verbs and create word families for the following.

a Drogen b rauchen c Krankheit

- **Remember synonyms and antonyms (page 61) when learning vocabulary. The more you know, the better your chances of getting exam tasks right.**

  die Zahl steigt = die Zahl nimmt zu, die Zahl erhöht sich

B Find synonyms and antonyms for these words from the quiz on page 82.

a kleine Mahlzeit   c einreiben

b knabbern   d schnell essen

- **Compound nouns: in German you can often join two words to form a new word.**

  Mahl + Zeit = Mahlzeit

C Find more examples of compound nouns on these pages.

- **Prefixes adapt the meaning of a word. If you understand the root word, it is easy to understand the new word with the prefix.**

  wichtig – important

  unwichtig – unimportant

  verstehen – to understand

  missverstehen – to misunderstand

D What do these words mean?

a missbrauchen   d abfahren

b unsicher   e unfreundlich

c wiederkommen   f ankommen

Alkohol- und Tabakgenuss

▌Überall hört oder sieht man Warnungen vor übermäßigem Alkohol- und Nikotingenuss.
Trotzdem greifen viele Jugendliche zu diesen gefährlichen Substanzen. Warum?

1 Bevor Sie den Text lesen, ordnen Sie die deutschen Ausdrücke den englischen zu.

1	quatschen	a	to get drunk
2	echt	b	dependent
3	tote Hose	c	to chat
4	sich etwas trauen	d	really
5	Kumpel	e	dead boring
6	sich voll laufen lassen	f	immature
7	unreif	g	mate
8	abhängig	h	to dare to do something

2a Zwei Jugendliche berichten über ihre Erfahrungen mit Alkohol/Zigaretten. Lesen Sie die Abschnitte unten.

2b Was berichten sie? Füllen Sie die folgende Tabelle aus.

	Anja	Michael
welche Droge		
wo genommen		
warum		
wie gefühlt		
welche Wirkung		

2c Finden Sie die entsprechenden Ausdrücke/ Synonyme im Text.

a Wir unterhielten uns.

b Man will in einer Gruppe sein und dazu gehören.

c Man raucht eine Zigarette nach der anderen.

d Man will cool sein.

e Du hast den Mut, ein Mädchen anzusprechen.

f Sucht

g zu viel Alkohol trinken

h Man wollte etwas eigentlich nicht tun.

2d Lesen Sie die Texte noch einmal. Richtig, falsch oder nicht im Text?

a Anja hat sich von Freunden beeinflussen lassen und ist heute Kettenraucherin.

b Man wird als Außenseiter angesehen, wenn man nicht raucht.

c Für Michael ist es ein angenehmes Gefühl, wenn er etwas Alkohol getrunken hat.

d Er hat Angst davor, abhängig zu werden.

e Tolle Typen in Filmen sollten nicht rauchen.

Anja (17) erzählt: Ich war vierzehn, als ich meine erste Zigarette rauchte. Eigentlich schmeckte es überhaupt nicht, aber es war an einem Freitagabend nach dem Jugendklub. Wir standen zusammen und quatschten. Da zog eine Freundin plötzlich eine Schachtel Zigaretten aus ihrer Tasche und bot uns allen eine an. Obwohl ich noch nie geraucht hatte, und eigentlich auch keine Lust dazu hatte, hab ich eine genommen. Ich wollte einfach nicht blöd aussehen und als ‚Mamas Liebling' angesehen werden. Es ist echt schwer, „nein" zu sagen, wenn man in einer Clique ist und akzeptiert werden will. Man sieht auch oft tolle Typen in Filmen oder so und, wenn die rauchen und cool aussehen, kann man ziemlich leicht beeinflusst werden. Besonders wenn man so zwischen zwölf und vierzehn ist.

Übrigens ist diese Freundin heute bereits Kettenraucherin und total von Zigaretten abhängig. Und das mit zwanzig! Ich fing das Rauchen zum Glück nie richtig an.

Michael (16) meint: Alkohol gehört einfach zum Älterwerden. In meinem Freundeskreis trinken die meisten schon mal ein Bier oder manchmal, bei Partys oder so, auch was Stärkeres wie Spirituosen. 'ne Party ohne Alkohol ist einfach tote Hose. Wenn du ein Glas Bier getrunken hast, fühlst du dich gut, mehr entspannt, der Stress geht weg. Und du traust dich auch mal ein Mädchen, das du gut findest, anzuquatschen. Das Problem ist nur, dass einige nicht wissen, wenn sie genug getrunken haben. Die wissen nicht, wann sie aufhören sollten. Ein Kumpel hat sich einmal voll laufen lassen, nur weil er auf die anderen Eindruck machen wollte. Das hab ich total doof gefunden. Meiner Meinung nach zeigte er nur, wie unreif er war. Und diese Einstellung kann leicht zu einer Abhängigkeit führen.

3 Welchen der folgenden Aussagen stimmen Sie zu, welchen nicht? Begründen Sie Ihre Meinung. Arbeiten Sie mit einem Partner/einer Partnerin.

a Junge Leute, die ein positives Selbstwertgefühl haben, brauchen keinen Alkohol und keine Zigaretten.

b Es spielt keine Rolle, ob Schauspieler in Filmen rauchen.

c Auch wenn man nicht viel Alkohol trinkt, kann man abhängig werden.

d Alkohol ist nicht so schädlich wie Zigaretten.

4a Hören Sie eine Debatte mit Tanja, Stefan, Anita und Jens zum Thema „Rauchverbot in der Öffentlichkeit". Wer ist für und wer ist gegen ein Rauchverbot?

4b Welche der folgenden Meinungen werden in der Debatte erwähnt?

a Es ist gut, dass man in Bussen und Zügen nicht mehr rauchen darf.

b Rauchen ist eine Sucht.

c Jens' Opa raucht seit 40 Jahren und hat jetzt Lungenkrebs.

d Viele rauchen, auch wenn sie nicht unter Stress stehen.

e Es ist übertrieben, dass es in Restaurants keine Zimmer für Raucher mehr gibt.

Hilfe

Meiner Meinung nach ...

Meines Erachtens ...

Ich bin total dagegen ...

Ja schon, aber ...

Im Gegenteil ...

Für mich ist es aber so, dass ...

Ich sehe das auch so.

Ich sehe das auf keinen Fall so.

Ich stimme dir zu/nicht zu.

Es kommt darauf an.

Tipp

Structuring a debate

In a debate you need to:

● present your point of view

● defend it

● listen to the point of view of others

● anticipate what might be said next.

Analyse the arguments for and against the motion. Think about the possible consequences of each argument.

A Listen to the debate on 'smoking in public' again and write down as many answers as possible to the following questions.

a Wo sollte nicht geraucht werden?

b Wie sollten sich Raucher und Nichtraucher verhalten?

c Argumente für ein Rauchverbot

d Argumente gegen ein Rauchverbot

5a Debattenthema „Rauchverbot in der Öffentlichkeit". Bilden Sie zwei Gruppen: die Gegner und die Befürworter. Bereiten Sie Ihre Argumente ‚für' oder ‚gegen' vor.

5b Führen Sie eine Debatte. Benutzen Sie die Hilfe-Ausdrücke und den Tipp.

6 Schreiben Sie einen kurzen Artikel für die Schülerzeitung (ca. 150–200 Wörter) zum Thema „Rauchverbot in der Öffentlichkeit". Sie könnten Ihren Artikel mit einer Frage beginnen, z.B. „Ist ein allgemeines Rauchverbot demokratisch?" Konzentrieren Sie sich dann auf die folgenden Punkte.

● Warum „ja"?

● Warum „nein"?

● Ihre eigene Meinung?

7 Wählen Sie entweder das Thema „Alkohol" oder „Rauchverbot". Sammeln Sie Informationen zu diesem Thema und stellen Sie eine Collage aus Bildmaterial und Text zusammen.

Drogen: Gefahren und Folgen

Trotz Information und Aufklärung in Schulen und Jugendzentren: die Zahl der Drogentoten nimmt nicht ab. Warum ist es so schwer, nein zu sagen? Und ist Drogen nehmen wirklich gefährlicher als Alkoholtrinken oder Rauchen?

1 Kennen Sie junge Leute, die Drogen nehmen? Warum tun sie das? Gibt es in den Schulen genug Information und Aufklärungsarbeit? Diskutieren Sie mit einem Partner/einer Partnerin und führen Sie dann ein Klassengespräch.

Fabian berichtet über seine Erfahrung mit Drogen

Ich persönlich würde nie zu Drogen greifen. Ich hatte letztes Jahr dieses schreckliche Erlebnis und es war die totale Abschreckung für mich. Meine Freunde und ich waren in einer Disko. Ich wusste, dass Martin in unserer Clique schon mit Drogen experimentiert hatte. Aber an diesem Abend sah ich, wie abhängig er war. Erst als er sich sein Heroin in der Toilette gespritzt hatte, konnte man sich normal mit ihm unterhalten. Er gab zu, dass es ihm eigentlich ganz schlecht ging. Er konnte einfach nicht von dem Zeug loskommen. Ein Typ bei einer Party hatte ihn überredet, einen Joint mitzurauchen. Dabei blieb es aber nicht, denn der Joint enthielt auch Heroin. Martin fühlte sich total wohl und alle seine Probleme in der Schule waren vergessen. Das war der Anfang seiner Abhängigkeit. Vor ein paar Tagen traf ich seine Mutter. Sie erzählte, dass Martin total am Ende ist. Nächste Woche wird er in einem Therapiezentrum für Drogenabhängige eine Entziehungskur beginnen. Hoffentlich wird er es schaffen, von den Drogen loszukommen. Ich werde auf jeden Fall versuchen, mit ihm in Kontakt zu bleiben.

Hallo, Fabian,

morgen werde ich mit der Entziehungstherapie beginnen. Wir werden mit einer Gruppentherapie beginnen, also werde ich auch noch andere Drogenabhängige kennen lernen, und ich werde über meine Sucht sprechen müssen. Das wird nicht leicht sein. Mein Tagesablauf wird sehr geordnet sein: um 8 Uhr aufstehen, dann Gruppentherapie, danach entweder in der Küche oder im Garten arbeiten, später Einzeltherapie und dann

2a Lesen Sie Fabians Text und finden Sie die entsprechenden deutschen Ausdrücke.

  a he had injected heroin

  b to get off the stuff

  c to take drugs

  d deterrent

  e someone had persuaded him

  f to manage

2b Lesen Sie auch Martins Brief unten und beantworten Sie die folgenden Fragen.

  a Was hält Fabian von Drogen?

  b Woran sah er, dass sein Freund Martin abhängig war?

  c Wo und warum hat Martin zum ersten Mal Drogen genommen?

  d Warum wurde Martin abhängig? Geben Sie drei Gründe.

  e Wie geht es Martin jetzt?

  f Wie wird Martins Zukunft aussehen?

  g Was schreibt Martin über seine Therapie?

  h Was wird er außer der Therapie noch machen?

3a Hören Sie ein Interview mit einer Drogenberaterin. Ergänzen Sie die Lücken.

  a Die ersten Anzeichen von Alkoholabhängigkeit sind oft Reizbarkeit und _____ .

  b Man versucht auch, das Problem zu _____ .

  c Die späteren Auswirkungen sind _____ , die _____ wird _____ und die _____ wird krank.

  d Bei Drogenabhängigkeit sind die Symptome oft ein grundloser _____ und _____ sowie erweiterte _____ .

  e Die Auswirkungen zeigen sich in _____ und _____ .

  f Die Folgen einer _____ sind ja allgemein bekannt.

  g Bei zu starkem Tabakgenuss verschlechtert sich der _____ , und natürlich kann Rauchen zu _____ führen.

3b Ordnen Sie die Auswirkungen der verschiedenen Drogen in drei Spalten: Drogenmissbrauch, Rauchen, übermäßiger Alkoholgenuss.

Grammatik →160 →W57

The future tense

The future tense in German is formed by using the present tense of *werden* + **the infinitive of the main verb.**

Man **wird versuchen**, sein Problem zu vertuschen.

For the full paradigm of the verb *werden* see page **158.**

Ⓐ Fill in the gaps with the correct form of *werden*.

a Ein Freund _____ Martin helfen, von den Drogen los zu kommen.

b Wir _____ eine Kampagne gegen Drogen organisieren.

c _____ du das Flugblatt gegen Drogenkonsum verteilen?

d Ich _____ nie Drogen nehmen.

Ⓑ Write these sentences in the future tense.

a Martin fühlt sich total wohl.

b Hoffentlich schafft er es, loszukommen.

c Fabian experimentiert nicht mit Drogen.

d Die Lehrer informieren ihre Klassen.

e Wir helfen ihm, eine Lösung zu finden.

f Martin hat einen geordneten Tagesablauf.

g Martin nimmt an verschiedenen Therapien teil.

Ⓒ Translate these sentences into German.

a He will never again inject heroin.

b They will ask the doctor for advice.

c How will you help your friend?

d She promised us that she will stop taking drugs.

e We will discuss the topic of drugs in the youth club.

4 Lesen Sie die beiden Meinungen rechts oben. Welcher Meinung stimmen Sie zu? Warum/Warum nicht? Schreiben Sie Ihre Meinung auf.

Heiko (16): Meiner Meinung nach muss man alle Drogen legalisieren um das Drogenproblem zu lösen, denn oft wollen Jugendliche gerade das machen, was verboten ist.

Anna (16): Drogen zu legalisieren ist für mich keine Antwort auf das Drogenproblem. Wenn man Drogen legalisiert, werden noch mehr Kinder und junge Leute zu Drogen greifen.

5a Hören Sie eine Debatte zum Thema „Drogenbekämpfung". Notieren Sie, was Franjo, Ivana, Heiko und Anna vorschlagen.

Franjo und Anna vs **Ivana und Heiko**

5b Vergleichen Sie Ihre eigene Meinung mit der von Anna, Franjo, Ivana und Heiko und diskutieren Sie das Thema „Sollte man Drogen legalisieren?" in der Klasse. Benutzen Sie die Hilfe-Ausdrücke auf Seite 85.

6 Schreiben Sie eine Zusammenfassung zum Thema „Drogenbekämpfung". Benutzen Sie das Futur und die Hilfe-Ausdrücke. Sie können die folgenden Punkte erwähnen:

● **Legalisierung**

● **Therapien**

● **Andere Lösungsmöglichkeiten**

Ernährungsprobleme

▌„Deutschland ist zu dick" — „Immer mehr junge Menschen leiden an Magersucht". Zwei totale Gegensätze – doch beide stimmen. Warum kommt es zu Essstörungen und was kann man dagegen tun? Was kann man zur Vorbeugung tun?

1 Schauen Sie sich die beiden Bilder an. Sind Supermärkte und Supermodelle an unseren Essstörungen und Gewichtsproblemen Schuld? Diskutieren Sie mit einem Partner/ einer Partnerin.

2a Lesen Sie den Text über Magersucht und finden Sie die deutschen Ausdrücke.

a overestimate their body weight

b friends assure them

c eating pattern

d let themselves be influenced

e be afraid subconsciously

f a body of a child

g additionally

h replace suppressed feelings

i pass on a sensible attitude

2b Welche der folgenden Sätze stimmen nicht mit dem Text überein?

a Anorektiker sehen ihren Körper nicht so, wie er wirklich ist.

b Sie wollen ihren Freunden glauben, dass sie nicht zu dick sind.

c Die Medien beeinflussen viele Jugendliche.

d Die Mode spielt keine wichtige Rolle.

e Menschen mit Essstörungen haben Angst vor ihrem kindlichen Körper.

f Konflikte, die nicht diskutiert werden, sind oft auch ein Faktor.

g Die Eltern sollen ihre Kinder zu einem gesunden Essverhalten anleiten.

Das Kernproblem, das alle Anorektiker haben ist, dass sie ihr Körpergewicht total überschätzen. Wenn Freunde ihnen versichern, dass sie eigentlich sehr dünn sind, glauben sie das nicht. Sie sehen sich selbst als ‚zu dick' und halten daher an ihrem krankhaften Essverhalten fest. Warum kommt es zu dieser Essstörung, was sind die Ursachen?

Verschiedene Faktoren tragen dazu bei. Die Medien spielen natürlich eine Rolle, denn besonders junge Menschen lassen sich von den Schönheitsidealen beeinflussen, die in Zeitschriften abgebildet sind oder im Fernsehen gezeigt werden. Mode ist für viele heranwachsende Jungen und Mädchen sehr wichtig, und je mehr man seinem Schönheitsideal entspricht, desto besser fühlt man sich. Also versucht man abzunehmen. Man macht eine Diät, aber irgendwann kommt der Punkt, an dem man sein Abnehmen nicht mehr kontrollieren kann, und dann wird es gefährlich.

Es gibt auch seelische und emotionale Gründe. Vielleicht hat man im Unterbewusstsein Angst davor, erwachsen zu werden. Man versucht, wieder seinen kindlichen Körper zu bekommen, weil man sich so vor Problemen und Konflikten schützen will. Zusätzlich können Probleme in der Familie, über die man nicht offen sprechen kann, die Essstörung verstärken. Man ersetzt solche verdrängten Emotionen durch das Essverhalten oder man isst immer weniger aus Protest, weil man unter zu großem Druck steht und keinen anderen Ausweg sieht.

Wie kann man nun diesem Problem vorbeugen? Das Wichtigste ist, ein gesundes Essverhalten zu erlernen. Dabei spielen die Eltern natürlich eine bedeutende Rolle. Sie sollen ihren Kindern von klein auf eine vernünftige Einstellung zum Essen und zu ihrem Körper vermitteln. Außerdem gibt es Selbsthilfegruppen an großen Krankenhäusern und Universitäten, die Kurse zur Prävention anbieten.

2c Fassen Sie den Text auf Deutsch zusammen. Erwähnen Sie:

● Ursachen

● Auswirkungen

● Lösungsmöglichkeiten

3a Eine weitere Essstörung ist Fettsucht. Hören Sie gut zu, lesen Sie die Teilsätze und finden Sie die richtige Ergänzung.

1 **Die Statistik des statistischen Bundesamtes ist**

  a schrecklich   c problematisch

  b beängstigend

2 **In Deutschland sind … Kinder zu dick.**

  a besonders   b nur   c nicht nur

3 **Männer sind … als Frauen.**

  a dünner   c dicker

  b genauso dick

4 **Die Eltern sind häufig**

  a unverantwortlich   c ein Beispiel

  b schuld

5 **Über die Gesundheitsfolgen macht man sich**

  a Gedanken   b Hoffnung   c Sorgen

3b Hören Sie noch einmal zu und beantworten Sie die Fragen.

  a **Wie viele Deutsche hatten im Mai 2003 Übergewicht?**

  b **Welche drei Unterschiede gibt es zwischen Männern und Frauen?**

  c **Was sind die drei Gründe für Fettsucht bei Kindern?**

  d **Wer ist dafür verantwortlich und warum?**

  e **Wie kann man die Situation ändern?**

  f **Was sind die drei Folgen von Übergewicht?**

4 Partner A ist Journalist und interviewt Partner B, einen Ernährungsexperten zum Thema „Übergewicht". Partner A soll Fragen erarbeiten, Partner B Antworten.

  ● **Ursachen**

  ● **Wer ist verantwortlich?**

  ● **Folgen**

Grammatik ➡ 166 ➡ W74

Using conjunctions for style

A Compare the following two extracts. Which one is more interesting to read and why?

> Essstörungen sind ein wachsendes Problem. Es betrifft Erwachsene, Kinder und Jugendliche. Man muss versuchen das Problem schnell zu lösen. Die Folgen kann man vermeiden. Viele Kinder sind übergewichtig. Sie treiben keinen Sport und essen zu viel Fett.

> Essstörungen sind ein wachsendes Problem, da es Erwachsene, Kinder und Jugendliche betrifft. Man muss versuchen, das Problem schnell zu lösen, sodass man die Folgen vermeiden kann. Viele Kinder sind übergewichtig, weil sie keinen Sport treiben und zu viel Fett essen.

B Re-read the grammar section on subordinating conjunctions on page 167 and the text on page 88 and list five conjunctions.

C Link these sentences with a conjunction – there may be more than one option.

  a **Abnehmen kann zu Essstörungen führen. Man kann es nicht mehr kontrollieren.**

  b **Es ist wichtig, offen über Probleme zu sprechen. Es kann sonst zu seelischen Störungen führen.**

  c **Kinder leiden unter Übergewicht. Sie essen zu viel Fett und Süßigkeiten.**

  d **Viele kennen die Folgen von Übergewicht. Sie ändern ihr Essverhalten nicht.**

5 Schreiben Sie einen Bericht zum Thema „Essstörungen" (ca. 150 Wörter) und benutzen Sie die Informationen aus dem Lese- und Hörtext. Erwähnen Sie Ursachen, Auswirkungen und Folgen. Äußern Sie auch Ihre eigene Meinung dazu und benutzen Sie Konjunktionen sowie die Hilfe-Ausdrücke.

Hilfe

Es scheint …	Die Auswirkungen zeigen sich in …
um … + *infinitive*	
… kann zu … führen	Wenn man die Ursachen untersucht …

6 Zeitkrankheiten

■ Gemeinsam gegen Aids und Krebs. Was können wir tun, um die Bekämpfung dieser beiden Krankheiten zu unterstützen?

1 Was wissen Sie über Aids? Sind die folgenden Aussagen richtig oder falsch?

a Afrika ist am stärksten betroffen.

b In Industrienationen wie Deutschland, Österreich und der Schweiz steigt die Zahl der Neuinfektionen.

c Durch die neuen, wirksameren Medikamente hat man das Problem im Griff und die Lebenserwartung und Lebensqualität von HIV-Patienten verbessert.

d Die meisten Aids-Patienten haben heute Zugang zu modernen Behandlungsmethoden.

e Man kann sich bei einem infizierten Partner erst dann anstecken, wenn die Krankheit ausgebrochen ist.

f Aids ist nur für Homosexuelle ein Problem.

2a Hören Sie einen Beitrag zum Thema Aids und wählen Sie dann das Wort, das sinngemäß am besten passt.

1 In einigen afrikanischen Ländern sterben … Menschen an Aids.

a viele   c die meisten

b alle

2 In Deutschland sind … 50 000 Menschen infiziert.

a mehr als   c ungefähr

b knapp

3 Die Zahl der Neuinfektionen ist …

a gleich geblieben.   c mehr geworden.

b weniger geworden.

4 Junge Leute schützen sich nicht mehr vor Aids, weil …

a sie nicht Drogenabhängige sind.

b sie nicht homosexuell sind.

c sie glauben, die Behandlung von Aids heute kein Problem mehr ist.

5 Man kann Aids verhindern, indem man …

a keinen ungeschützten Sex hat.

b Kondome verwendet.

c Küsse vermeidet.

2b Hören Sie den Bericht noch einmal und fassen Sie die Hauptpunkte auf Deutsch zusammen. Erwähnen Sie:

● Die Situation weltweit

● Das Verhalten junger Leute in Industriestaaten

● Wie kann man sich schützen?

3a Lesen Sie den Text und beantworten Sie die Fragen.

a Wer hat das Programm organisiert?

b Was will das Programm erreichen?

c Wer bezahlt das Programm?

d Wie sieht die Arbeit des Programms aus?

Hilfsprogramm gegen Aids

Die Zahl der Aids-Infizierten in Namibia steigt ständig. Daher hat das Deutsche Rote Kreuz gemeinsam mit dem Namibischen Roten Kreuz ein neues Aids-Hilfsprogramm gestartet. Ziel des Programms ist es, Dorfmitglieder und Familien über den Virus aufzuklären. Das Projekt wird hauptsächlich mit EU-Mitteln finanziert und soll voraussichtlich drei Jahren dauern. Im Norden Namibias hat man bereits mit der Schulung und Aufklärungsarbeit begonnen.

3b Lesen Sie den Text noch einmal und vervollständigen Sie diese Satzanfänge.

a In Namibia gibt es …

b Mit einem gemeinsamen, neuen Aids-Hilfsprogramm …

c Das Programm soll …

d Das Geld für das … Projekt …

e Die Schulung der Bevölkerung und die Aufklärungsarbeit …

Grammatik ➡ 150 ➡ W10

Prepositions

- Some prepositions are always followed by the accusative:

  durch, ohne, gegen, wider, um, für = 'dogwuf' + bis.

- Some prepositions are always followed by the dative:

  aus, außer, bei, gegenüber, mit, nach, seit, von, zu

A Read the text about skin cancer and find examples of these prepositions. Note how the articles change in the different cases. Refer to page 146 for the correct endings.

- Some prepositions can be followed by either the dative or the accusative.

  an, auf, hinter, in, neben, über, unter, vor, zwischen.

  Ich gehe an **den** Strand.
  an + accusative (implies **movement**): I am going (on)to the beach.

  Am (an dem) Strand lege ich mich in die Sonne.
  an + dative (implies **position**): I'm suntanning on the beach.

B Which of these sentences is in the dative, which in the accusative and why?

a Sie legt sich in die Sonne.

b Man soll nicht in der Sonne liegen.

c Unter dem Baum gibt es Schatten.

d Wenn es regnet, gehe ich unter den Baum.

e Vor dem Baden soll man sich gut mit Sonnencreme einreiben.

f Er setzt sich vor den Sonnenschirm, statt unter ihn.

4 Lesen Sie den Text unten zum Thema Hautkrebs. Welche der folgenden Sätze sind richtig, falsch oder nicht im Text?

a **Gegen Hautkrebs kann man gut vorbeugen.**

b **12-jährige Deutsche besuchen regelmäßig ein Solarium.**

c **Man soll sich nie in die Sonne legen.**

d **Es gibt jedes Jahr mehr Hautkrebsfälle in der Bundesrepublik.**

e **Hautkrebs entwickelt sich oft erst in der Zukunft.**

f **Die Plakate in Schwimmbädern sind sehr erfolgreich.**

g **Nicht jeder bekommt Informationen über die Kampagne.**

5 Arbeiten Sie mit einem Partner/ einer Partnerin. Partner/in A soll einen Hautkrebsexperten zu diesem Thema befragen. Partner/in B ist der Experte und soll dem Reporter Auskunft geben. Erarbeiten Sie Fragen und mögliche Antworten. Machen Sie dann das Interview.

6 Entwerfen Sie ein Flugblatt, in dem Sie Kinder und Teenager entweder zum Thema Aids oder über Hautkrebs informieren und aufklären.

UV-Strahlen aus Sonne und Solarien sind die Hauptursache für Hautkrebs. Dabei wäre der Hauptrisikofaktor von Hautkrebs so leicht zu vermeiden: sich nur angezogen in die Sonne legen, die Mittagssonne meiden, sich in den Schatten unter einen Baum setzen statt beim Schwimmbecken in der prallen Sonne. Außerdem sollten Solarien für Kinder und Teenager tabu sein, obwohl es bereits unter 12-Jährigen in Deutschland beliebt ist, sich in Solarien zu bräunen. Dies ist ein gefährlicher Trend, der zu Hautkrebs führen kann.

Die Zahl der Hautkrebserkrankungen nimmt in Deutschland jedes Jahr um sieben Prozent zu. Wenn sich junge Leute regelmäßig einer intensiven Sonnenbestrahlung aussetzen, verstärkt sich das Risiko, später Hautkrebs zu bekommen. Man versucht nun mit Plakaten in den Duschkabinen vieler Schwimmbäder sowie durch Hörfunkspots auf das Thema aufmerksam zu machen und besonders Kinder und Jugendliche zu warnen. Alle Interessenten erhalten Informationen über die Kampagne und Tipps zum Thema Sonnenschutz.

Grammatik aktuell

1 The future tense

The future tense is used:

- if you want to be precise about future plans or intentions
- if you want to give a particular emphasis to the future aspect of a statement.

The future tense in German is formed by using the present tense of *werden* + **the infinitive of the main verb:**

Ab morgen **werde** ich keine Zigaretten mehr **rauchen.**

For the full paradigm of the verb *werden*, see page 158.

A Read the statements of these people and turn them into resolutions using the future tense.

a Wir trinken nur noch einmal pro Woche Alkohol.

b Jens isst weniger Fett.

c Susi und Ben trinken keinen Alkohol, wenn sie Auto fahren.

d Anna experimentiert nie mehr mit Drogen.

e Andreas lernt kochen.

B Translate these sentences into German.

a They will not sell alcohol to people under 18. (*verkaufen an*)

b The German government will forbid smoking in public buildings as well as on trains and buses.

c Normal eating patterns will prevent eating disorders.

d This summer I will not lie in the sun without suntan lotion.

2 Using conjunctions for style

Using conjunctions in your written work will help you to improve your style.

The main conjuctions are: *weil, als, wenn, obwohl, während.*

Read the grammar section for more subordinating conjunctions on page **167** again.

A Read the following text and rewrite it using as many conjunctions as possible.

Seit 2005 gibt es keine Werbung mehr für Tabakprodukte. Man will so versuchen, das Rauchen einzuschränken. Auch in vielen Schulen gibt es ein Rauchverbot. Einige Schüler/innen rauchen trotzdem hinter Bäumen. Manchmal erwischen die Lehrer die rauchenden Schüler/innen. Sie kontaktieren dann die Eltern. In einigen Unterrichtsstunden bekommen die Schüler/innen Informationen zum Thema Rauchen. Sie erfahren etwas über die Gefahren und Folgen des Rauchens. Ältere Jugendliche rauchen weniger. Jüngere Teenager rauchen mehr.

3 Prepositions

Re-read *Grammatik* on page 91.

A The following sentences contain prepositions which are followed by either the dative or the accusative. Read each sentence, decide if the dative or the accusative is used and rewrite the sentence using the case that has not been used.

Example: Ich sitze am Strand. (dative, position) → *Ich setze mich an den Strand.* (accusative, movement)

a Das Bild hängt an der Wand. Ich …

b Ich fahre das Auto zwischen das Haus und den Garten. Das Auto …

c Sie stellt das Fahrrad vor das Haus. Das Fahrrad …

d Das Flugzeug schwebt über der Stadt. Das Flugzeug …

e Es ist dunkel unter der Brücke. Das Schiff fährt …

B Write five sentences using prepositions that take the accusative, and five sentences with prepositions followed by the dative.

Zur Auswahl

1 Machen Sie in der Klasse eine Debatte: „Alle Drogen, einschließlich Alkohol, sind gefährlich und sollten verboten werden." Benutzen Sie die Hilfe-Ausdrücke auf Seite 85.

2a Hören Sie einen Erfahrungsbericht von Jutta W., die anorexisch war und nun wieder gesund ist. Was passt zusammen?

1 Ich war ziemlich pummelig,
2 Meine Eltern machten sich um mich Sorgen,
3 Ich schaute mindestens zehn Mal in den Spiegel,
4 Ich bin jetzt 13

a und habe durch die Therapie eine Freundin gefunden.
b als ich in die Realschule ging.
c und sah mich immer als eine „fette Kuh".
d aber ich sagte nichts.

2b Welche der folgenden Sätze sind richtig, welche falsch?

a Die Eltern lachten Jutta aus und nannten sie „Pummelchen".
b Obwohl sie weniger aß, nahm Jutta nicht ab.
c Die Ärztin nahm sich viel Zeit für Jutta.
d Jutta kann jetzt gar nichts mehr essen und nimmt nur Medikamente.

2c Was sind Ihrer Meinung nach die Gründe für Essstörungen? Schreiben Sie 50–60 Wörter. Folgendes wird Ihnen helfen.

- Was kann zu Essstörungen führen?
- Wie kann man helfen?
- Was sollte sich ändern?

3 Lesen Sie den Text rechts oben und ergänzen Sie die Sätze.

a Wenn man zwei Gläser Bier getrunken hat, …
b Ein totales Alkoholverbot bedeutet, …
c Die Wirkung von Alkohol …
d Wer 0,5 Promille Alkohol im Blut hat, …
e Da Alkohol am Steuer verboten ist, …

Alkohol im Straßenverkehr

„Was, du willst ein Taxi bestellen? Du hast doch nur zwei Gläser Bier getrunken", sagte Tobias zu seiner 20-jährigen Freundin. „Da kannst du doch noch fahren."

Aber Tobias hat nicht Recht, denn seit Mai 2007 gibt es für junge Autofahrer und Fahranfänger unter 21 ein totales Alkoholverbot. Das heißt, nicht einmal ein Gläschen Wein oder Bier ist erlaubt. Das klingt natürlich ziemlich hart, aber wenn man die Wirkung von Alkohol auf das Fahrverhalten betrachtet, ändert man wahrscheinlich seine Meinung. Schon bei 0,2 Promille sind Sehfähigkeit und Gehörsinn geschwächt, bei 0,5 Promille kann man die Geschwindigkeit nicht mehr richtig einschätzen und man geht schneller ein Risiko ein, während sich die Reaktionsfähigkeit gleichzeitig verlangsamt.

Wer sich aber dennoch ans Steuer setzt, nachdem er Alkohol getrunken hat, kann mit einer Strafe von 125 Euro und zwei Punkten in der Verkehrssünderkartei rechnen.

Verkehrssünderkartei — *official file of traffic offenders*

4 Warum ist Alkohol bei Jugendlichen so beliebt? Wie könnte man die Einstellung junger Leute zu Alkohol ändern? Bearbeiten Sie diese beiden Fragen mit einem Partner/einer Partnerin und vergleichen Sie die Ergebnisse in der Klasse. Fassen Sie die Ergebnisse schriftlich zusammen.

Gut gesagt!

Vokale mit Umlaut

A Wiederholen Sie mehrmals.

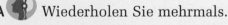

schön	erhöht	gewöhnlich	könnte
über	hübsch	Grüße	müsste
Ähnlichkeit	erwähnen	Fähigkeit	ändern

B Und zum Schluss noch ein Zungenbrecher.
Der Mondschein schien schon schön.

Wiederholung Einheit 5–6

1  Arbeiten Sie mit einem Partner/einer Partnerin. Schauen Sie sich das Bild an und machen Sie Notizen zu den folgenden Fragen. Diskutieren Sie Ihre Ergebnisse in der Klasse.

a Beschreiben Sie das Bild.

b Was ist ungewöhnlich?

c Was bedeutet ‚Sport macht stark?‘

d Was halten Sie von der Idee, dass Nichtbehinderte und Behinderte gemeinsam Sport treiben?

2a Hören Sie ein Interview mit Kathrin Reissig, einer 16-jährigen Schülerin des Adalbert-Stifter-Gymnasiums. Welche der Sätze beschreiben die Aussagen von Kathrin besser?

1a Es ist schade, dass es nicht mehr Schulen für Behinderte gibt.

b Es ist schade, dass Behinderte in Behindertenschulen wenig Kontakt mit Nichtbehinderten haben.

2a Die meisten Schüler in Kathrins Klasse waren zunächst gegen die Idee von einem gemeinsamen Sporttag.

b Die meisten fanden die Idee gut.

3a Wenn man sich näher kennen lernt, gibt es weniger Vorurteile.

b Natürlich sind durch das Kennenlernen auf dem Sporttag auch viele Vorurteile entstanden.

4a Viele Behinderte können sich selbst nicht einmal eine Suppe kochen.

b Wer glaubt, dass Behinderte sich selbst nicht helfen können, liegt falsch.

Stress, Herzkrankheiten, Abhängigkeiten von verschiedenen Drogen, Krebs, diese sogenannten Krankheiten unserer Zeit kann man vermeiden. Man muss nur bereit sein, seinen ungesunden Lebensstil zu ändern.

Eine ausgeglichene Ernährung mit vielen Vitaminen reduziert den Cholesterinspiegel und kann vor Herzinfarkt schützen.

Fitness bedeutet nicht hektischer Aktionismus, sondern für jeden Einzelnen geplante, sportliche Aktivitäten. Der moderne Mensch steht sehr häufig unter Stress. Man füllt seine Tage mit mehr Aktivitäten, nimmt sich aber nicht mehr Zeit dafür. Entspannung, Yoga und Meditation können helfen, Stress abzubauen. Eine neue Art, sich zu entspannen, ist ‚Stopping‘. Man bekommt praktische Ratschläge, wie man die Dinge erkennen kann, die wirklich wichtig sind.

3a Lesen Sie den Text oben.

3b Beantworten Sie die Fragen.

a Wie kann man sogenannte Zeitkrankheiten vermeiden?

b Warum ist eine ausgeglichene Ernährung wichtig?

c Warum steht man heute so sehr unter Druck?

d Wie kann man Stress abbauen?

e Was ist ‚Stopping‘?

4a Füllen Sie die Tabelle aus.

	Wie wirken sie?	Was sind die Folgen?
Alkohol		
Zigaretten/Tabak		
Drogen		

4b Notieren Sie fünf Vorschläge, wie man Drogenabhängigen helfen kann.

4c Schreiben Sie eine Antwort auf die Frage einer besorgten Mutter in einer Zeitschrift.

"Ich glaube meine Tochter experimentiert mit Drogen und Alkohol. Was sind die Symptome und wie kann ich sie auf die Auswirkungen und Folgen von Drogenmissbrauch aufmerksam machen? Bitte helfen Sie mir!"

5a Welche Ausdrücke passen zusammen?

1 Besorgnis erregend
2 Gruppenzwang widerstehen
3 ein kleiner Schritt
4 vernünftig
5 sich an etwas gewöhnen
6 unschuldige Menschen

a to get used to
b sensible
c innocent people
d worrying
e a small step
f resist pressure from a group

5b „Alkoholkonsum von Jugendlichen steigt." Hören Sie zu und machen Sie Notizen zu den folgenden Punkten.

- Ergebnis der Studie
- Trinkverhalten der Jugendlichen
- Auswirkungen
- Folgen

5c Benutzen Sie Ihre Notizen und schreiben Sie zu jedem Punkt mindestens zwei Sätze.

5d Geben Sie Ihre Sätze Ihrem Partner/Ihrer Partnerin und versuchen Sie seine/ihre Sätze zu verbessern. Geben Sie die verbesserten Sätze anschließend Ihrem Lehrer/Ihrer Lehrerin.

6a Lesen Sie diesen Text.

6b Wählen Sie nun die richtige Antwort.

1 Was ist die beste Methode, wenn man abnehmen will?
   a eine Diät machen
   b wenig essen, nichts Fettes und Süßes
   c kleinere Portionen und körperlich aktiv sein

2 Warum sind einige Diäten nicht zu empfehlen?
   a weil man nur Ananas oder nur Kartoffeln essen darf
   b weil sie keine vielseitige Ernährung garantieren
   c weil der Körper mehr Mineralstoffe braucht

3 Was braucht man, um erfolgreich abzunehmen?
   a ein Fahrrad
   b einen eisernen Willen
   c keinen Fernseher

7a Diskusssionsthema: „Man sollte alle Diäten verbieten, denn sie sind gesundheitsschädlich". Bilden Sie zwei Gruppen – die Gegner und die – Befürworter – und bereiten Sie Argumente ‚dafür' bzw. ‚dagegen' vor.

7b Führen Sie anschließend eine Diskussion. Benutzen Sie die Hilfe-Ausdrücke und den Tipp auf Seite 85.

7c Notieren Sie alle Argumente, die Ihre Klasse in der Debatte benutzt hat, und bereiten Sie eine PowerPoint-Präsentation vor.

Vorsicht bei Diäten!

Hilfe! Ich muss abnehmen – was soll ich machen? Es ist vielleicht nicht die einfachste Methode, aber bestimmt die erfolgreichste und gesündeste: weniger essen, besonders weniger Fett und weniger Süßes, und viel Bewegung. Aber dazu muss man Durchhaltevermögen und Selbstdisziplin haben. Da ist es doch einfacher, eine Diät auszuprobieren. Die Frage ist: welche? Viele Diäten sind nicht besonders wirkungsvoll, oft sehr einseitig und manchmal sogar schädlich für die Gesundheit. Nehmen wir zum Beispiel die Ananas-Diät. Wie der Name sagt, darf man dabei nur Ananas essen oder Ananassaft trinken – das ist sehr einseitig und der Körper bekommt nicht genügend Eiweiß und Mineralstoffe. Auch die Kartoffeldiät ist nicht zu empfehlen. Kartoffeln sind zwar gesund und enthalten Vitamine, Aminosäuren und lebenswichtige Mineralstoffe, aber es ist keine vielseitige und ausgewogene Ernährung, wenn Sie tagein, tagaus nur Kartoffeln essen. Setzen Sie sich also lieber aufs Fahrrad als vor den Fernseher und reduzieren Sie Ihre Mahlzeiten schrittweise. So wird sich Ihr Magen langsam an die kleineren Portionen gewöhnen.

By the end of this unit you will be able to:

- Talk about different types of holidays
- Discuss what is important for people when choosing a holiday
- Discuss what can be stressful about holidays
- Discuss the pros and cons of tourism
- Give examples of the impact of tourism on the German economy
- Research and discuss the impact of transport and pollution on the environment
- Discuss how climate changes affect the environment

- Use the conditional tense
- Recognize the subjunctive
- Recognize the conditional perfect
- Use the genitive
- Improve your listening skills
- Answer a structured question
- Structure an oral presentation

1a Lesen Sie die zwei Texte. Welches Bild passt zu welchem Text?

1b **D** Was bedeuten die fettgedruckten Wörter im Text auf Englisch?

1c Was für Ferienarten sehen Sie im **dritten Bild** rechts? Schreiben Sie eine kurze Anzeige.

1

Badespaß in Schluchsee, einem familienfreundlichen Ferienort

Schluchsee bietet alles für den idealen Ferienaufenthalt:

- Schwimmbecken mit **Superrutsche**
- Sonnenduschen
- Direkt am See
- Kinder-Badespaß
- Fitness und Spielraum
- Restaurant mit Sonnenterasse
- **Strömungskanal**

2

Sommer – Sonne – Abenteuer

Der Ferienort direkt am Meer, ein paar Schritte von Ihrem Hotel und schon liegen Sie am Strand. **Lassen Sie sich** tagsüber von der Sonne **verwöhnen**, genießen Sie einen Cocktail am Pool, bevor Sie dann abends bis in den Morgen in unseren **unzähligen Diskos** tanzen und feiern können.

Wenn Sie aus Ihrem Urlaub eine einzige Party machen wollen, dann **liegen Sie bei uns genau richtig!**

2a Robin, Annika, Ann-Cathrin und Nikolai sprechen über ihre Lieblingsferien. Hören Sie gut zu und füllen Sie die Tabelle aus. Lesen Sie zuerst noch den Tipp!

	Wohin?	Was für Ferien?	Warum?
Robin			
Annika			
Ann-Cathrin			
Nikolai			

2b Hören Sie das Interview noch einmal. Finden Sie die passenden Wörter für die Lücken. Es gibt mehr Wörter als Lücken.

a Die Ferien auf dem _____ haben viel Spaß gemacht.

b Annika findet _____ Ferien am besten.

c Ein englisches Mädchen hat Nikolai nach England _____.

d Zugfahrten für Schüler sind _____.

e Ann-Cathrin _____ im Urlaub gern.

f Robin ist mit ihren Eltern und einer Freundin zum _____ in die Alpen gefahren.

g Von ihrem Ferienapartment bis zur _____ war es nur ein kurzer Weg.

Reiterhof aktive faule schwimmen billig reiten
Ermäßigung Bauernhof kennen gelernt faulenzt
Ferienapartment Skifahren eingeladen
Skilift nicht so teuer Piste

---

3 Welche Ferienziele sind bei englischen Jugendlichen am beliebtesten? Erforschen Sie auch die Urlaubstrends der deutschen Jugendlichen und vergleichen Sie Ihre Ergebnisse.

4 Schreiben Sie einen kurzen Artikel (ca. 100–120 Wörter) zum Thema „Mein liebstes Ferienziel".

Tipp

Improving your listening skills

Here are some general strategies to help you tackle different listening tasks in the AS exam.

- Read the task carefully and think about the vocabulary you might hear. Listen for key words or any related vocabulary of the particular topic.

- Try to anticipate possible answers. Look at activity 2a above. You are given three questions:

  - *Wohin?* Listen for locations, town, countries, etc.
  - *Was für Ferien?* Listen for types of holidays such as beach holiday, walking holiday, etc.
  - *Warum?* Listen for reasons such as liking a particular type of sport, the weather, it's cheap, etc.

- Use your knowledge of grammar to find the correct answers. In activity 2b you need to fill in the correct word. In sentence (a) the missing word has to be a noun as it follows *auf dem*. Now look at sentence (b). What type of word are you looking for? Thinking about word order rules and singular/plural forms of nouns and verbs will also help you answer the question.

A Now look at sentences c–g and decide on the type of word you need to fill in. Apply word order rules and check singular/plural forms.

- Question words will often determine what kind of answer to expect. If the question word is *Wie viele ...?*, you know that you have to listen for a number.

B List as many question words as possible and discuss what type of information you have to listen for.

C Listen to the text „Urlaubstrends 2006" and answer the questions.

1 Wer hat die deutsche Tourismusanalyse durchgeführt?

2 Wie viele Bundesbürger wollten im Jahr 2005 zu Hause bleiben?

3 Wie lange wollen 67,9% der Bevölkerung verreisen?

4 Wo will die Mehrheit der Deutschen im Jahr 2006 Urlaub machen?

5 Was für einen Urlaub suchen die meisten Deutschen?

Ferien: Stress oder Erholung?

Manche Leute finden es so stressig, einen Urlaub zu buchen, dass sie lieber zu Hause bleiben. Ist Urlaub wirklich nötig – oder kann man sich auch zu Hause erholen? Und aus welchen Gründen wählen wir unser Urlaubsziel?

1  Wie wichtig sind Ferien für Sie? Aus welchen Gründen wählen wir unser Urlaubsziel? Diskutieren Sie diese beiden Fragen mit einem Partner/einer Partnerin und führen Sie dann ein Klassengespräch.

2a Lesen Sie was Katja, Ben und Birgit zum Thema Ferien zu sagen haben.

Katja

Ich bin jetzt in der Oberstufe und werde nächsten Sommer mein Abitur machen. Ich habe also während der Schulzeit sehr viel Druck, und daher sind die Ferien für mich total wichtig. Obwohl ich auch während der Ferien lernen und ein oder zwei Aufsätze schreiben muss, werde ich mir zwei Wochen gönnen, in denen ich ganz abschalten will. Natürlich hätte ich gern mehr Zeit dafür. Für mich ist es wichtig, mit guten Freunden zusammen zu sein. Dieses Jahr haben wir vor, eine Woche in Florenz zu verbringen: ich interessiere mich nämlich für italienische Kunst. Danach geht es noch eine Woche an die italienische Riviera zum Entspannen. Wir werden zelten, denn die Hotels, die wir uns leisten könnten, sind uns zu laut. Da gibt es fast jeden Abend eine Disko und jede Nacht bei 50 Dezibel rumzurocken würde mich total nerven.

Ben

Wir haben drei kleine Kinder, und da kann die Ferienzeit, auf die man sich so lange gefreut hat, ganz schön stressig werden. Letztes Jahr haben wir zwei Wochen Strandurlaub an der Nordsee gebucht und es war eine totale Katastrophe: das Wetter war schrecklich, und wir konnten nicht einmal mit den Kindern an den Strand. Nach den zwei Wochen waren meine Frau und ich so erschöpft, dass wir uns sagten: „Nie mehr! Wären wir nur zu Hause geblieben!" Daher werden wir diesen Sommer zu Hause Ferien machen. Es gibt hier in der Gegend viele Kinderspielplätze und ein Schwimmbad mit Rutsche, und ich glaube, wir werden es genießen, einmal nichts planen zu müssen. Wenn die Kinder ein paar Jahre älter sind, würden wir gern einen Wanderurlaub in den Alpen machen.

2b Finden Sie die folgenden Wörter und Ausdrücke in den Texten.

a to treat oneself
b to switch off
c to be able to afford
d to be exhausted
e a slide
f a big company
g to be accessible

2c Beantworten Sie die Fragen zu den drei Texten.

a Wie werden Katjas Ferien aussehen?
b Welche drei Dinge sind für Katja in den Ferien wichtig?
c Warum war Bens letzter Urlaub sehr stressig? Geben Sie drei Gründe.
d Was hat er daraus gelernt?
e Was ist Andreas Problem?
f Was für einen Urlaub plant sie dieses Jahr?
g Was erwartet sie von ihrem Urlaub dieses Jahr?

Andrea

Als Topmanagerin in einem großen Betrieb finde ich es sehr schwer, mich im Urlaub zu entspannen. In meinem letzten Urlaub habe ich sogar mein Handy mitgenommen, und das war ein großer Fehler. Ich war 24 Stunden am Tag auch im Urlaub erreichbar, und am Ende fühlte ich mich gereizt, war unruhig und hatte Schlafstörungen. Aus diesem Grund werde ich dieses Jahr einen viertägigen Wellness- und Beauty-Erholungsurlaub buchen. Das Angebot besteht aus Massagen, Bädern und Packungen. Es gibt auch energetische Behandlungen wie Reiki und ein Ayurveda-Restaurant. Das Wichtigste aber ist, dass Handys nicht erlaubt sind, und ich werde mich hoffentlich richtig entspannen. Wenn ich könnte, würde ich am liebsten drei Wochen bleiben.

3a Hören Sie, was Birgit Engel und Holger Schwarz über ihre Ferien sagen. Machen Sie Notizen zu den folgenden Fragen:

- **Was für Ferien?**
- **Aus welchen Gründen?**
- **Wie lange?**
- **Wo?**

3b Hören Sie noch einmal zu und wählen Sie das Wort, das am besten passt.

a Birgit findet besonders die _____ an „Single" Reisen gut.

Wahl   Auswahl   Vorwahl

b Sie findet _____ Urlaubsziele am besten.

ungewöhnliche   bekannte   billige

c Auch interessiert sie sich für _____ Kultur.

osteuropäische   fernöstliche   köstliche

d Holger verbringt seinen _____ Urlaub gern mit einer organisierten Reisegruppe.

ganzen   Sommer   halben

e Für ihn ist _____ besonders wichtig.

Fitness   Segeln   Leute kennen lernen

4 Arbeiten Sie mit einem Partner/einer Partnerin. Jeder wählt einen Ferientyp aus der Liste unten aus. Sie wollen beide zusammen fahren. Sagen Sie was Ihnen in den Ferien wichtig ist, und erwähnen Sie, warum Sie diesen Ferientyp gewählt haben.

Aktivurlaub	Wellness- und
Urlaub auf dem	Gesundheitsurlaub
Bauernhof	Ferien zu Hause
Ferien am Strand	Städtereise

5 Machen Sie eine Umfrage unter Ihren Freunden. Stellen Sie ihnen folgende Fragen.

a Sind Ferien wichtig für dich? Warum (nicht)?

b Welche Nachteile kann es geben?

c Warum können Ferien manchmal stressig sein?

d Was für einen Ferientyp würdest du wählen und warum?

6 Fassen Sie nun das Ergebnis Ihrer Umfrage schriftlich zusammen.

Grammatik 161 W58

The conditional tense

The conditional tense is used to express possibility. To form it, use the appropriate form of *würden* + the infinitive of the main verb.

Ich **würde** gern einen Strandurlaub **buchen**.

For the full paradigm, see page 161.

Ⓐ Re-read the texts on page 98 and note examples of verbs in the conditional.

- Modal and auxiliary verbs generally do not use a form of *würden* + the infinitive. They use the imperfect subjunctive (see page 161) instead.

ich könnte *I could/would be able to*

ich müsste *I would have to/I ought to*

ich hätte *I would have/I had*

ich wäre *I would be/I were*

ich dürfte *I would be allowed to*

ich möchte *I would like (to)*

Ⓑ Read the texts again and note down the sentences where any of these verb forms are used. Try and write a sentence using each of the verb forms above.

Ⓒ Complete the sentences with the correct form of the conditional.

a Anna und Maria _____ gern Ferien in der Schweiz _____. (to do)

b Sein Bruder _____ am liebsten zu Hause _____. (to stay)

c Mit dem Zug fahren _____ (would be) billiger.

d Ich _____ in den Ferien gern mehr Zeit mit meinen Freunden _____. (to spend time)

- Unlike English, German sentences with 'if' use the conditional in both clauses.

Wenn ich viel Geld hätte, würde ich Ferien in der Karibik machen. *If I had a lot of money, I would holiday in the Caribbean.*

Tourismus heute und morgen

„Tourismus schafft Arbeitsplätze und trägt zum Wohlstand eines Landes bei."
„Tourismus und Kommerzialisierung zerstören die schönsten Gegenden unserer Erde."
Zwei total gegensätzliche Aussagen – aber welche ist richtig?

1a Lesen Sie den Artikel unten, den Heidi über das Thema „Tourismus und Umwelt" für die Schulzeitung geschrieben hat.

1b Versuchen Sie, die Bedeutung der fettgedruckten Wörter im Text zu erraten. (Der Tipp auf Seite 83 kann Ihnen dabei helfen.)

1c Lesen Sie den Text noch einmal. Machen Sie Notizen zu den folgenden Punkten.

- **Tourismus als Wirtschaftsfaktor**
- **das Ergebnis der Trendanalyse**
- **Nachteile des Tourismus**

Auch in Deutschland wird der Tourismus weiterhin Bedeutung gewinnen. Die Tourismusbranche ist eine der am stärksten wachsenden Zukunftsbranchen und trägt bereits acht Prozent zum **Bruttoinlandsprodukt** bei. In der deutschen Tourismusbranche sind ungefähr 2,8 Millionen Menschen beschäftigt.

Wie ich in dem Bericht der Bundesregierung gelesen habe, werde diese Zahl **aufgrund von** Trendanalysen noch weiter ansteigen. Gründe für das Ansteigen der **Reisehäufigkeit** seien die Tendenz zu kleineren Familien, das steigende **Bildungsniveau** und flexiblere Arbeitszeiten. Es werde auch mehr ältere Menschen geben, die das Geld und die Zeit für mehr als eine Ferienreise haben werden. Daher werde die **Nachfrage** nach Urlaubsreisen wachsen. Nach der Reiseanalyse-Trendstudie für die Jahre 2000 bis 2010 habe die **Forschungsgemeinschaft** Urlaub und Reisen e.V. vorhergesagt, dass Reisen in den Mittelmeerraum um 32 Prozent und Fernreisen um 86 Prozent steigen werden. Der Inlandstourismus werde jedoch nur um rund 10,5 Prozent zunehmen. Kurzurlaubsreisen seien auch ein steigender Trend. Besonders für gesundheitsorientierte Urlaubsreisen und Kreuzfahrten sowie für Aktivurlaube nehme die Nachfrage zu.

Das vermehrte Reisen habe natürlich negative Auswirkungen auf die Umwelt. So werden die Treibhausgasemissionen der Fernflugreisen im Jahr 2010 rund 49 Millionen Tonnen betragen im Vergleich zu 31 Millionen Tonnen im Jahr 1999. Die Bundesregierung will **sich** daher besonders **bemühen**, den Inlandstourismus attraktiver zu machen.

2a Welche Ausdrücke passen zusammen?

1 zumindest	a is aimed at
2 überwiegen	b are preserved
3 übertrieben	c to dominate
4 ist ausgerichtet auf	d at least
5 seltene Tierarten	e exaggerated
6 erhalten werden	f rare species

2b Hören Sie sich das Gespräch zwischen Anke und Udo an und füllen Sie die Tabelle aus.

Tourismus	Gründe dafür	Gründe dagegen	Vorschläge für die Zukunft
Anke			
Udo			

2c Hören Sie sich das Gespräch noch einmal an. Sind diese Aussagen richtig, falsch oder nicht erwähnt?

a **Moderne Hotelkomplexe, die man für Touristen baut, zerstören die Landschaft.**

b **Ohne Tourismus würde es mehr Arbeitslose geben.**

c **Touristen zerstören das Gemeinschaftsgefühl in einer Gemeinde.**

d **Touristen bedeuten Lärm, Abgase und überfüllte Restaurants und Strände.**

e **Jugendliche können keine Ferienjobs finden.**

f **Es gibt immer weniger Naturschutzgebiete und Nationalparks.**

3a In Ihrem Ferienort soll ein neuer Hotelkomplex gebaut werden. Teilen Sie die Klasse in zwei Gruppen. Gruppe A ist für das Projekt, Gruppe B dagegen. Erarbeiten Sie Ihre Argumente.

Grammatik ➜ 162 ➜ W82

The subjunctive

You will need to be able to recognise the subjunctive in a German text. The subjunctive in German:

- expresses the unreal, the hypothetical, or doubt
- is used in reported speech

The reported speech should be in the same tense as the direct speech.

Direct speech:	„Ich habe ein Zelt", sagte sein Freund. ("I have a tent", said his friend.)
Reported speech:	Sein Freund sagte, er **habe** ein Zelt. (His friend said he had a tent.)

However, many present subjunctive forms are the same as the normal (indicative) forms. In such cases the imperfect subjunctive can be used:

Direct speech:	„Wir **haben** keine Zelte", sagten die Kinder.
Reported speech:	Die Kinder sagten, sie **hätten** keine Zelte.

The following words are used to report speech and are followed by the subjunctive:

sagen   **behaupten**   **meinen**
fragen, ob   **erzählen**

You will find information about how to form the subjunctive on page 161.

A Read the text on page 100 again and find the verbs in the subjunctive.

B Use your notes from activity 1c and write a short paragraph changing any verbs in the subjunctive to the indicative.

3b 👥 Hören Sie sich das Gespräch in Übung 2 noch einmal an und notieren Sie alle Ausdrücke, die Anke und Udo benutzen, um ihre Meinung auszudrücken. Halten Sie dann eine Debatte. Welche Gruppe hat die besseren Argumente? Ihr Lehrer/Ihre Lehrerin wird die Entscheidung treffen.

4 Welche Vor- und Nachteile bringt der heutige Tourismus für ein Land oder eine Gegend? Wie wird sich der Tourismus Ihrer Meinung nach in der Zukunft entwickeln? Schreiben Sie 200–250 Wörter mit Hilfe des Tipps.

Tipp

Answering a structured question

When answering a structured question, you need to remember that you get marks for:

- **the relevance of your answer in relation to the question set**
- **the logical presentation of your answer**
- **how well you argue and justify the points you make**
- **the range of vocabulary you use**
- **the range of grammatical structures you use**
- **how grammatically accurate your writing is.**

Here are some steps for you to follow when working on activity 4:

- **Read the question carefully and note how many parts there are to answer. In activity 4 you have three clear parts – you will need to note down arguments in favour of tourism, arguments against tourism and give your opinion about how tourism will develop in the future.**

- **Plan a logical structure: in the first and second paragraphs you'll need to justify your arguments for the advantages and disadvantages of tourism and then make suggestions of how you think tourism will develop in the future in your third paragraph.**

- **Think about the vocabulary and grammatical structures you can use: for example, topic-related vocabulary, opinion expressions, complex grammatical structures (subordinate clauses, varied word order, etc.).**

- **Check your accuracy.**

Urlaubsexpress statt Flugreise?

■ *„Wir können unsere Augen vor den Umweltschäden nicht verschließen. Es ist unsere Aufgabe den Tourismus umweltverträglich zu gestalten."* (Bundesumweltminister Trittin, 2002)

1 Ihre Nachtzugreise: „Im Schlaf zu den schönsten Winter- und Sommerzielen".

Machen Sie einfach einmal Urlaub vom Auto! Vergessen Sie Staus auf den Autobahnen. Die Bahn bietet Ihnen neben Reisekomfort morgens ein kleines Frühstück, das Ihnen unser freundlicher Bordservice serviert. Aus Deutschlands Norden bringt Sie der Urlaubsexpress über Nacht in die malerischen Wintersportgebiete der Schweiz. Entdecken Sie Pulverschneepisten, original alpenländische Gastronomie, und fröhliche Après-Ski-Partys!

2 Verbringen Sie sieben traumhafte Tage auf der größten Jacht Europas.

Sie reisen entweder mit dem Zug oder dem Auto nach Kiel, wo Ihr exklusives Reisevergnügen beginnt. Die Kreuzfahrt geht von Kiel nach Hamburg, von dort über die Insel Sylt und Kopenhagen nach Stockholm; nach einem Kurzaufenthalt auf der Insel Götland zurück nach Kiel. Dies und mehr erhalten Sie zu einem Schnäppchenpreis von 3122 Euro pro Person inklusive Treibstoff. Zögern Sie nicht und buchen Sie direkt bei Ihrem nächsten Reisebüro!

3 Willkommen in China – besuchen Sie die Olympischen Spiele 2008!

Mit uns wird Ihre Reise zum Erlebnis. Chinas Reiz liegt in seiner reichen und andersartigen Kultur. Fliegen Sie nach Peking, wo Ihr Leihwagen schon auf Sie wartet. Im Flugpreis inbegriffen sind ein Reiseführer und zwei Audio-CDs, damit Sie die chinesische Sprache kennenlernen können.

1a Lesen Sie die Anzeigen. Welche dieser Reisen würden Sie wählen und warum? Welche ist am umweltfreundlichsten? Diskutieren Sie diese Fragen mit einem Partner/einer Partnerin.

1b In welcher Anzeige werden diese Aussagen erwähnt?

a Man bekommt automatisch ein Auto zur Verfügung gestellt.

b Man bezahlt nichts für das Benzin.

c Man besucht nicht nur eine Stadt, sondern auch Inseln.

d Die Reise ist stressfrei.

e Das Angebot gilt das ganze Jahr.

f Man benutzt mehr als ein Verkehrsmittel.

2a Was passt zusammen?

1 Schadstoffe	a	tax
2 belasten	b	harmful substances
3 Umweltverbände	c	sulphur content
4 Besteuerung	d	rail tracks
5 Abgaben	e	to pollute
6 Schwefelgehalt	f	financial contribution
7 Schienen	g	environment organisations

2b Lesen Sie nun diese Fakten zum Thema „Ferienverkehr und Umwelt" und wählen Sie die passende Forderung.

Fakten

1 Mit 74 Prozent war das Auto das wichtigste Verkehrsmittel bei Privatreisen.

2 Wenn Deutschland ein Tempolimit von 120 km/h hätte, würde es bis 2020 über 40 Millionen Tonnen weniger CO_2-Emissionen geben.

3 Fernflugreisen mit dem Flugzeug produzieren insgesamt 30,1 Millionen Tonnen, während lange PKW-Reisen rund 6 Millionen Tonnen CO_2-Emissionen produzieren.

4 Die Bahn arbeitet mit den Umweltverbänden BUND und WWF an einem Reiseprogramm, das die Urlauber per Bahn direkt zu den Natur- und Nationalparks Norddeutschlands bringen kann.

Forderungen

a Wegen des ständig wachsenden Luftverkehrssektors sollte man so schnell wie möglich eine Kerosin-besteuerung oder Abgaben auf Treibhausgasemissionen einführen.

b Man sollte den nachhaltigen Tourismus, besonders den Inlandstourismus, fördern.

c Die Bundesregierung soll die Bahn fördern und mindestens gleich viel Geld in die Schieneninfrastruktur investieren wie in den Straßenbau.

d Die Regierung sollte eine Geschwindigkeitsbegrenzung auf Autobahnen einführen.

3a 🎧 Hören Sie Fabian, Alexandra und Lisa zu. Wer sagt was?

a Ich wäre gern mit dem Zug dorthin gefahren.

b Man hätte diese Idee schon vor Jahren haben sollen.

c Es wäre besser gewesen, wenn es verschiedene Übernachtungsmöglichkeiten gegeben hätte.

d Ich hätte gern von diesem Projekt gewusst.

3b 🎧 Hören Sie sich nun den Bericht noch einmal an und beantworten Sie die Fragen.

a Was ist das Ziel des Projekts?

b Was will man dadurch erreichen?

c Was gibt es dort für Touristen?

d Welche Vorteile bringt die Erschließung des Nationalparks?

e Was ist Lisas Meinung nach ein Nachteil?

Grammatik   ➡️ 162 ➡️ W61

The conditional perfect

● The conditional perfect is used to express an event which could have happened under certain conditions but has not happened and is no longer possible.

● To form the conditional perfect, use the imperfect subjunctive of the auxiliary verb (*hätte* or *wäre*) and the past participle of the main verb.

Ich **wäre** lieber mit dem **Zug gefahren**.
I would rather have gone by train.

Wir **hätten** gern in einem Öko-Hotel **übernachtet**.
We would have liked to have stayed overnight in an eco-hotel.

● In a sentence with a modal verb, the imperfect subjunctive of the auxiliary verb is used, and the main verb and the modal verb are both in the infinitive.

Er **hätte** nicht mit dem Flugzeug **fliegen sollen**. *He should not have gone by plane.*

● You need to be able to recognise the conditional perfect in a German text.

Ⓐ Read sentences a–d in activity 3a and note down the conditional perfect forms.

Ⓑ Translate the sentences into English.

4 👤 Sie planen einen gemeinsamen Urlaub. A möchte die Chinareise, aber B möchte die Bahnreise auf Seite 102 machen. Versuchen Sie, Ihren Partner zu überzeugen. Wer hat die besseren Argumente?

5 👥 Sammeln Sie Informationen zum Thema „Transport, Tourismus und Umwelt" und halten Sie ein Kurzreferat in der Klasse. Schauen Sie sich zuerst den Tipp an.

6 Fassen Sie Ihr Referat schriftlich zusammen (100–150 Wörter).

Tipp

Structuring an oral presentation

● Decide if you are going to use an OHT or PowerPoint for your presentation.

● Begin by giving a brief outline of what you are going to talk about.

● List bullet points for the aspects you are going to mention. For example:

  • Was ist das Problem?

  • Welche Auswirkungen haben der Autoreiseverkehr und der Flugverkehr auf die Umwelt?

  • Lösungsmöglichkeiten

● Fill in the details under each bullet point.

● Deal with one bullet point at a time.

● Incorporate your notes and useful expressions.

● When you give your presentation make sure you do not read from the OHT or PPP word for word.

Ⓐ Look at the texts on page 102 again and note down points or examples as outlined above.

Ⓑ Use the Internet to research and select relevant information which refers to your bullet points.

Hilfe

In diesem Kurzreferat möchte ich über … sprechen.

In diesem Kurzreferat geht es um das Thema …

Zuerst spreche ich über …

Im nächsten Punkt geht es um …

Einerseits … andererseits

Man sieht, dass …

Statistiken zeigen, dass …

Abschließend kann man sagen, dass …

Klimakatastrophe?

▌ *Unsere Erde wird wärmer. Die Eisdecke am Nordpol schmilzt. Droht uns vielleicht eine Umweltkatastrophe, wenn sich das Klima weiterhin so verändert? Was sind die Auswirkungen des Klimawandels auf unsere Umwelt?*

1 Welches Bild passt zu welchem Wort/Ausdruck?

a **Gletscher schmelzen**

b **Sturmfluten**

c **Waldbrände**

d **schwere Regenfälle und Überschwemmungen**

e **Dürren**

2 Was sind die Ursachen des Klimawandels? Lesen Sie die Aussagen und diskutieren Sie mit einem Partner/einer Partnerin.

- **Die Sonne ist Schuld an der Erwärmung der Erde.**
- **Es gibt zu viele Autos. Jede Familie sollte nur ein Auto besitzen.**
- **Autoreisen tragen weniger zum Klimawandel bei als Flugreisen.**
- **Die aufsteigenden Industrienationen China und Indien sind Schuld, weil sie so viele Abgase produzieren.**
- **Die Regierungen sollten alternative Energiequellen fördern.**

Nach einem Bericht der Bundesregierung hat der Tourismus unterschiedliche Auswirkungen auf die Umwelt. Der erhöhte Wasserverbrauch, der vermehrte Abfall und der Lärm, die in touristischen Gegenden bemerkbar sind, belasten nur in geringem Maße die Umwelt, da es sich um lokale Belastungen handelt.

Das größte Problem sind jedoch die CO_2 oder Treibhausgasemissionen, die zur Klimaveränderung beitragen.

Der globale Klimawandel ist für die Bundesregierung eine der größten Herausforderungen. Sie will auf internationaler Ebene zur Reduktion der Treibhausgasemissionen beitragen, indem sie sich verpflichtet hat, die Emissionen der ‚Kyoto-Treibhausgase' in Deutschland bis 2008 um 21 Prozent zu reduzieren.

Die Klimaerwärmung führt zu einer Zunahme an Stürmen und Überschwemmungen sowie zu einer Veränderung der Vegetationszonen. Durch diese Entwicklungen ist der Tourismus in einigen Zielgebieten schon betroffen. So haben von den 76 Alpengletschern bereits 68 Glotscher 30 Prozent ihrer Fläche verloren. Das hat Auswirkungen auf den Wintersporttourismus, denn die Schneefallgrenze erhöht sich dadurch auf über 1500 m. Das bedeutet für viele niedriger gelegene Wintersportorte weniger Touristen und einen Erwerbsausfall. Für Deutschlands Nord- und Ostseeküsten bedeutet die Klimaerwärmung eine Zunahme an Sturmfluten und dem Nationalpark Niedersächsisches Wattenmeer droht der Untergang.

Betrachtet man die Auswirkungen des Tourismus auf die Umwelt, so stehen Klimaschutz und Schutz der biologischen Vielfalt im Vordergrund. Da sich in der Zukunft immer mehr Leute eine Zweit- und Drittreise leisten können und auch Flugreisen weiterhin zunehmen werden, will die Bundesregierung versuchen, die Tourismusbranche nachhaltiger und grüner zu machen. Sie will den Deutschlandtourismus attraktiver machen und das touristische Inlandsangebot ausbauen. Die Förderung von Angeboten, die landschaftsverträglich sind wie Wanderurlaub, Fahrradtourismus, Campingurlaub oder Urlaub auf dem Bauernhof, spielen dabei eine wichtige Rolle.

3a Lesen Sie den Text über die Auswirkungen des Tourismus auf den Klimawandel. Wie sagt man das auf Deutsch?

a climate change (2)
b to commit oneself
c target areas
d to be affected
e lower situated

f loss of income
g if one considers
h more sustainable
i landscape friendly

3b Beantworten Sie jetzt die Fragen.

a Wie wirkt sich der Tourismus auf die Umwelt aus?

b Inwiefern belastet der Tourismus die Umwelt nicht global?

c Wie sieht die Bundesregierung ihre Rolle?

d Welche vier Auswirkungen hat der Klimawandel auf den Wintersport?

e Was sind die Konsequenzen für die Nord- und Ostseeküsten?

f Wo durch wird der Tourismus die Umwelt weiterhin belasten?

g Wie kann die Bundesregierung den Tourismus nachhaltiger gestalten?

4a Bevor Sie jetzt ein Interview mit einem Experten der Klimaforschung hören, überlegen Sie sich gemeinsam welche Fragen der Reporter stellen wird. Schreiben Sie Ihre Fragen auf.

4b Hören Sie jetzt das Interview und notieren Sie die Fragen des Reporters. Welche stimmen mit Ihren Fragen überein?

Grammatik → 150 → W16

The genitive

The genitive is used to show possession. The genitive forms of the definite and indefinite articles are:

m.	f.	n.	pl.
des	der	des	der
eines	einer	eines	keiner

Masculine and neuter singular nouns add an **-s** in the genitive case.

die Auswirkungen **des** Klimawandels (m)

der Schutz **des** Wattenmeer(e)s (n)

A Read the text on page 104 again and find examples of the genitive.

B Translate these phrases into German.

a the consequences of tourism
b the role of the government
c the causes of pollution
d the demands of the tourists
e the effects of a storm
f the exhaust fumes of cars
g the advantages of a plane journey

5 Bereiten Sie einige Argumente vor und machen Sie dann eine Diskussion zum Thema „Tourismus und Klimawandel" in Gruppen von drei.

Person A – ein Vertreter der Bundesregierung (Sie wollen die Emissionen reduzieren und den Inlandstourismus fördern.)

Person B – ein Besitzer eines Skilifts und Restaurants in einem niedrig gelegenen Skigebiet (Sie haben Angst, dass nicht mehr genug Touristen kommen.)

Person C – ein Besitzer einer Billig-Flugreisen-Gesellschaft (Sie wollen mehr Flugzielorte, besonders Fernflüge, anbieten.)

6 Schreiben Sie auch eine Zusammenfassung dieses Themas mit den folgenden Punkten.

- Ursachen des Klimawandels
- Auswirkungen des Tourismus auf das Klima
- Folgen für die Umwelt und den Tourismus
- Mögliche Lösungen

Grammatik aktuell

1 The conditional tense

The conditional tense expresses possibility, something you **would** do or something that **would** happen. To form it, use the appropriate form of *würden* + the infinitive of the main verb. For the full paradigm, see page **161**.

A Complete the sentences using the conditional. Use the correct form of *würden* and the verbs in the box below.

a Wenn ich viel Geld hätte, _____ ich _____.

b Wenn wir nach Italien fahren würden, _____ wir _____.

c Diesen Sommer _____ Anita gern _____.

d Obwohl das Wetter in Hamburg nicht so gut war, _____ du wieder _____?

e Tim _____ gern einen _____, aber Katja _____ lieber _____.

> fahren   reisen   Aktivurlaub buchen   auf Besuch kommen   einen Strandurlaub machen   fliegen

2 The subjunctive

The subjunctive in German expresses the unreal, the hypothetical or doubt and is used in reported speech.

A Read the text and note down all the verbs in the subjunctive.

Nach einer Umfrage über Urlaubstrends der Deutschen werde der ‚Wohlfühltourismus‘ in den nächsten Jahren an Beliebtheit gewinnen, während der ‚Erholungsurlaub‘ schon heute altmodisch sei. Zum ‚Wohlfühltourismus‘ gehörten Wellness- und Beauty-Angebote und verschiedene therapeutische Anwendungen. Der Erlebnistourismus, einschließlich Aktivurlaub und Städtereisen, sei immer noch populär, besonders bei der jüngeren Generation. Die Umfrage zeige, dass der Durchschnittstourist ein gemütliches Hotelzimmer einer billigen Unterkunft vorziehe.

3 The conditional perfect

The conditional perfect is used to express an event which could have happened under certain conditions but has not happened and is no longer possible.

To form the conditional perfect, use the imperfect subjunctive of the auxiliary verb *(hätte* or *wäre)* and the past participle of the main verb.

A Match up the sentence halves.

1 Ich wäre nie ein Mitglied von Greenpeace geworden,

2 Sie wäre lieber mit dem Rad gefahren,

3 Meine Eltern hätten den Stromverbrauch in ihrem Hotel reduziert,

4 Wir hätten Ecocamping gemacht,

a wenn es Plätze gegeben hätte.

b wenn du mir nicht davon erzählt hättest.

c wenn es mehr Radfahrwege gegeben hätte.

d wenn es möglich gewesen wäre.

B Now translate these sentences into English.

4 The genitive

The genitive is used to indicate possession.

A Fill in the correct form of the genitive.

a Das Haus mein_____ Mutter liegt in den Bergen.

b Die Kosten _____ Kreuzfahrt sind sehr hoch.

c Das Gepäck _____ Familie war verloren gegangen.

d Die Freunde _____ Kinder durften mit in den Urlaub fahren.

e Der Besitzer _____ Ferienbungalows ist sehr umweltbewusst.

f Bei der Wahl _____ Ferienziels spielt das Alter eine Rolle.

Zur Auswahl

1a Schauen Sie sich die Tabelle der beliebtesten Busreiseziele innerhalb Deutschlands an. Welche Bundesländer sind am beliebtesten, welche am unbeliebtesten? Arbeiten Sie mit einem Partner/einer Partnerin und überlegen Sie sich mögliche Gründe. Eine Deutschlandkarte könnte Ihnen dabei helfen.

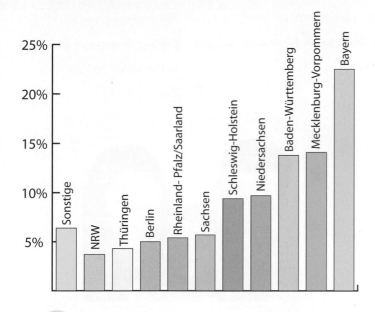

1b Was halten Sie von Busreisen? Machen Sie eine Liste mit Vor- und Nachteilen und diskutieren Sie in der Klasse.

2a Hören Sie sich einen Bericht über das Projekt Ecocamping an und machen Sie Notizen zu den folgenden Punkten.

- **Wie viele Campingplätze**
- **Ziele des Projekts**
- **Vorteile für die Gäste**
- **Vorteile für die Campingplätze**

2b Entwerfen Sie eine Broschüre für einen Ecocampingplatz (ca. 150 Wörter).

3 Lesen Sie den Text oben rechts und beantworten Sie die Fragen.

a **Wie heißt die Organisation, um die es hier geht?**

b **Was genau macht sie?**

c **Welche Projekte werden erwähnt?**

Klimaneutrale Produkte

Haben Sie ein schlechtes Gewissen, wenn Sie in den Urlaub fliegen und damit zur Verschmutzung des Klimas beitragen, weil bei jedem Flug tonnenweise CO_2 ausgestoßen wird?

In Deutschland investiert die Organisation Atmosfair in Projekte, die das Treibhausgas in dem gleichen Umfang einsparen, in dem es zum Beispiel bei Ihrem Flug ausgestoßen wird. Atmosfair errechnet den CO_2-Ausstoß Ihrer Flugreise, und Sie, der Flugpassagier, bezahlen den Geldbetrag, der zur Kompensation nötig ist und der dann in ein Klimaschutzprojekt investiert wird. Atmosfair investiert Ihr Geld in Solarküchen in Indien und in eine Biogasanlage in Thailand. Ein weiteres Projekt, bei dem es um Energiesparen in deutschen Schulen geht, wird gerade aufgebaut. Am besten für das Klima ist es jedoch, Flüge zu vermeiden.

Gut gesagt!

z und zw

A Hören Sie sich die folgenden Wörter an und wiederholen Sie sie mehrmals.

Ziel	Zug	Zaun	Zweig
Zwerg	Zweck	Einzelzimmer	
jetzt	zuletzt	kurz	nützlich
Unterstützung	Sturz	Arzt	
zwanzig	gezwungen	zwölf	

B Probieren Sie einmal diese Sätze.

Setzen Sie sich in den Zug.
Zwischen zwölf und zwei.
Zieh jetzt kurz am Seil.
Zwei Ziegen sitzen vor dem Zaun.

C Zum Schluss noch ein Zungenbrecher.

Zwischen zwei Zelten zwitschern zwölf Zaunkönige.

Freundschaft und Familie

By the end of this unit you will be able to:

- Recognise various types of families
- Discuss relationships within families
- Describe relationships with your friends
- Consider the problems of parenthood
- Talk about your own future family structure

- Use demonstrative adjectives and pronouns
- Recognise the forms of the passive voice
- Use negatives in a sentence
- Check your written work for errors
- Correct your work

A

Annas Familie — die Großfamilie heute: zwei Kinder aus seiner ersten Ehe, zwei aus ihrer, ein gemeinsames Kind.

C

Jochens Familie: Der Trend zu einem Kind.

B

Daniels Familie: Papa muss manchmal auch Mama sein.

D

Sinje: Meine Freunde sind mir das Allerwichtigste auf der Welt.

1a Stellen Sie sich vor, Sie sind **eine** der Personen auf den Fotos. Beschreiben Sie Ihre Familie bzw. Ihre Freunde.

1b Zu welcher dieser Familien in A, B oder C oben möchten Sie eher gehören? Begründen Sie Ihre Entscheidung.

1c Sie sind eine der Personen auf Foto D. Erzählen Sie von dieser Party, wo sie stattgefunden hat, wer eingeladen war und was der Anlass für die Party war. Beschreiben Sie auch, wie Sie sich während des Abends fühlten und warum.

2a Machen Sie eine Umfrage in der Klasse. Notieren Sie die Antworten und stellen Sie die Ergebnisse in einem Schaubild dar. Benutzen Sie dazu die folgenden Fragen:

a Wie viele Ihrer Mitschüler leben mit ihren leiblichen Eltern zusammen?

b Wie viele werden von allein stehenden Elternteilen erzogen?

c Wie viele haben eine Stiefmutter bzw. einen Stiefvater?

d Wessen Eltern sind nicht verheiratet?

e Wie viele Mitschüler haben hauptsächlich einen besten Freund bzw. eine beste Freundin?

f Wie viele Mitschüler gehen lieber in einer großen Gruppe aus?

2b Beschreiben Sie mit etwa 150 Wörtern, was Sie in Ihrer Umfrage festgestellt haben. Welche Folgerungen ziehen Sie daraus? Kommen Sie und Ihre Mitschüler eher aus traditionell-konservativen Verhältnissen oder aus einer Familie mit neuen, modernen Lebensformen?

3a Was passt zusammen?

1 die Ehe	a breast cancer
2 Alleinerziehende	b to fall apart
3 gesellschaftlich	c to bring up
4 eingeschränkt	d single mother
5 die Kita	e natural
6 Brustkrebs	f short for
7 auseinander brechen	*Kindertagesstätte*
8 leiblich	or nursery
9 erziehen, erzog,	g restricted
erzogen	h marriage
	i socially

3b Hören Sie jetzt gut zu. Wer spricht – Daniel, Sinje, Jochen oder Anna?

3c Hören Sie noch einmal zu. Welche Ausdrücke passen zu welcher Person? Kopieren Sie die Liste und schreiben Sie die jeweils passenden Namen zu jedem Ausdruck.

- allein erziehende Mutter
- tödliche Krankheit
- Gruppe von Freunden
- Erwerbstätigkeit
- Geschäftsreise
- Stiefgeschwister
- Lehrling werden
- Wiederheirat
- schulische Schwierigkeiten
- Freizeitsport
- Eltern geschieden

3d Hören Sie noch einmal wenn nötig. Verbinden Sie die beiden Satzhälften.

1 Meine Eltern haben sich scheiden lassen,

2 Meine Mutter hat mich allein erzogen,

3 Wir nehmen unseren kleinen Sohn überall hin mit,

4 Obwohl mein Vater allein wirklich leckere Speisen zubereiten kann,

5 Da wir alle zusammen viel mehr Spaß haben können,

a weil wir so oft wie möglich unsere Freunde sehen wollen.

b hat eigentlich keiner von uns in meiner Clique einen Partner.

c freut er sich über meine Hilfe bei der Hausarbeit.

d als mein Vater eine andere Frau kennen gelernt hat.

e bevor sie meinen Stiefvater kennen gelernt hat.

Wie klappt's in der Familie?

 Familienbande werden heutzutage immer komplizierter. Wie wirkt sich das auf die Atmosphäre in der Familie aus?

1 Wie kommen Sie mit den verschiedenen Mitgliedern Ihrer Familie aus? Machen Sie zuerst eine Liste der Personen und beschreiben Sie dann Ihr Verhältnis zu ihnen und die Gründe dafür.

2 Lesen Sie die Texte und verbessern Sie die folgenden Sätze.

a Tobias' Mutter war mit seinem Vater verheiratet.

b Tobias darf bei seinen Freunden übernachten.

c Tobias würde gern selber herausfinden, wie gut Alkohol oder Drogen seien.

d Angela hat vier Stiefgeschwister.

e Angelas Vater finanziert ihr Handy.

f Heike weiß erst seit kurzem, dass sie adoptiert ist.

g Heike hat blonde Haare und blaue Augen.

3a Wie liberal ist Ihre Familie? Arbeiten Sie mit Ihrem Partner/Ihrer Partnerin und beantworten Sie die folgende Fragen.

a Dürfen Sie ausgehen, wann Sie wollen, oder nur am Wochenende?

b Müssen Sie zu einer bestimmten Uhrzeit zu Hause sein?

c Dürfen Sie mit Ihren Freunden in Urlaub fahren?

d Erlauben Ihnen Ihre Eltern, neben der Schule auch noch einen Job zu haben?

3b Erklären Sie Ihren Klassenkameraden, was Sie gerade besprochen haben. Verwenden Sie dazu Sätze wie:

- Wir dürfen beide (nicht) …
- Wir finden es fair, dass …
- Wir finden es unfair, dass …

A Tobias

Also, ich wohne mit meiner Mutter zusammen. Meine Eltern waren nie verheiratet, und mein Vater hat uns verlassen, als ich noch ein Baby war. Ab und zu sehen wir uns noch, aber ich kann nie vergessen, dass dieser Mann nicht bei uns wohnen wollte. Mit meiner Mutter verstehe ich mich eigentlich ziemlich gut, aber ich finde, dass sie manchmal ein bisschen zu ängstlich ist. Sie besteht immer darauf, mich von Partys abzuholen, obwohl ich ganz gern bei meinen Freunden auf dem Boden pennen würde. Sie erklärt mir auch jeden Tag, wie gefährlich Alkohol und Drogen seien, und versteht nicht, dass ich dies vielleicht lieber selbst herausfinden würde.

B Angela

Ich bin das Nesthäkchen in meiner Familie, wie meine Eltern sagen. Ich habe zwei Halbschwestern und zwei Halbbrüder, weil sowohl meine Mutter als auch mein Vater schon mal verheiratet waren. Sie haben beide ihre Kinder mit in diese Ehe gebracht. Ab und zu gibt es schon Probleme bei uns, weil ich finde, dass mein Vater seine Kinder aus der ersten Ehe vorzieht. Zum Beispiel finanziert er ihre Handys, während ich meins selber bezahlen muss. Diese Situation geht mir langsam auf die Nerven. Trotzdem glaube ich, dass meine Familie einigermaßen in Ordnung ist: bei uns ist immer was los und ich bin nie einsam.

C Heike

Dass ich adoptiert bin, habe ich schon als Kleinkind gewusst. Meine Eltern glaubten zuerst, sie bekämen keine Kinder, aber nachdem ich bei ihnen lebte, wurde meine Mutter mit Zwillingen schwanger und deshalb habe ich zwei zehnjährige Brüder. Manchmal bin ich auf diese beiden Jungen ein wenig eifersüchtig, weil sie meinen Eltern doch sehr ähnlich sehen: Sie haben die strahlend blauen Augen meiner Mutter und die welligen, blonden Haare meines Vaters. Ich habe jedoch gelernt, mit diesem Gefühl umzugehen, denn meine Eltern stellen mich immer als ‚ihre älteste Tochter' vor und scheinen stolz auf mich, und über diese Tatsachen kann ich mich nun wirklich nicht beklagen!

pennen – *to sleep (slang), to 'kip'*
das Nesthäkchen – *the youngest of the family*

4a Hören Sie sich jetzt Katie und Micha an. Was passt zusammen?

1	genauere Richtlinien	a	grey matter
2	die Streberin	b	better guidance
3	auslachen	c	to damage
4	die Gehirnmasse	d	swat
5	schädigen	e	to laugh at

4b Hören Sie noch einmal zu und machen Sie Notizen auf Englisch. Benutzen Sie die folgenden Stichpunkte:

- Wie gut kommen Katie und Micha mit ihren Eltern aus?
- Was können sie/können sie nicht tun?
- Warum fühlen sie sich unter Druck?
- In welcher Hinsicht hätten sie es lieber, dass ihre Eltern anders wären?

4c Wer sagt das?

a Ich habe einen Nebenjob.

b Ich treibe viel Sport.

c Ich sage meinen Eltern nicht immer die Wahrheit.

d Ich verbringe nicht jede Nacht bei mir zu Hause.

e Ich möchte lieber Hausaufgaben machen, als Zeit zu vergeuden.

f Ich wünsche, meine Eltern wären strenger.

g Ich freue mich schon auf die Zeit nach dem Abitur.

h Ich möchte genauere Richtlinien haben.

Grammatik

Demonstrative adjectives and pronouns

- To say 'this/these', use *dieser/diese/dieses/diese (pl)*.
- To say 'that/those', use *jener/jene/jenes/jene (pl)*.
- To say 'every', use *jeder/jede/jedes*.

A Read the three texts on page 110 again and make a list of all the demonstrative adjectives you can find. Then explain what case they are used in.

B Fill in the correct endings:

a In dies ____ Hinsicht hat Katie wirklich viel Glück mit ihren Eltern.

b Unter dies ____ Umständen möchte Micha so schnell wie möglich von zu Hause weg.

c Angelas Eltern haben beide je zwei Kinder in dies__ neue Ehe mitgebracht.

There is also a demonstrative pronoun which can be used without the noun. It takes the same endings as the demonstrative adjective, except for the neuter, which is usually shortened to *dies*.

Example: *Bei Freunden übernachten? Dies wäre für Micha unmöglich.*

Katie fuhr ohne ihren Vater in Urlaub. Dieser wollte lieber zu Hause bleiben.

4d Wessen Eltern würden wahrscheinlich Folgendes tun? Finden Sie den passenden Namen.

a Sie würden sie nicht von einer Party abholen.

b Sie würden ihm das Rauchen verbieten.

c Sie würden ihm keine laute Musik erlauben.

d Sie machen sich keine Sorgen um die Freunde ihres Kindes.

e Sie haben Angst wegen des Abiturs.

f Sie haben nichts gegen einen Teilzeitjob.

g Sie haben totales Vertrauen zu ihrem Kind.

h Sie mischen sich in zu viele Dinge ein.

5 Schreiben Sie einen Aufsatz mit dem Titel: „Das Leben bei mir zu Hause".

8   Meine Freunde, meine Kumpels?

▮ *Wie wichtig ist Freundschaft für junge Deutsche? Welche Probleme können für sie dadurch entstehen?*

1a Wie wichtig sind Freunde für Sie? Beantworten Sie die folgenden Fragen.

- **a** Wie oft sehen Sie Ihre Freunde pro Woche?
- **b** Wie viele Stunden am Tag chatten oder telefonieren Sie mit Freunden?
- **c** Welche Themen besprechen Sie mit Ihren Freunden?
- **d** Was unternehmen Sie mit Ihren Freunden?
- **e** Möchten Sie mit Ihren Freunden später in eine WG (Wohngemeinschaft) ziehen?
- **f** Wie bleiben Sie mit früheren Freunden, z.B. aus der Grundschule, in Verbindung?

1b  Vergleichen Sie Ihre Antworten mit denen Ihres Nachbarn/Ihrer Nachbarin. Stimmen Sie in vielen Dingen überein?

2a Lesen sie die Zwei Briefe. Welcher Titel passt zu welchem Brief? Vorsicht! Zwei Überschriften passen nicht!

- **a** Wie schaffe ich es, aus meiner Clique rauszukommen?
- **b** Meine Klassenkameraden haben kein Verständnis für meine Lage.
- **c** Wie kann man dem Druck vonseiten Gleichaltriger widerstehen?
- **d** Hilfe! Meine Eltern klammern!

2b Suchen Sie die folgenden Synonyme.

- **a** Wir singen so laut, dass wir fast nicht mehr sprechen können.
- **b** Wir reden viel.
- **c** Vor kurzem haben wir bemerkt, …
- **d** nicht mehr mitmachen dürfen
- **e** Ich bin verantwortlich für meine kleinen Brüder und Schwestern.
- **f** Man verspottet mich.
- **g** jemand, der eine ansteckende Krankheit hat

1 *Hilfe! Ich habe ein Problem! Seit zwei Jahren bin ich in einer tollen Clique, und bis jetzt war es einmalig. Oft wird bei jemand eine Fete gefeiert oder wir gehen in Rockkonzerte und schreien uns vor Begeisterung heiser. Fast alle von uns gehen in dieselbe Schule, also sehen wir uns auch da, in den Stunden, in den Pausen oder auch oft bei einem von uns am Nachmittag, und da wird dann viel diskutiert.*

An Silvester sind aber zwei Neue dazugekommen, die vorher in einer anderen Stadt gewohnt haben. Am Anfang schienen sie ganz nett, aber vor ein paar Wochen ist uns klar geworden, dass beide regelmäßig kiffen, also Haschisch rauchen, und jetzt wird von denen Druck auf den Rest von uns ausgeübt, dass wir da mitmachen. Ein paar von uns akzeptieren das, aber ich nicht, und ich bin jetzt ziemlich verzweifelt. Soll ich auch Drogen nehmen? Ich habe Angst, von der Gruppe ausgeschlossen zu werden. Was soll ich nur tun?
Dorothee

2 *Ich bin so einsam! Was soll ich nur tun, damit ich nicht immer allein gelassen werde? Ich bin der älteste von fünf Geschwistern. Weil meine Mutter von meinem Vater vor vier Jahren verlassen wurde, muss ich zu Hause immer auf meine jüngeren Geschwister aufpassen. Meine Mutter ist Krankenschwester. Damit die Familie genug Geld hat, macht sie oft Nachtschicht. Das wird nämlich besser bezahlt. Deshalb muss ich zu Hause bleiben und kann fast nie mit den anderen ausgehen. Und wenn ich mal einen Abend frei habe, werde ich von niemandem eingeladen. Oft werde ich von meinen Mitschülern gehänselt: ‚Muttersöhnchen' wird mir nachgerufen. Keiner versteht, wie schwierig das für mich ist. Ich hab's satt, dass ich wie ein Aussätziger behandelt werde. Was kann ich nur tun, um von den anderen akzeptiert zu werden?*
Sascha

3a Machen Sie einen Test über sich selbst als Freund bzw. Freundin! Welche Eigenschaften besitzen Sie? Ordnen Sie die folgenden Liste nach Ihren persönlichen Prioritäten.

□ Zuverlässigkeit

□ Sinn für Humor

□ jede Menge Zeit für andere

□ gegenseitige Hilfe

□ denselben Geschmack bei Musik und Klamotten

□ Vertrauen und Diskretion

□ Mut und Unternehmungsgeist

□ Abenteuerlust

□ ähnliche Einstellung zu Geld

□ politisches Engagement

□ ähnliche Hobbys

□ gemeinsamer Spaß

□ zuhören können

□ Großzügigkeit

3b Vergleichen Sie Ihre Ergebnisse mit dem Rest der Klasse. Schreiben Sie eine kurze Auswertung über die Rolle der Freundschaft bei der heutigen Jugend. Versuchen Sie, Ihre Feststellungen zu begründen.

4a Hören Sie diese Ratschläge eines Jugendpsychologen zu den Problemen in den Briefen auf Seite 112. Machen Sie sich Notizen dazu auf Englisch.

1
- Why did Dorothee feel happy in her group?
- What is her main fear?
- Should she give in?
- What should she do?
- Why should she do this?

2
- How does the psychologist feel about Sascha?
- What can he not believe?
- How does he suggest Sascha should view his class mates?
- What are the qualities Sascha has developed?
- What could Sascha do to see friends and help his mother at the same time?

4b Welche Eigenschaften der Freundschaft werden in den beiden Antworten erwähnt? Machen Sie eine Liste für Dorothee und Sascha.

5a Schreiben Sie selber einen Brief über ein Problem mit Freunden an den Psychologen einer Zeitschrift. Es kann sich um ein tatsächliches oder ein erfundenes Problem handeln.

5b Tauschen Sie Ihre Briefe mit denen Ihrer Klassenkameraden. Nun müssen Sie eine Antwort auf das Problem schreiben, das Sie bekommen haben.

Grammatik ➡ 163 ➡ W84

The passive voice

● At AS level you need only **recognise** the passive, not actively produce it yourself.

A Look at the following sentences. In each of them, the subject does not carry out the action, but is on the receiving end. How would you translate these sentences into English?

  a **Von ihnen wird Druck auf uns ausgeübt.**

  b **Ich werde vielleicht von der Gruppe ausgeschlossen.**

  c **Nachtschicht wird besser bezahlt.**

  d **Ich werde wie ein Aussätziger behandelt.**

● The passive voice is formed by using the appropriate tense of *werden* and the **past participle**.

B List other examples of the passive you have spotted in the two letters or have heard in the listening passages. Translate these sentences into English.

● To avoid using the passive, begin your sentence with *man*.

C Change the sentences in **A** from passive to active by using *man*.

  Example: Man übt Druck auf uns aus.

Zusammenleben heute – Formen der Partnerschaft

▌ *Hat die Ehe heutzutage überhaupt noch eine Bedeutung? Wird sie von neueren Formen des Zusammenlebens abgelöst?*

1a Stellen Sie sich Ihre Zukunft vor. Wie sehen Sie sich in zehn Jahren? Verheiratet? In einer Partnerschaft lebend? Oder als sorgenfreier Single in einer Großstadt? Machen Sie sich zu diesem Thema ein paar Stichpunkte.

1b Vergleichen Sie Ihre Stichpunkte mit denen von zwei anderen Klassenkameraden. Jeder von Ihnen soll seinen Standpunkt begründen.

2a **D** Lesen Sie sorgfältig den Text. Was bedeuten die fettgedruckten Wörter? Versuchen Sie, zuerst deren Bedeutung zu erraten, und schauen Sie dann im Wörterbuch nach.

Zusammenleben im dritten Jahrtausend

1 Es lässt sich nicht leugnen: Der Mensch ist ein soziales Wesen. Schon seit Menschengedenken gibt es Formen des Zusammenlebens, ob in Großgruppen, Sippen oder in Kleinfamilien. **Eheähnliche** Gemeinschaften gibt es schon seit Jahrtausenden. Durch die Emanzipation der Frau im 20. Jahrhundert, die Ankunft der zuverlässigen **Geburtenkontrolle** und der daraus resultierenden Gleichstellung von Mann und Frau, zumindest dem Gesetz nach, hat sich alles verändert.

2 Spätestens in der zweiten Hälfte des 20. Jahrhunderts hat sich eine zunehmende Skepsis gegenüber der traditionellen Rollenverteilung zwischen Mann und Frau und damit auch im Bezug auf die Ehe breit gemacht. Während früher Frauen kaum Zugang zu leitenden Positionen und damit hohen Gehältern hatten, sind heute bereits über die Hälfte aller Studierenden Frauen. Damit können sie heutzutage finanzielle Unabhängigkeit erreichen und brauchen nicht mehr in einer unbefriedigenden, lieblosen Ehe **auszuharren.**

3 Seit Anfang der Neunziger Jahre nimmt die Zahl der Eheschließungen nicht nur in Deutschland, sondern auch in der Schweiz und in Österreich kontinuierlich ab. Während im Jahre 2004 396 000 deutsche Paare sich **das Jawort** gegeben hatten, waren es 2005 schon 8000 oder 1,9% weniger. Gelegentlich lässt sich ein leichter Anstieg beobachten, wie zum Beispiel im Fußballweltmeisterschaftsjahr 2006, aber insgesamt ist die Tendenz fallend.

4 Was ist der Grund für diese **ehefeindliche** Einstellung? Zum einen ist es sicherlich der hohe Prozentsatz an Scheidungen. In den letzten drei Jahrzehnten ist er praktisch in keinem Jahr gefallen. Momentan kommen in Westdeutschland, laut Bundeszentrale für politische Bildung, auf 100 geschlossene Ehen 43,6 Scheidungen pro Jahr, während in Ostdeutschland die Ziffer mit 37,1% etwas niedriger ist. Bei solchen Zahlen kann niemand optimistisch in die Zukunft sehen.

5 Also, geheiratet wird nicht, oder nur wenig; dafür gibt es immer mehr alternative Formen der Ehe: eheähnliche Partnerschaften, Gemeinschaften auf Zeit und sogar **gleichgeschlechtliche** Partnerschaften. Während in den deutschsprachigen Ländern die sogenannte Homo-Ehe noch nicht anerkannt wird, schützt das Gesetz solche Gemeinschaften jedoch ausdrücklich. Die Zahl der Singles nimmt allerdings nicht ab und macht in deutschen Großstädten wie Berlin und München schon fast die Hälfte aller Haushalte aus.

6 Nirgends haben sich Ehe und Familie so stark verändert wie in Deutschland. Suchen wir also keine Geborgenheit, Wärme und kein Verständnis in unseren Beziehungen mehr? Sicher ist die Sehnsucht nach diesen Gefühlen nach wie vor wichtig, doch viele von uns wollen beruflichen Aufstieg, bei dem ein Ortswechsel häufig nicht vermeidbar ist, und wir wollen unsere kostspieligen Freizeitbeschäftigungen nicht aufgeben. Also: **Selbstentfaltung** hat Vorrang, die Gemeinsamkeit kann warten!

2b Finden Sie die richtigen Überschriften für die Paragraphen 1–6.

  a Beruf und Freizeit ersetzen Bindungen

  b Anstieg der Scheidungsrate

  c neue Entwicklungen durch die veränderte Stellung der Frau

  d alternative Partnerschaften

  e Abnahme der Eheschließungen seit 1990

  f familienähnliche Gruppen bis zum 20. Jahrhundert

2c Erklären Sie die folgenden Ziffern aus dem Text.

  a 43,6   **c** 396 000   **e** 2006

  b 37,1   **d** 50%+

3a Lesen Sie diese Liste von Wörtern und schauen Sie deren Bedeutung im Wörterbuch nach.

  a kirchliche Trauung   **f** Hobbys

  b Brautkleid   **g** Freiheit

  c Wohngemeinschaft   **h** Scheidung

  d beruflich aufsteigen   **i** Freundschaften

  e guter Verdienst   **j** Nachwuchs

3b Hören Sie jetzt gut zu. Drei junge Menschen sprechen über ihre Zukunft. Entscheiden Sie, welche Wörter in Übung 3a jeweils zu jeder Person passen.

3c Ergänzen Sie die Sätze mit passenden negativen Ausdrücken, sodass sie dem Hörtext entsprechen. Sie finden Hilfe im Grammatikabschnitt.

  a Benjamin will heiraten, weil er die richtige Frau getroffen hat.

  b Er möchte seine Unabhängigkeit für jemanden aufgeben.

  c Sandra wäre glücklich, wenn sie einen netten Mann heiratete.

  d Sandra und ihr Freund können sich eine Zukunft ohne Trauschein vorstellen.

  e Hannes findet, dass eine Zweierbeziehung ihm genügt.

  f Er hat vor, in der Zukunft seine Freunde weniger häufig zu sehen.

Grammatik ➡ 166 ➡ W67

Negatives

● The main negative adverbs are:

nicht	*not*
nie	*never*
nicht mehr	*not any more, no longer*

● The main negative pronouns are:

nirgends	*nowhere*
niemand	*no one*
nichts	*nothing*
keiner, keine, keins	*none, not one, not any*

A List all the negatives in the text on page 114.

B Listen again to activity 3b. Complete the sentences with negative pronouns.

  a ___ aus meinem Bekanntenkreis würde mir so viel Freiheit bieten.

  b Für mich kommt nur eine kirchliche Trauung in Frage, sonst __ .

  c _____ kann man so viel Spaß zusammen haben wie in einer WG.

● *Keiner, keine, kein(e)s* follows the same pattern as *einer, eine, ein(e)s*.

● *Niemand* adds an *-en* in the accusative and an *-em* in the dative.

● *Nichts* does not decline.

C Fill in the correct negative form.

  a Für _____ hat sich die Rolle so verändert wie für die Frauen.

  b Fast _____ in Europa gibt es mehr Scheidungen als in Deutschland.

  c _____ möchte ganz ohne Partner alt werden.

  d Es gibt _____ Besseres für Kinder als eine intakte Ehe.

  e _____ der modernen Frauen würde ganz auf Karriere verzichten wollen.

4 Hat die Ehe noch eine Zukunft? Schreiben Sie insgesamt ca. 160 Wörter.

5 Heiraten – ja oder nein? Veranstalten Sie eine Debatte in der Klasse.

Die Familie in der Zukunft

▌ *Die Scheidungsrate zeigt: Die Zukunft der Familie ist unsicher! Wie kann man das Zusammenleben unterstützen?*

Bald noch weniger Kinder für die Deutschen?

Es lässt sich nicht leugnen: Noch nie haben die Deutschen so wenige Kinder bekommen wie gerade jetzt. Im Vergleich mit vielen europäischen Nachbarn bildet Deutschland mit 8,5 Geburten auf 1000 Einwohner so ziemlich das Schlusslicht. Im Klartext heißt das, dass jede Frau nur 1,36 Kinder gebärt, laut einer Studie zur demografischen Entwicklung des Berlin-Instituts. Bis zum Jahr 2050 soll die Geburtenzahl sogar noch um 50% zurückgehen! 40% aller jungen Paare verzichten auf Nachwuchs und zitieren dabei häufig die Angst um die Karriere und die Sicherheit am Arbeitsplatz. Was diese Zahlen noch nicht verraten, ist ein zusätzliches Ost-West-Gefälle: In den neuen Bundesländern kommen wesentlich weniger Kinder zur Welt als in den alten. Nach der Wiedervereinigung war die Geburtenrate in der ehemaligen DDR auf 0,77 Kinder pro Frau zurückgegangen. Eine Besorgnis erregende Entwicklung, weil es bald nicht genug finanzkräftige junge Leute geben wird, die die Renten und Pensionen ihrer Eltern und Großeltern finanzieren können.

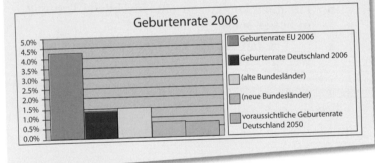

Geburtenrate 2006

5.0%	▨ Geburtenrate EU 2006
4.5%	
4.0%	▪ Geburtenrate Deutschland 2006
3.5%	
3.0%	☐ (alte Bundesländer)
2.5%	
2.0%	▨ (neue Bundesländer)
1.5%	
1.0%	▨ voraussichtliche Geburtenrate
0.5%	Deutschland 2050
0.0%	

> das Schlusslicht bilden – *to come last*
> verzichten auf + Akk. – *to do without, to give up*
> zusätzlich – *additional*
> wesentlich – *considerably, essentially*
> das Gefälle – *step down between two values*
> die Rente – *state pension*
> die Pension – *pension from employment*

1 Lesen Sie sorgfältig den Text und schreiben Sie zu jedem Satz die dazu passende Zahl.

a _____ aller jungen Paare wollen kinderlos bleiben.

b Im Jahr _____ wird nur noch die Hälfte der Kinder im Vergleich zu heute geboren werden.

c Auf 1000 Einwohner kommen _____ Geburten.

d Jede deutsche Frau bekommt nur _____ Kinder.

e Die Zahl der Kinder pro Frau in der ehemaligen DDR beträgt seit der Wende _____ .

2a Sie hören alle der folgenden Wörter auf Deutsch in Übung 2b. Wie viele davon kennen Sie schon? Schreiben Sie sie auf Deutsch auf.

a to become pregnant   **e** parental allowance

b to start a family   **f** I can afford it

c mother-in-law   **g** to look after

d support   **h** to take time off

2b Wenn der Staat nicht eingreift, wird unsere Gesellschaft in der Zukunft hauptsächlich aus Angestellten und Rentnern bestehen. Hören Sie jetzt den folgenden Beitrag über die Einführung des Elterngelds und notieren Sie die Wörter von Übung 2a, wenn Sie sie hören. Waren Ihre Vorschläge richtig?

2c Ergänzen Sie die folgenden Sätze mit Wörtern aus dem Kasten.

a Er erfuhr _____, dass seine Frau ein Baby erwartete.

b Sie dachten schon _____ lang daran, eine Familie zu gründen.

c Der Staat führte _____ Maßnahmen ein, um die Geburtenrate zu verbessern.

d Daniela wird sich _____ lang um das Baby kümmern.

e Harald hat vor, sich nicht weniger als _____ lang beurlauben zu lassen.

f Die Eltern können insgesamt _____ Monate von der Arbeit wegbleiben.

g Der maximale Beitrag vom Staat kann €_____ erreichen.

fünf Jahre	2007
vierzehn	ein halbes Jahr
sieben Monate	letzten Sommer
1800	

3a Diskutieren Sie mit Ihrem Partner/Ihrer Partnerin die Vor- und Nachteile jeder Lösung der Kinderbetreuung und machen Sie sich Notizen.

- Kinderkrippe
- Kinderfrau
- Aupairmädchen
- Tagesmutter
- Kindergarten
- Verwandte (z.B. die Oma)

3b Hören Sie zu. Was passt zusammen?

1 Danielas Mutter kann nicht so gut auf Martina aufpassen, …

2 Wegen des Elterngelds können sie nun …

3 Eine Kita ist …

4 In Ostberlin gibt es viele Kitas, …

5 Die Kosten für einen Betreuungsplatz in einer Kita …

6 Zu Mittag …

7 Um ein Kind in einer solchen Institution unterzubringen, …

a … muss man ein Anmeldeformular ausfüllen.

b … bekommen die Kinder eine Mahlzeit, die aus Bioprodukten besteht und dann halten sie Mittagsschlaf.

c … weil der Staat früher auf die Kinder aufgepasst hat und die Einwohner daran gewöhnt waren.

d … richten sich nach dem Einkommen der Eltern.

e … weil sie eine Hüftoperation hatte und nicht mehr gut laufen kann.

f … lange zu Hause bleiben und ihr Baby selbst versorgen.

g … eine Art Kindergarten, wo Kinder ab einem Jahr den ganzen Tag betreut werden.

4a Stellen Sie sich vor, dass Sie zehn oder zwanzig Jahre älter sind. Wie sehen Sie sich? Welche Rolle spielt Folgendes? Beschreiben Sie dabei einen typischen Tag. Schreiben Sie ungefähr 160 Wörter.

- Beruf
- Ehe oder Beziehung zu einem Partner/einer Partnerin
- Familienleben
- Kinder
- Kinderbetreuung
- Ihre eigenen Eltern
- Ihre Geschwister
- Ihre Freunde

4b Bevor Sie Ihre Aufsätze abgeben, tauschen Sie sie mit einem Partner/einer Partnerin und korrigieren Sie zuerst mit Bleistift die Ausdrücke, die Sie für falsch halten. Besprechen Sie zusammen Ihre Verbesserungen.

Tipp

Checking and correcting your written work

a You should write about the same length for each of the bullet points or prompts.

b Keep a tally of the number of words as you write.

c Allow plenty of time to check for grammatical accuracy.

- Make sure each verb has the correct ending.
- Does each verb agree with the subject (singular or plural)?
- Is it in the correct tense?
- Is it in the right place?
- Does each sentence have a subject?
- Are the other nouns or pronouns in the right case?
- Do your adjective endings and your plurals make sense?
- Have all the nouns got capital letters?

Ⓐ Explain the grammatical rules behind all the underlined elements.

a Wenn ich dreißig <u>bin</u>, <u>wohne</u> ich sicher mit meiner Frau und mindestens zwei <u>Kindern</u> in <u>einem</u> Reihenhaus am Stadtrand.

b In meinem Beruf <u>habe</u> ich viel <u>erreicht</u>, und jetzt verdiene ich ganz gut.

c Zu meinen Eltern und <u>Geschwistern</u> habe ich jetzt eine <u>bessere</u> Beziehung als vorher.

Grammatik aktuell

1 Demonstrative adjectives and pronouns

> If you want to emphasize a particular point in your spoken and written work or draw attention to a noun, use the following demonstratives:
>
> dieser, diese, dieses   *this*
>
> jener, jene, jenes   *that*
>
> jeder, jede, jedes   *every, each*
>
> These words follow the same pattern as *der, die, das.*

A Write out the following sentences, selecting the appropriate form of the demonstrative.

a Mein Vater kommt eigentlich mit (jedes/jeder/ jedem) gut aus.

b Wir haben über (dies/diese/diesen) und (jene/ jenes/jenem) gesprochen.

c Homo-Ehe? (Dieser/dieses/diese) neue Entwicklung gefällt der älteren Generation überhaupt nicht.

B Replace the underlined words with the relevant demonstrative adjective or pronoun. Don't forget to change the ending.

a Mit <u>dem</u> Mann könnte ich nicht leben! (jener)

b <u>Die</u> Ehen haben keine Überlebenschancen! (dieser)

c <u>Man</u> muss selbst entscheiden, ob man Kinder will oder nicht. (jeder)

2 The passive voice

> The passive exists in all tenses, just like the active voice. It is formed by using all forms of *werden* and the past participle which goes to the end of the sentence.

The passive is used when the subject of the sentence is not carrying out an action, but is on the receiving end. At AS-level, you only need to recognize and understand the passive.

A Translate the following sentences into English.

a Kinder werden heutzutage viel freier erzogen.

b Fast die Hälfte aller Ehen werden wieder geschieden.

c Das Elterngeld wird vom Staat ausbezahlt.

B Decide which tense these sentences are in before translating them. The tenses are listed in the box below.

a Dieser Junge ist von seinen Eltern nie bestraft worden.

b Die Tochter wurde eine Woche lang von einem Psychologen beobachtet.

c Das Kind war von seinen Eltern vernachlässigt worden.

d Bald werden in Deutschland weniger Kinder geboren werden, als dass Leute sterben.

future	pluperfect
imperfect	perfect tense

3 Negatives

> Most negatives can be used anywhere in the sentence. However, *nicht* is frequently placed quite near the end.
>
> | nicht | *not* | nirgends | *nowhere* |
> |---|---|---|---|
> | nie | *never* | niemand | *no one* |
> | nichts | *nothing* | | |

A Fill the gaps with negatives.

a _____ werden so wenig Kinder geboren wie in Ostdeutschland.

b Bald werden die Erwerbstätigen die Renten der älteren Generation _____ mehr tragen können.

c Seit der Scheidung seiner Eltern will er _____ vertrauen.

d Ich hätte ___ gedacht, dass ich den Mann meines Lebens finden könnte.

e Er wollte _____ außer einer guten Stelle und einer intakten Beziehung.

Zur Auswahl

1a Was passiert, wenn meist junge Mädchen ungewollt schwanger werden? Schreiben Sie zu jedem der aufgeführten Vorschläge die Vor- und Nachteile auf und diskutieren Sie sie mit einem Partner/einer Partnerin.

- Das Mädchen bekommt das Baby und zieht es allein auf.
- Die junge Mutter und ihr Freund kümmern sich um das Kind.
- Das Kind wird geboren und die Großeltern ziehen es auf.
- Das Mädchen lässt das Baby abtreiben.
- Das Kind wird adoptiert.

1b Hören Sie jetzt einen Bericht über eine in Deutschland existierende Lösung zu diesem Problem. Welche Sätze treffen auf den Bericht zu?

a Viele Teenager lassen bei ungewollter Schwangerschaft abtreiben.

b Wenn die Familie von der Schwangerschaft erfährt, gibt es große Probleme für die werdende Mutter.

c Ein Findelkind wurde am Morgen vor einer öffentlichen Toilette gefunden, aber sein Leben ist in Gefahr.

d Die meisten Babys werden ins Waisenhaus gebracht.

e Während des Krankenhausaufenthalts erfahren Ärzte und Krankenschwestern nicht den Namen der Frau.

f Das Baby erkältet sich nicht.

g Hamburg hat dieses System als erste deutsche Stadt ausprobiert.

h In Berlin gibt es noch keine Babyklappen.

i Man kann sein Baby fast überall abgeben.

j Sie konnten ein Kind adoptieren, wussten aber nichts über dessen Herkunft.

2a Versetzen Sie sich in die Lage eines jungen Mädchens, das vorhat, die Babyklappe zu benutzen. Beschreiben Sie die Gedanken, die der jungen Frau durch den Kopf gehen, als sie ihr Kind zur Babyklappe bringt. Erörtern Sie auch die Gründe, warum sie keine andere Möglichkeit sieht.

2b Sie sind ein Teil eines jungen, unverheirateten Paares, das ein Baby erwartet, und Sie haben wegen der Schwangerschaft Krach mit Ihren Eltern bekommen. Rufen Sie Ihre Eltern an und erklären Sie ihnen, dass Sie Ihr Baby zur Adoption freigeben, und warum Sie das tun.

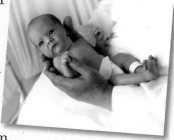

3 Schreiben Sie einen Aufsatz mit dem Titel: „Alles in Ordnung?" Stellen Sie sich vor, wie Ihr Leben in 15 Jahren aussehen wird". Berücksichtigen Sie dabei Punkte wie: Verheiratet? Arbeit? Kinder? Wie viele? Kindererziehung? Freizeitgestaltung? Beschreiben Sie, ob Sie mit Ihren Verhältnissen zufrieden sind, und warum.

Gut gesagt!

Compound words

A Which words are the following expressions made up from? What does each word mean by itself? Translate each expression into English.

a Gleichgeschlechtliche Partnerschaften

b Lebensabschnittsgefährte

c Wiederheirat

d Geschäftsreise

e auseinanderbrechen

f Kindertagesstätte

g Wiedervereinigung

h Gehirnmasse

i Wohngemeinschaft

j Abenteuerlust

B Listen to the words on the recording and repeat each word. Note in particular the stress on each individual word.

Wiederholung Einheit 7-8

1a Schauen Sie sich die Tabelle an und beschreiben Sie Ihrem Partner/Ihrer Partnerin, was für die Deutschen im Urlaub wichtig ist. Ihr Partner/Ihre Partnerin beschreibt Ihnen dann, was den Deutschen nicht wichtig ist.

Urlaubserwartungen in % der Bevölkerung	besonders wichtig	völlig unwichtig
Entspannung, keinen Stress haben	59%	2%
Weg vom Alltagsleben	54%	1%
Sonne, Wärme, schönes Wetter haben	42%	2%
Spaß, Freude, Vergnügen haben	37%	2%
Natur erleben	37%	2%
Faulenzen, nichts tun	33%	4%
Risiko	8%	27%
Aktiv Sport treiben	8%	32%
Flirt/Liebe	9%	33%

1b Fassen Sie Ihre Punkte schriftlich zusammen.

2 Lesen Sie die Anzeige unten und wählen Sie die vier Aussagen (a–h), die mit dem Sinn des Textes am besten übereinstimmen.

a Bei Reisen mit der Bahn spielt das Wetter keine Rolle.

b Bahnreisen kosten viel Geld.

c Der ICE ist sehr schnell.

d Man kann entweder Spaß haben oder Geld sparen.

e Der Metropolitan ist einer der schnellsten und bequemsten Züge.

f Wenn man das Weimar Ticket hat, braucht man nur die Hinfahrt zu bezahlen.

g Weimar ist durch Goethe und Schiller, zwei deutsche Schriftsteller, bekannt.

h Man kann vier Tage in Weimar verbringen.

3a Welche Ausdrücke passen zusammen?

1 saisonbedingt
2 Gast- und Hotelgewerbe
3 Betrieb
4 Auszubildende
5 sich bewerben um
6 Zuwachsraten
7 einen Rückgang erleben

a trainees
b to experience a drop/decrease
c to apply for
d seasonal
e business, enterprise
f restaurant- and hotel trade
g growth rate

3b  Hören Sie einen Beitrag über das Thema „Tourismus als Arbeitgeber" und erklären Sie diese Zahlen.

a 2,8 Millionen   d über 8,000
b 167,500   e 0,8%
c 25,000

4 „Der Massentourismus zerstört unser Klima und unsere Landschaft." Inwiefern stimmen Sie dieser Aussage zu? Beantworten Sie diese Frage schriftlich (200–250 Wörter) und benutzen Sie den Tipp von Seite 101 um Ihre Antwort zu strukturieren.

Entdecken Sie die Bahn!

Wir bieten Ihnen super Angebote, egal ob es regnet oder die Sonne scheint. Sie werden nicht nur Spaß haben, sondern auch Geld sparen. Wie wäre es zum Beispiel mit unserem neuesten ICE, dem luxuriösen Intercity Express, oder einer Fahrt mit dem neuen, besonders komfortablen Hochgeschwindigkeitszug Metropolitan, der ab Sommer '99 die schnellste Verbindung auf der Strecke Köln–Düsseldorf–Essen–Hamburg bietet?

Wenn Sie sich aber mehr für Kunst und Kultur interessieren, fahren Sie doch einmal nach Weimar. Die Stadt Goethes und Schillers wird Sie herzlich willkommen heißen. Mit dem Weimar Ticket zahlen Sie nur die Hinfahrt. Sie können vier Tage dort bleiben und die Rückfahrt ist kostenlos, wenn Sie eine ‚Weimarcard' für 10,00 kaufen.

5a Schauen Sie sich die Karikatur an und machen Sie sich Notizen zu diesen Fragen.

- **Worum geht es hier?**
- **Welche Stereotypen werden hier gezeigt?**
- **Was sind die Vor- und Nachteile dieses Familienlebens?**
- **Würden Sie später gern solch eine Familie haben?**

5b Diskutieren Sie Ihre Antworten mit einem Partner/einer Partnerin.

6a Lesen Sie die Information unten über das Familienleben in der Schweiz und beantworten Sie die Fragen.

In der Schweiz werden die Eltern immer älter. So war im Jahr 2005 das Durchschnittsalter der Frauen bei der Eheschließung 29 und bei den Männern 31 Jahre. Viele Paare leben zusammen, ohne zu heiraten, und oft heiraten Paare erst, wenn sie ein Kind erwarten.

Großfamilien, also Familien mit mehr als drei Kindern, gibt es heute kaum noch in der Schweiz. Statistisch gesehen gibt es in der Schweiz 1,42 Kinder pro Frau. Das heißt, die Kleinfamilie mit einem oder maximal zwei Kindern ist die Regel. Das liegt teilweise auch daran, dass junge Paare es sich finanziell nicht leisten können, mehr Kinder zu haben. Der Mietpreis für größere Wohnungen ist sehr hoch und es ist nicht leicht eine Tagesmutter oder einen günstigen Kindergartenplatz zu finden.

Ob die Ehe die beste Voraussetzung für eine glückliche Familie ist, ist auch in der Schweiz eine Streitfrage. 52,6 Prozent aller Ehen werden nämlich wieder geschieden.

a In welchem Alter heiraten die Schweizer im Durchschnitt?

b Wie sieht heutzutage eine ‚normale' Schweizer Familie aus?

c Warum ist das so?

d Bedeutet Ehe immer ein gutes Familienleben?

6b Wie alt sollten Ihrer Meinung nach Frauen und Männer sein, wenn sie eine Familie gründen wollen? Diskutieren Sie diese Frage mit einem Partner/einer Partnerin.

6c Notieren Sie sich Ihre Gründe und lassen Sie Ihrem Partner/Ihrer Partnerin Ihre Notizen verbessern – wenn es überhaupt Fehler gibt! Lesen Sie nochmals den Tipp auf Seite 117.

6d Präsentieren Sie Ihre Antworten nun als Kurzreferat in der Klasse. Benutzen Sie dazu auch den Tipp von Seite 103.

7 Hören Sie ein Interview über österreichische Jugendliche und ihr Verhältnis zu ihren Eltern. Welche der folgenden Sätze sind richtig, falsch oder nicht im Text? Verbessern Sie die falschen Sätze.

a Frau Steinwald hat österreichische Eltern interviewt.

b Die Minderheit der österreichischen Jugendlichen hat ein schlechtes Verhältnis zu ihren Eltern.

c Viele Eltern sind autoritär.

d Die meisten Jugendlichen verstehen nicht, warum eine gute Ausbildung so wichtig für ihre Eltern ist.

e Die meisten Eltern sagen nicht gern, dass sie etwas falsch gemacht haben.

8 Diskutieren Sie mit einem Partner/einer Partnerin, warum es zwischen Teenagern und ihren Eltern oft zu Konflikten und Missverständnissen kommt.

Schule und Ausbildung

By the end of this unit you will be able to:

- Describe and discuss the German school system
- Understand student issues in Germany
- Discuss issues surrounding career choice and employment prospects
- Discuss equality in the workplace
- Discuss the changing work scene

- Use different registers when speaking
- Use the pluperfect tense
- Use conditional clauses
- Use adjectival and weak nouns
- Use a monolingual dictionary

Die Schule in Deutschland

1 Kinder gehen in diese Schule, wenn sie sechs oder sieben Jahre alt sind. Manche besuchen schon vorher den Kindergarten. Kinder gehen in diese Schule während der Klassen 1 bis 4. Am Ende dieser Zeit empfiehlt die Klassenlehrerin oder der Klassenlehrer, wie die Schüler und Schülerinnen ihre Ausbildung am besten fortsetzen sollten. In den meisten Fällen gehen Kinder auf die Hauptschule, die Realschule oder das Gymnasium. In einigen Bundesländern gibt es auch Gesamtschulen.

2 Rund ein Drittel der Schüler besucht diese Schule. Sie umfasst die Klassen 5 bis 9 und bereitet Schüler auf das Berufsleben vor. Die meisten Schüler machen am Ende der Schulzeit eine Lehre und besuchen auch gleichzeitig die Berufsschule.

3 Diese Schule umfasst die Klassen 5 bis 10 und führt zu einem mittleren Abschluss (oft ‚mittlere Reife' genannt). Dieser Abschluss berechtigt Schüler, einen berufsqualifizierenden Studiengang zu wählen.

4 Diese Schule bietet eine rein akademische Bildung an. Am Ende der Schulzeit machen die Schüler das Abitur. Diese Qualifikation berechtigt sie, an der Uni zu studieren. Zur Zeit bleibt man bis zur 13. Klasse an dieser Schule, aber es wird geplant, die Schulzeit zu verkürzen, damit man schon am Ende der 12. Klasse die Schule verlässt.

5 Deutsche Schüler können während ihrer Schulzeit mehrmals die Schule wechseln. Manche Realschüler wechseln am Ende der 10. Klasse auf das Gymnasium, um das Abitur zu machen. Aber die Leistungen des Schülers muss den Erwartungen der Schule entsprechen. Wer am Ende des Schuljahrs ein schlechtes Zeugnis hat, muss sitzenbleiben, und wer wiederholt in einer Schule sitzenbleibt, muss auf eine andere Schule wechseln, z.B vom Gymnasium auf eine Realschule.

6 In der Oberstufe bereiten sich Schüler auf diese Qualifikation vor. Die Schüler wählen Hauptfächer, müssen aber auch Kurse in anderen Fächern besuchen, um eine gute Allgemeinbildung zu erhalten. Alle Schüler müssen Deutsch, Mathematik, eine Naturwissenschaft und eine Fremdsprache studieren. Das Abitur berechtigt Schüler, an der Uni zu studieren, aber für bestimmte Studiengänge wie Medizin gibt es den NC oder Numerus Clausus. Das bedeutet, dass Schüler eine sehr gute Durchschnittsnote haben müssen, um diese Fächer zu studieren.

1 Welche Unterschiede kennen Sie zwischen den Schulen in Deutschland und Großbritannien? Machen Sie eine Liste gemeinsam mit dem Rest der Gruppe.

2 Hören Sie die Berichte von fünf deutschen Schülern, die eine Woche in einer britischen Schule verbracht haben. Notieren Sie die Unterschiede, die sie erwähnen, und ihre Meinungen darüber.

	Unterschied	Meinung
1 Thorsten		
2 Maria		
3 Denise		
4 Alf		
5 Dirk		

3a Lesen Sie die Absätze auf Seite 122.
Welcher Titel passt zu welchem Absatz?

a das Abitur

b sitzen bleiben

c die Grundschule

d die Hauptschule

e das Gymnasium

f die Realschule

3b Lesen Sie noch mal den Text. Richtig oder
falsch? Verbessern Sie die falschen Sätze.

a Es ist obligatorisch, den Kindergarten zu
besuchen.

b Kinder in Deutschland verbringen vier Jahre
in der Grundschule.

c Es gibt vier Sekundarschularten in
Deutschland.

d Der Grundschullehrer entscheidet, auf welche
Sekundarschule jedes Kind geht.

e Hauptschüler verlassen die Schule mit
16 Jahren.

f Nach der Realschule können Schüler auf die
Uni gehen.

g Für das Abitur muss man mehr als zwei
Fächer wählen.

h Nur die Noten von den Leistungskursen
zählen für das Abitur.

i Wenn man das Abitur besteht, hat man das
Recht auf einen Studienplatz.

j Man muss überdurchschnittliche Noten haben,
um Fächer wie Medizin zu studieren.

4 Was haben Sie jetzt über die Unterschiede
zwischen Schulen in Deutschland und
Großbritannien dazugelernt? Erweitern Sie
die Liste von Übung 1.

5 Welches Schulsystem ist besser?
Machen Sie ein Rollenspiel. A findet
das britische System besser, B findet das
deutsche System besser. Sie können die
Hilfe-Ausdrücke benutzen. Überlegen Sie
sich Ihre Argumente.

6 Stellen Sie sich vor, Sie sind in Deutschland
in die Schule gegangen. Schreiben Sie einen
Brief (150 Wörter) an einen Freund/eine
Freundin in Österreich und beschreiben Sie
Ihren Bildungsweg.

Hilfe

Ich finde ... eine gute/schlechte Idee.

... ist vorteilhaft/besser, weil ...

... kann zu Problemen führen.

... im Vergleich zu ...

Mit 6 Jahren bin ich ... .

Als ich auf das Gymnasium ging, ...

In der Oberstufe ...

... anschließend ...

Am Ende meiner Schulzeit ...

■ *Was finden Sie besser nach der Schule: Studium oder Berufsausbildung?*

1 Was möchten Sie nach der Schulzeit machen? Machen Sie eine kleine Umfrage in Ihrer Klasse.

2 Was wäre das Richtige? Ein Studium, eine Berufsausbildung oder ein freiwilliges soziales Jahr? Zeichnen Sie ein Diagramm wie folgt und schreiben Sie Ihre Ideen darauf.

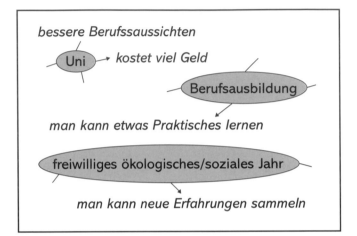

bessere Berufssaussichten

Uni → *kostet viel Geld*

Berufsausbildung

man kann etwas Praktisches lernen

freiwilliges ökologisches/soziales Jahr

man kann neue Erfahrungen sammeln

3 Hören Sie zu. Thorsten und Susi sprechen über ihre Pläne für die Zukunft. Sind die Aussagen unten richtig oder falsch?

a Thorsten hat noch keine festen Pläne für die Zukunft.

b Er will teilweise aus finanziellen Gründen nicht auf die Uni gehen.

c Er hat vor, gleich nach der Schule mit seiner Berufsausbildung zu beginnen.

d Er würde gern im Freien arbeiten.

e Er glaubt, dass ein Studium gewisse Probleme mit sich bringt.

f Susi will nach der Schule zuerst etwas anderes machen.

g Sie hat sich noch nicht entschieden, ob sie auf die Uni gehen will.

h Sie glaubt nicht, dass man mit einem Uni-Abschluss bessere Berufsaussichten hat.

i Sie kann ihren gewählten Beruf auch ohne einen Uni-Abschluss ausüben.

4a Lesen Sie die Berichte oben rechts.

Sebastian Wie die meisten Jugendlichen in Deutschland mache ich eine Berufsausbildung. Ich werde Koch und verbringe drei Tage in der Woche im Restaurant und zwei in der Schule. Natürlich lerne ich kochen, aber ich muss auch noch Mathe, Deutsch und Englisch lernen. Ich finde dieses duale System toll – es gefällt mir, Theorie mit Praxis zu verbinden.

Annette Meine Berufsschule spezialisiert sich auf eine Fachrichtung, wie viele Berufsschulen in Deutschland. In meinem Fall ist es der Tourismus. Ich finde die Ausbildung toll – es handelt sich endlich mal um etwas Praktisches.

Thomas Ich studiere Informatik und mein Studium gefällt mir gut, aber es kostet viel Geld. Es gibt jetzt Studiengebühren und die Lebenshaltungskosten hier in Berlin sind ziemlich hoch. Zum Glück bekomme ich BAföG, aber ich muss am Ende meines Studiums die Hälfte zurückzahlen. Es ist gut, dass man mit Informatik viel verdienen kann. Ich werde einen Haufen Schulden haben.

4b Füllen Sie die Lücken aus.

a Die Mehrzahl der deutschen Jugendlichen macht eine _____.

b Die Berufsschüler teilen ihre Zeit zwischen der Schule und dem _____ .

c Diese Kombination von Theorie und praktischer Arbeit heißt _____ .

d Es kostet _____, Student zu sein.

e Studenten können finanzielle Unterstützung bekommen – sie heißt _____ .

f Die meisten Berufsschulen haben eine bestimmte _____ .

Fachrichtung	Berufsausbildung
Betriebe	BAföG
viel	das duale System

Studiengebühren

In vielen europäischen Ländern sind seit vielen Jahren Gebühren für das Erststudium üblich – in Deutschland sind sie aber eine Neuerscheinung und stoßen auf heftigen Protest bei den Studenten. Die Kosten sind von Bundesland zu Bundesland unterschiedlich – aber im Schnitt müssen Studenten zwischen 300 und 500 Euro pro Semester zahlen. Claudia Schneider, Vorsitzende einer Studentenorganisation, hat schon Demonstrationen gegen die Gebühren geführt. „Die Finanzierung der Hochschulen ist eine staatliche Aufgabe", sagt sie. „Studiengebühren führen zu einer sozialen Selektion, wodurch Jugendliche aus einkommensschwachen Familien benachteiligt werden." Aber kann der Staat sich das noch leisten? Einige Politiker sagen nein. „Wir wollen das Einkommen von Gebühren in Hochschulen investieren", meint Helmut Wagner. „Studenten werden mehr verdienen, und wir verlangen nur einen kleinen Beitrag von ihnen. Sie können es auch durch ein Darlehen finanzieren und erst nach dem Studium zurückzahlen." Ob es in Deutschland besser gehen wird als in Österreich, ist die Frage. Dort wurden Studiengebühren bereits 2001 eingeführt, aber Studenten bezweifeln, ob die Studienbedingungen inzwischen besser geworden sind – sie klagen über überfüllte Hörsäle, Personalmangel und die schlechte technische Ausstattung der Unis.

5a Lesen Sie den Text. Sind diese Aussagen richtig oder falsch? Verbessern Sie die falschen Aussagen.

a Studiengebühren gibt es in Deutschland schon länger als in anderen Ländern.

b Die Kosten eines Studiums hängen davon ab, wo genau man studiert.

c Claudia Schneider glaubt, dass der Staat keine Verantwortung für die Finanzierung des Studiums übernehmen soll.

d Claudia Schneider glaubt, dass Jugendliche aus armen Familien ausgeschlossen werden.

e Helmut Wagner findet, dass die Summe, die von Studenten verlangt wird, ziemlich gering ist.

f Seit der Einführung von Studiengebühren hat sich die Situation in Österreich verbessert.

g Studenten finden die technischen Einrichtungen an manchen Unis mangelhaft.

5b Studiengebühren – dafür oder dagegen? A ist dafür, B ist dagegen. Diskutieren Sie dann die Frage.

6 Bereiten Sie eine kleine Rede vor, in der Sie Ihre Meinung zum Thema Studiengebühren ausdrücken. Benutzen Sie Ideen aus den Texten.

7 Schreiben Sie dann einen Brief an einen Politiker, indem Sie Ihre Meinung über Studiengebühren vertreten.

Tipp

Using different registers when speaking

Activities 5b and 6 give two different contexts for when you are speaking in German. When you are having a discussion or preparing a speech, you need to think about the register of language you are using. Here are some things to think about.

● When you are having an informal discussion with a friend or when you are in a more formal situation – should you use *du* or *Sie*?

● How can you express disagreement politely?

● Making a speech is a more formal speaking activity – think about how to structure your argument so it has an introduction and conclusion.

● What kind of phrases do you use to put your point across in each situation?

A With a partner, write a list of phrases for expressing agreement and disagreement both formally and informally. To start off, decide whether the following are formal or informal expressions.

Das ist Quatsch!
Da kann ich Ihnen nicht Recht geben.

B Compare your list with the rest of the class.

Was soll ich werden?

▌*Wie entscheidet man sich für einen Beruf? Welche Probleme gibt es bei der Jobsuche?*

1 Ordnen Sie diese Beispiele nach Ihren eigenen Prioritäten. Vergleichen Sie dann Ihre Listen in der Klasse.

a viel Geld verdienen

b gute Aufstiegsmöglichkeiten

c im Team arbeiten

d reisen

e abwechslungsreiche Arbeit

f lange Ferien haben

g interessante Leute kennen lernen

h mit Kindern arbeiten

i etwas Kreatives tun

j viel Verantwortung haben

2 Fünf Jugendliche sagen, welchen Beruf sie gewählt haben und warum. Hören Sie gut zu und machen Sie Notizen.

3a Lesen Sie den Text „Ein ungewöhnlicher Beruf".

3b Füllen Sie die erste Spalte in der Tabelle für Brigitta aus.

	Brigitta	Thomas
Beruf		
Ausbildung		
Arbeitsstunden		
Aufgaben		
Berufsaussichten		
Vorteile		
Nachteile		
Sonstiges		

3c Thomas besucht eine Schule, an der er die Schüler über seinen Beruf als Mediengestalter informiert. Hören Sie gut zu und füllen Sie die zweite Spalte aus.

Ein ungewöhnlicher Beruf

Brigitta arbeitet als Sektionsassistentin

Int.: *Brigitta, warum haben Sie diesen Beruf gewählt?*

B: Ich habe mich immer für Medizin interessiert aber ich wollte nie Krankenschwester oder Ärztin werden. Ich habe eigentlich nicht die notwendige Geduld. Ich habe zuerst daran gedacht, in einem Labor zu arbeiten, dann habe ich beim Arbeitsamt über die Ausbildung zur Sektionsassistentin erfahren.

Int.: *Wie wird man also Sektionsassistentin?*

B: Man kann die Ausbildung nur am Neuköllner Institut in Berlin machen. Sie dauert ein Jahr, davon sind sechs Monate Praktikum.

Int.: *Und wie sieht ein typischer Tag aus?*

B: Dienstbeginn ist um 7.30 und ich arbeite bis 16 Uhr.

Int.: *Und was machen Sie im Laufe eines Tages?*

B: Wir müssen zuerst die Neuankömmlinge registrieren, feststellen, ob der Tod natürlich war, die Leichen wiegen und messen und die Organe untersuchen.

Int.: *Haben Sie kein Problem damit, mit Leichen umzugehen?*

B: Am Anfang war es ein Schock, aber ich habe mich schnell daran gewöhnt.

Int.: *Waren Sie schon mit jemandem konfrontiert, den Sie kennen?*

B: Ja, leider. Ein Bekannter aus meiner Schulklasse ist in einem Autounfall umgekommen. Das war natürlich ein Schock.

Int.: *Und denken Sie daran, Sektionsassistentin zu bleiben?*

B: Ich möchte mich weiterbilden, um dann eventuell Chefin zu werden. Ich würde dann natürlich auch mehr Geld bekommen, aber die Arbeit gefällt mir und ich denke nicht daran, meinen Beruf zu wechseln.

Der Schatten der Arbeitslosigkeit

Die Jugendarbeitslosigkeit steigt. Immer weniger Betriebe bilden aus, immer mehr Jugendliche bewerben sich umsonst. Nach der Realschule hatte Muriel gehofft, Erzieherin zu werden, aber als sie zur Berufsberatung ging, erfuhr sie, dass es fast keine Ausbildungsplätze gab. Sie hatte über 100 Bewerbungen verschickt, als sie nach neun Monaten endlich ein Angebot bekam. „Es war richtig deprimierend geworden", erklärte sie. „Ich hatte ein paar Einladungen zu einem Vorstellungsgespräch bekommen, aber dann immer wieder eine Absage. Es hat natürlich nicht geholfen, dass mein Abschluss unter dem Durchschnitt war."

Besonders in den neuen Bundesländern, wo die Arbeitslosenquote immer noch hoch ist, ist es schwierig, etwas zu finden. Malte hatte sich vergebens um einen Ausbildungsplatz als Elektriker beworben, bis er sich entschied, umzuziehen. „Ich hatte eigentlich gehofft, etwas in der Umgebung zu finden, damit ich zu Hause bleiben konnte", sagt er, „aber es war hoffnungslos. Meine Tante wohnt in München, und dort gibt es bessere Chancen, etwas zu finden, also bin ich zu ihr gezogen. Es war schwierig, ohne Freunde anzufangen, aber die Hauptsache ist, ich habe jetzt eine Arbeit."

Arbeitslosigkeit bedeutet nicht nur finanzielle Schwierigkeiten. Arbeitslose zweifeln oft an sich selbst und leiden unter Minderwertigkeitsgefühlen. Kriminalität und Drogenmissbrauch sind oft eng mit Arbeitslosigkeit verbunden.

4a Lesen Sie den Text. Schreiben Sie die Sätze zu Ende.

a Immer mehr Jugendliche …

b Muriel wollte …

c Muriels Bewerbungen …

d In der Schule …

e Die Arbeitslosenquote in den neuen Bundesländern …

f Malte musste sein Dorf verlassen, …

g Kriminalität …

4b Lesen Sie den Text noch einmal und beantworten Sie die Fragen auf Deutsch.

a Warum hat Muriel Schwierigkeiten gehabt, einen Ausbildungsplatz zu finden?

b Wie hat sie sich gefühlt, als sie keinen Erfolg hatte?

c Was möchte Malte werden?

d Was hat er machen müssen, um einen Ausbildungsplatz zu finden?

e Welche Auswirkungen kann Arbeitslosigkeit haben?

5 Welcher der beiden Aussagen stimmen Sie zu? Arbeiten Sie gern? Welche Probleme bringt die Arbeitslosigkeit? Ist das ein Problem in Ihrer Gegend? Diskutieren Sie in der Klasse.

> „Lieber mit dem Fahrrad in die Kneipe als mit dem Mercedes zur Arbeit." (Sprichwort)

> „Arbeiten ist schwer – ist ein oft freudloses und mühseliges Stochern, aber nicht arbeiten – das ist die Hölle." (Thomas Mann)

6 Fassen Sie jetzt Ihre Ideen schriftlich zusammen.

Grammatik ➡ 160 ➡ W56

The pluperfect

The pluperfect tense shows what **had** happened. It is formed with the imperfect tense of *haben* or *sein* and the past participle of the verb:

ich hatte gesehen	*I had seen*
sie war gegangen	*she had gone*

A Find examples of the pluperfect tense in the text above and note them down.

B Put these sentences into the pluperfect.

a Claudia hat sich wiederholt beworben.

b Die Firmen haben ihre Bewerbungen abgelehnt.

c Malte ist zu seiner Tante gezogen.

d Er hat sich am Anfang allein gefühlt.

Das ist kein Job für eine Frau ...

▮ *Sind Frauen am Arbeitsplatz jetzt gleichberechtigt? Wie vereinbaren sie Familie und Beruf?*

1  Welche Berufe sind typische Männer- oder Frauenberufe? Machen Sie eine Liste in der Klasse.

2a Was meinen diese Jugendlichen dazu? Lesen Sie die Abschnitte unten.

2b Wer sagt:

a Bestimmte Berufe sind eher für Männer geeignet, weil körperliche Stärke notwendig ist.

b Männer interessieren sich nicht sehr für traditionelle Frauenberufe.

c Es ist schwierig für Frauen, in führende Positionen zu kommen.

d Einige Frauen interessieren sich für Berufe wie Mechaniker.

e Es gibt immer noch traditionelle Männer- und Frauenberufe.

f Frauen geben oft ihre finanzielle Sicherheit auf, wenn sie Kinder bekommen.

Carsten Ich arbeite in einer Autowerkstatt. Bei uns macht zur Zeit ein Mädchen eine Ausbildung und wir haben auch eine Chefin. Ich glaube schon, dass Frauen heutzutage dieselben Möglichkeiten wie Männer haben. Gleichberechtigung ist kein Thema mehr.

Thomas Ich glaube, dass mehr Frauen heute traditionelle Männerberufe wie z.B. Pilot oder so machen. Aber nur wenige Männer wollen traditionelle Frauenberufe machen – ich glaube, dass das noch als nicht richtig angesehen wird. In dieser Hinsicht haben Frauen schon mehr Fortschritte gemacht.

Eike Es wird langsam besser für Frauen, aber die gläserne Decke besteht noch. Frauen haben Schwierigkeiten, die besten Jobs zu bekommen. Ich glaube, dass viele Leute lieber einen Chef als eine Chefin haben. Ein weiteres Problem ist, dass Frauen oft nur Teilzeit arbeiten oder schlecht bezahlte Jobs bekommen, wenn sie Kinder haben – das hat auch negative Folge für ihre Rente.

Arndt Ich glaube schon, dass es teilweise noch die traditionelle Rollenverteilung gibt. Ich kenne keine Frauen, die auf einer Baustelle arbeiten möchten, eben weil sie körperlich schwächer sind.

die Rollenverteilung – *allocation of roles*
schwach – *weak*
die gläserne Decke – *the glass ceiling*
bestehen – *to exist*

3 Lesen Sie den Text rechts und beantworten Sie die Fragen auf Deutsch.

a **Was machen viele Frauen, sobald sie Kinder bekommen?**

b **Was brauchen Frauen, die Kinder und Karriere kombinieren wollen?**

c **Was hat Sabine nach der Geburt ihres Sohnes gemacht?**

d **Was hat es ihr ermöglicht, wieder zur Arbeit zu gehen?**

e **Was sagt sie über die Aufstiegschancen von arbeitenden Müttern?**

f **Wie fühlt sie sich selbst als arbeitende Mutter?**

g **Was sollte die Regierung laut Sabine machen, um die Situation für arbeitende Mütter zu verbessern?**

h **Warum ist das ihrer Meinung nach nötig?**

4 Sollen Mütter arbeiten? Hören Sie zu und notieren Sie die Meinungen von Peter, Susannah, Elke und Friedrich.

5 Spielen Sie die Rollen in der Klasse. Eine Gruppe findet es in Ordnung, dass Mütter arbeiten, die andere ist dagegen. Benutzen Sie Ideen und Vokabeln aus den Texten.

6 Schreiben Sie einen kurzen Artikel (150 Wörter) zum Thema „Sollen Mütter arbeiten?" Vergessen Sie nicht, Konjunktionen, Ideen und Vokabeln aus den Texten zu benutzen.

Grammatik ➡ 161 ➡ W60

Conditional clauses

● In conditional (*wenn*) clauses the imperfect subjunctive is often used rather than *würde* + infinitive (see p. 161).

   würde sein = wäre   würde haben = hätte

   Other common examples are: *käme, gäbe, müsste, möchte, ginge, könnte, dürfte.*

● For conditional clauses referring to the past, the conditional perfect is used:

   hätte/wäre + past participle

● The pattern of conditional clauses is slightly different to English.

   Wenn ich viel Geld gewonnen hätte, wäre ich nach Amerika gereist. *If I had won lots of money, I would have gone to America.*

Die Qual der Wahl – Kinder oder Karriere?

Es gibt immer mehr gut qualifizierte Frauen in Deutschland, doch Männer stehen in der meisten Berufen nach wie vor an der Spitze. Wenn Frauen einmal Mutter werden, entscheiden sich viele für Teilzeitarbeit oder verzichten auf Beförderungen, die weniger Zeit für die Familie bedeuten. Wenn eine Frau Karriere und Familie kombinieren will, benötigt sie die Unterstützung ihres Partners und ihres Chefs.

Sabine Bayer hat nach der Geburt ihres Sohnes Maz den gesetzlich garantierten Erziehungsurlaub von 36 Monaten in Anspruch genommen. „Wenn es den Erziehungsurlaub nicht gäbe, wäre es für viele Frauen sehr schwierig", meint sie, „aber man weiß, dass man nach der Pause wieder den alten Arbeitsplatz bekommt." Trotzdem muss es stressig gewesen sein? „Ja. Mein Sohn war immer noch sehr klein, als ich wieder zur Arbeit ging. Aber ich habe eine wunderbare Tagesmutter gefunden, und mein Mann hat mich total unterstützt. Wenn er nicht bereit gewesen wäre, sich ebenfalls an der Erziehung unseres Sohnes zu beteiligen, hätte ich das nicht machen können. Doch man muss Kompromisse schließen. Es stimmt schon, dass man in der Karriere nicht so weit kommen kann, wenn man weniger flexibel ist. Ich hatte außerdem ab und zu ein schlechtes Gewissen, dass ich meinen Sohn vernachlässige. Keiner aber wirft Männern vor, schlechte Väter zu sein, nur weil sie arbeiten. "Wie würde sie die Situation für arbeitende Mütter verbessern? „Ich würde mehr finanzielle Unterstützung und flexiblere Arbeitsstunden einführen", sagt sie. „Schließlich braucht uns die Wirtschaft. Es wäre wirklich schade, wenn talentierte Frauen zu Hause bleiben müssten, nur weil sie Kinder bekommen haben."

Der neue Arbeitsmarkt

▌ *Wie sieht der Arbeitsmarkt von heute aus? Gibt es immer noch sichere Arbeitsplätze?*

1  Die Arbeitswelt hat sich verändert. Welche der folgenden Aussagen treffen auf die Arbeitswelt von heute zu? Diskutieren Sie in der Klasse.

- **a** Man arbeitet das ganze Leben lang in einer Firma.
- **b** Man muss mobil sein.
- **c** Man braucht gute Computerkenntnisse.
- **d** Man kann ohne Probleme in anderen Ländern arbeiten.
- **e** Man kann von zu Hause aus arbeiten.
- **f** Es ist leicht, einen sicheren Arbeitsplatz zu finden.
- **g** Man muss ständig seine Kenntnisse erweitern.
- **h** Es ist schwierig, den Beruf zu wechseln.

2 Lesen Sie die beiden Texte und finden Sie die entsprechenden Ausdrücke.

- **a** unter der Bedingung, dass
- **b** haben gute Qualifikationen
- **c** das Recht, in einem anderen Land zu leben
- **d** ein Kurs, durch den man seine Kenntnisse vertieft
- **e** ohne Erfolg
- **f** hat etwas Schlechtes akzeptiert
- **g** mit … Kontakt aufzunehmen

Weit weg …

Wer in Hamburg oder in München keine Arbeit findet, bewirbt sich eben in Brüssel oder in Amsterdam. Die EU bietet tolle Möglichkeiten für neue Berufe und super Karriereaussichten – vorausgesetzt, Arbeitssuchende beherrschen Fremdsprachen, sind gut ausgebildet und mobil. Barbara Huber arbeitete als Rechtsanwältin in Hannover, als sie ein Stellenangebot in der Zeitung sah. Eine spanische Firma suchte jemanden mit guten Kenntnissen des deutschen Rechtssystems. Drei Monate später war Barbara in Barcelona. „Als Deutsche habe ich in jedem EU-Land Niederlassungsfreiheit, daher war alles unproblematisch. Die Menschen hier sind sehr freundlich, und ich habe mich gut eingelebt. Ich habe mich eigentlich nie als Fremde gefühlt – aber wahrscheinlich auch, weil ich gut Spanisch kann. Ich habe vor, ein paar Jahre in Spanien zu bleiben, und das Schöne ist, dass ich meine Berufsaussichten verbessert haben werde, da ich jetzt ziemlich viel über das spanische Rechtssystem weiß."

… oder zu Hause

Katharina Eberhardt lernte ihren Mann in Brüssel kennen. Die 25-jährige Bankkauffrau machte dort eine Fortbildung über europäisches Finanzwesen. Ein Jahr nach der Hochzeit kam die Nachricht – Gerhard musste ab September im Hauptbüro in Amsterdam arbeiten. Katharina hatte vergebens eine Stelle gesucht und sich damit abgefunden, das erste Mal in ihrem Leben arbeitslos zu werden. Doch dann bot ihre Bank ihr einen Telejob an. Jetzt setzt Katharina sich also im Arbeitszimmer an den Computer, um mit ihrem Büro Kontakt aufzunehmen. In Deutschland gibt es über eine Million Telearbeitsplätze; in Großbritannien und Skandinavien arbeitet jeder Zehnte bereits von zu Hause aus. Was hält Katharina von dem Konzept? „Ich vermisse meine Kollegen", sagt sie. „Wenn man umzieht, findet man am Arbeitsplatz neue Freunde, und das fehlt mir. Außer meinen Nachbarn kenne ich hier niemanden. Aber ich bin froh, dass ich noch arbeiten und Geld verdienen kann. Ich habe auch sehr viel Flexibilität – ich kann arbeiten, wann immer ich möchte. Da wir vorhaben, bald eine Familie zu gründen, ist das schon sehr vorteilhaft."

3 Lesen Sie noch mal die Texte. Richtig oder falsch?

a Die EU hat es leichter gemacht, in einem anderen Land zu arbeiten.

b Leute, die bereit sind, in einem anderen Land zu arbeiten, verbessern ihre Berufsaussichten.

c Barbara zweifelt, ob der Aufenthalt in Spanien ihr im Beruf geholfen hat.

d Katharina und Gerhard sind freiwillig nach Amsterdam gezogen.

e Katharina wollte gar nicht mehr arbeiten.

f Der Computer ermöglicht ihr den Kontakt zu ihrem Büro.

g Katharina findet es besser, zu Hause zu arbeiten.

4 Jens hat die beiden Texte gelesen und macht eine Umfrage dazu in der Schule. Hör gut zu. Was meinen Karl und Daniela?

Karl

a Die EU hat viele _____.

b Man kann jetzt überall in Europa _____

c Er möchte nicht _____

d Er findet es besser, das Berufsleben _____

Daniela

e Durch die EU können Ausländer _____

f Telejobs sind eine gute Idee für _____

g Ein weiterer Vorteil von Telejobs _____

5a Machen Sie eine Umfrage in Ihrer Klasse. Benutzen Sie diese Fragen.

● Möchtest du in der Zukunft in Europa arbeiten?

● Glaubst du, dass die europäische Einheit neue Chancen oder Probleme für den Arbeitsmarkt gebracht hat?

● Möchtest du zu Hause arbeiten?

5b Diskutieren Sie die Ergebnisse in der Klasse. Benutzen Sie die Hilfe-Ausdrücke.

Hilfe

wegen der europäischen Einheit

wenn man zu Hause arbeitet ...

man hat mehr Flexibilität

man verliert den Kontakt zu anderen Mitarbeitern

man kann seinen Tag selbst planen

Grammatik ➡ 148 ➡ W6

Adjectival and weak nouns

Adjectival nouns

Nouns derived from adjectives are very common in German:

deutsch	*German*
arbeitslos	*unemployed*
gut	*good*
der Deutsche	*the German person*
der Arbeitslose	*the unemployed person*
das Gute	*the good thing*

These nouns take the same endings as normal adjectives.

Der Alte wohnt in diesem Haus.

Ich habe **den** Alt**en** gestern gesehen.

A Find other examples of adjectival nouns in the texts on page 130.

B Add the correct endings to these adjectival nouns.

a Ich habe eine enge Freundschaft mit einem Deutsch__ aus meiner Klasse.

b Bei dem Unfall gab es nur einen Verletzt__ .

c Das Best__ an der Arbeit ist, dass man viele Reisemöglichkeiten hat.

Weak nouns

A small group of masculine nouns are known as weak nouns and add an –*en* ending, except with the nominative:

der Assistent	der Nachbar
der Junge	der Präsident
der Kollege	der Psychologe
der Mensch	

A See how many weak nouns you can find in the texts on page 130.

B Translate these sentences into German.

a I have a very nice colleague.

b I would like to work with people.

c The boy lives in a house with the other assistants.

Grammatik aktuell

1 Pluperfect tense

This tense talks about what you **had** done and is formed using the imperfect of *haben* or *sein* plus the past participle. If you already know your past participles well, this is an easy tense to use. (See page 160.)

A Change these sentences from the perfect to the pluperfect tense.

   a Ich habe in einem Büro gearbeitet.

   b Ich bin jeden Tag mit der Straßenbahn zur Arbeit gefahren.

   c Er hat wenig Geld verdient.

   d Wir haben eine neue Stelle gesucht.

B Now put the verbs in these sentences into the pluperfect tense.

   a Sabine _____ an Minderwertigkeitsgefühle _____ . (leiden)

   b Viele Kolleginnen _____ auf eine Karriere _____ . (verzichten)

   c Ich _____ einen neuen Arbeitsplatz _____ . (bekommen)

   d Er _____ viele Bewerbungen _____ . (verschicken)

   e _____ du schon etwas über Berufe in der EU _____ ? (hören)

2 Conditional clauses

Conditional clauses in German are a little different to English, as the conditional tense is used in both parts of the sentence:

Wenn ich Kinder **hätte, würde** ich nicht mehr **arbeiten**.

Wenn ich Kinder **gehabt hätte, hätte** ich nicht mehr **gearbeitet**.

A Finish off these conditional sentences with ideas of your own.

   a Wenn ich im Ausland arbeiten würde, …

   b Wenn ich gute Qualifikationen hätte, …

   c Wenn es möglich wäre, …

   d Wenn ich mehr Geld hätte, …

   e Wenn meine Eltern es erlauben würden, …

B Now write the sentences in the past tense of the conditional.

3 Weak and adjectival nouns

Although there are not many weak and adjectival nouns, it is important to know which they are and also which is which.

A From the list below, identify which is a weak noun, which is an adjectival noun and which is neither.

   a der Junge

   b der Nachbar

   c der Krankenpfleger

   d der Arbeitslose

   e der Fremde

   f der Franzose

   g der Lehrer

   h der Mensch

   i der Mann

   j der Kollege

B Now write a sentence using each of the weak and adjectival nouns you have identified.

Zur Auswahl

1a Lesen Sie das Gedicht.

Lohnarbeit

900 Mark netto
davon gehen ab
290 Mark Miete
davon gehen ab
50 Mark für die Straßenbahn
davon gehen ab
500 Mark Wirtschaftsgeld
für die Frau und
die Kinder brauchen was
anzuziehen und
der Winter steht vor der Tür
davon gehen ab
20 Jahre meines Lebens
gehen davon ab

Manfred Eichhorn

1b Beantworten Sie die Fragen auf Deutsch.

a Was für einen Beruf hat der Mann im Gedicht Ihrer Meinung nach?

b Warum arbeitet er? Gefällt ihm die Arbeit?

c Finden Sie den Text deprimierend? Warum?

d Was erwarten Sie von Ihrem Berufsleben? Glauben Sie, dass es so sein muss wie im Gedicht?

2a Sehen Sie sich die Zeichnung an. Was zeigt sie uns? Gibt es immer noch traditionelle Männer- oder Frauenberufe?

„Einen Mann als Erzieher haben wir uns schon immer gewünscht!"

2b Arbeiten Sie zu zweit oder in kleinen Gruppen. Jede Gruppe wählt eine Frage aus und bereitet einen Vortrag von einer Minute darüber vor.

- **Sind Frauen am Arbeitsplatz gleichberechtigt?**
- **Würden Sie gern an einem vom anderen Geschlecht dominierten Arbeitsplatz arbeiten? Warum?**
- **Was wird mehr akzeptiert – Frauen in Männerberufen oder Männer in Frauenberufen?**

2c Fassen Sie Ihre Meinung zu den Themen in Übung 2b jetzt schriftlich zusammen.

3 Eva hat au pair in Frankreich gearbeitet. Hören Sie zu und beantworten Sie die Fragen.

a Wie lange dauert normalerweise eine Aupairtätigkeit?

b Warum wollte Eva als Aupair arbeiten?

c Wie hat sie die Stelle gefunden?

d Was sind die Arbeitsstunden eines Aupairmädchens?

e Was musste Eva in der Familie machen?

f Warum brauchte die Familie ein Aupairmädchen?

g Warum meint sie, dass sie mit der Familie Glück hatte?

h Wie kann eine Agentur helfen?

Tipp

Using a monolingual dictionary

Use a monolingual dictionary to find synonyms for words you already know. If you have already described your job as *schwierig*, look it up and you might find the alternatives *anstrengend*, *hart* and *kompliziert*. If you are not sure of the exact meaning of these words, check them in a bilingual dictionary before using them.

A Look up these words from the texts on page 130 in a monolingual dictionary and find at least one suitable alternative for each.

a die Aussicht

b vergebens

c sich in Verbindung setzen

d vorteilhaft

e freundlich

f vorhaben

Besser ohne Männer?

Gleichberechtigung … innerhalb des Bildungswesens hat man es doch wohl geschafft, oder? In Bezug auf Schulleistungen haben Mädchen nicht nur mit den Jungen gleichgezogen, oft haben sie sie sogar überholt. In Deutschland gibt es auch nur noch wenige getrennte Schulen – die Koedukation gilt im Großen und Ganzen als Fortschritt.

In Wilhelmshaven studiert Juliane Sper Wirtschaftsingenieurwesen im ersten Frauen-Studiengang in Deutschland. Ist das also als Rückschritt zu betrachten? Anscheinend nicht, wenn es darum geht, Frauen für einen wissenschaftlichen Beruf zu interessieren. Viel weniger Frauen als Männer studieren naturwissenschaftliche Fächer. Studien haben gezeigt, dass Mädchen in der Schule schnell das Interesse an den Naturwissenschaften verlieren. Obwohl sie oft besser als die Jungen abschneiden, kommen sie in den von Jungen dominierten Abi-Kursen weniger zu Wort. Folglich entscheiden sie sich für etwas anderes. Wer doch bei den Naturwissenschaften bleibt, macht in den Uni-Seminaren eine ähnliche Erfahrung.

In den USA haben Frauen-Universitäten einen sehr guten Ruf. Studentinnen dieser Colleges, beispielsweise Hillary Clinton, sind doppelt so erfolgreich wie andere Akademikerinnen. In Wilhelmshaven ist der Frauen-Studiengang noch Experiment, aber die Industrie zeigt großes Interesse. Firmen wie Volkswagen und die Telekom wollen die Studentinnen unterstützen. Denn in der Industrie sind immer öfter „typisch weibliche" Eigenschaften gefragt: Einfühlungsvermögen, Teamarbeit und Zuhören-Können.

---

gleichziehen mit – *to catch up with*
der Fortschritt (e) – *progress*
ein Rückschritt (m.) – *a step backwards*
die Eigenschaft (en) – *quality*
das Einfühlungsvermögen – *sensitivity, empathy*

1 Lesen Sie den Text und finden Sie ein Wort oder einen Ausdruck mit derselben Bedeutung.

a eine Schule für Jungen oder Mädchen

b bessere Noten bekommen

c nicht so viel sprechen

d helfen

2 Lesen Sie den Text noch einmal und wählen Sie die richtige Antwort.

a In Deutschland bekommen Mädchen _____ gute Noten als Jungen. (genauso viele/weniger)

b Man betrachtet Koedukation als überwiegend _____. (negativ/positiv)

c In der Schule bekommen Mädchen oft _____ Noten als Jungen in den naturwissenschaftlichen Fächern. (bessere/schlechte)

d Erfahrungen in der Schule _____, Naturwissenschaften zu studieren. (halten Frauen davon ab/regen Frauen dazu an)

e Studentinnen an Frauen-Universitäten in den USA erreichen im Durchschnitt _____ als Studentinnen an anderen Universitäten. (weniger/mehr)

f Die deutsche Industrie ist _____ den Frauenstudiengang. (gegen/für)

3 Übersetzen Sie jetzt den Abschnitt „In den USA … Zuhören-Können" ins Englische.

4 Britta, eine Schülerin aus der 12. Klasse, beschreibt ihre Erfahrungen sowohl in einer getrennten als auch in einer gemischten Schule. Hören Sie gut zu und füllen Sie die Tabelle aus.

	Mädchenschule	gemischte Schule
Warum ist sie auf die Schule gekommen?		
Vorteile		
Nachteile		

5 Führen Sie eine Debatte in der Klasse. Entscheiden Sie sich, ob Sie für oder gegen Koedukation sind. Schauen Sie noch mal den Tipp auf Seite 85 an und benutzen Sie die Vorschläge und Vokabeln vom Text links und Übung 2.

6 Schreiben Sie einen Leserbrief (120 Wörter) an eine Zeitung. Geben Sie Ihre Meinung über den Frauenstudiengang in Wilhelmshaven ab. Sie können die Hilfe-Ausdrücke benutzen.

Hilfe

Ich habe mit Interesse den Artikel über … gelesen.

Ich möchte meine Meinung zu diesem Thema äußern.

In Bezug auf …

In dem Artikel steht es, dass …

Was … betrifft …

7 Was sind die Traumberufe junger Deutscher? Welche Kompetenzen braucht man, um einen guten Beruf zu bekommen? Hören Sie zu, dann wählen Sie für jede Aussage die richtige Ergänzung.

a Jungen stehen ____ auf traditionelle Männerberufe. (immer noch/nicht mehr/nur teilweise)

b Die beliebtesten Berufe bei Mädchen sind im Bereich ____. (der Erziehung/des Theaters/der Medizin)

c Berufe mit Computern sind dieses Jahr ____. (beliebter/nicht so beliebt/genauso beliebt)

d Die Kinder glauben, dass gute Schulleistungen ____ sind. (hilfreich/sehr wichtig/unwichtig)

e ____ legen Wert auf Sprachkenntnisse. (Nur die Kinder/Nur die Geschäftsführer/Sowohl die Kinder als auch die Geschäftsführer)

f Die Geschäftsführer suchen Mitarbeiter, ____. (die selbstständig arbeiten können/die immer ihre eigene Meinung durchsetzen wollen/die mit anderen gut zusammenarbeiten)

g Die Geschäftsführer suchen Mitarbeiter, ____. (die Experten im eigenen Fachbereich sind/die eine Allgemeinbildung haben/die an nichts anderes denken, als an ihre Arbeit)

8 Diskutieren Sie die folgenden Fragen mit einem Partner/einer Partnerin.

a Welche Unterschiede gibt es zwischen den Schulsystemen in Deutschland und Großbritannien?

b Welches System finden Sie besser und warum?

c Glauben Sie, dass es eine gute Idee ist, in der Oberstufe viele Fächer zu studieren?

d Was halten Sie von der Berufsschule? Sind Lehren eine gute Idee?

e Werden Sie in der Zukunft auf die Uni gehen? Würden Sie lieber eine Lehre machen?

f Sollten Studenten Gebühren zahlen?

g Welchen Beruf möchten Sie in der Zukunft ausüben und warum?

h Welche Qualifikationen und Charakter-eigenschaften braucht man dazu?

i Wie sehen Sie die Arbeitswelt der Zukunft?

j Möchten Sie in der Zukunft im Ausland arbeiten?

9 Wie sehen Sie die Arbeitswelt der Zukunft? Welche Qualifikationen und Charaktereigenschaften wird man brauchen? Schreiben Sie Ihre Meinung dazu auf (ca. 150 Wörter).

Alles wiederholen!

Listening

1a Bevor Sie den Text lesen, ordnen Sie die deutschen Ausdrücke den englischen zu.

1b Beantworten Sie die Fragen auf Deutsch.

   a Was kann laut Anke passieren, wenn die Gesetze zu streng sind?

   b Was machen ihrer Meinung nach Jugendliche aus Schweden, wenn sie im Ausland sind?

   c Wie sollen laut Peter Jugendliche lernen, mit Alkohol umzugehen?

   d Was meint er mit „Macho-Trinkkultur" ?

   e Warum will Gudrun die Gesetze ändern?

   f Welches Problem gibt es auf dem Spielplatz hinter ihrem Haus?

   g Wie sollen Ihrer Meinung nach die Ladenbesitzer bestraft werden, die Alkohol an Jugendliche verkaufen?

2 Hören Sie einen Bericht über Nuria des Saz, eine Nachrichtensprecherin bei dem spanischen Fernsehsender Canal 2. Wählen Sie die fünf Aussagen der unten angegebenen Liste an, die mit dem Sinn des Textes übereinstimmen.

   a Nuria arbeitet als Journalistin bei einem Fernsehsender.

   b Der Chef von Canal 2 sah Nuria in einer Fernsehsendung.

   c Nuria sieht keinen Grund, warum Blinde weniger Chancen haben als andere Menschen.

   d Sie findet es schwierig, mit einer Kamera zu arbeiten.

   e Nuria hat gute Beziehungen zu ihren Kollegen.

   f Ihr Hund geht überall mit, wenn sie arbeitet.

   g Nuria kann überhaupt nicht sehen.

3 Hören Sie den Bericht über die Filmschule in Köln und schreiben Sie die Sätze zu Ende.

   a Die Kölner Filmschule ist die einzige deutsche Schule, die _____ .

   b Als Annette sechs Jahre alt war, _____ .

   c Während der Schulzeit hat Annette _____ .

   d Nach der Realschule wollte Annette nicht _____ .

   e Junge Schauspieler haben oft Probleme wie _____ .

   f Annette ist froh, weil sie _____ .

   g Im Vergleich zu Schauspielern auf der Bühne _____ .

   h Viele sind der Meinung, dass das Theater _____ .

   i Ein Vorteil vom Fernsehen ist, dass _____ .

   j Am Ende der Ausbildung _____ .

Reading

1 Lesen Sie den Text über Daniels Lebensstil.
Wählen Sie (X) die fünf Aussagen der unten
angegeben Liste, die mit dem Sinn des Textes
am besten übereinstimmen.

> „Ich mache mir nicht viel aus gesunden
> Lebensmitteln. Meistens schmecken diese
> Bioprodukte aus dem Bioladen total fade," sagt
> Daniel (19) „und außerdem sind sie auch zu teuer. Da
> ist mir so ein Hamburger von McDonalds schon lieber.
> Ich trinke auch ziemlich häufig Cola. Jede Woche
> treffe ich meine Freunde zum Kegeln in einer Kneipe.
> Da gibt es dann zuerst einmal ein richtiges Essen,
> am liebsten mag ich Schnitzel mit Pommes und ein
> kühles Glas Bier dazu. Samstags gehe ich oft aus,
> in Discos oder auf eine Party. Da komme ich dann
> meistens ziemlich ‚früh' nach Hause, zwischen zwei
> oder drei Uhr!"
>
> „Ich mache zur Zeit eine Ausbildung bei der Post und
> habe unter der Woche geregelte Arbeitszeiten. Ich
> arbeite von Montag bis Freitag, fange um neun Uhr
> an und bin um fünf fertig. Stress gibt es in meinem
> Leben eigentlich nicht, deshalb brauche ich mich
> auch nicht extra zu entspannen. Mein Motto ist:
> immer mit der Ruhe – langsamer ist gesünder!"

a Bioprodukte kosten zu viel.

b Daniel trinkt ziemlich oft.

c Daniel bleibt nicht lange auf einer Party oder in
einer Disco.

d Daniel findet, dass Stress für ihn kein
Problem ist.

e Für Daniel ist gesundes Essen nicht sehr
wichtig.

f Daniel findet geregelte Arbeitszeiten langweilig.

g Daniel entspannt sich, indem er ohne Stress
lebt.

2 Beantworten Sie die Fragen auf Deutsch.
Bewertung des sprachlichen Ausdrucks:
maximal 10 zusätzliche Punkte.

a Was hält Daniel von gesunden Lebensmitteln?

b Inwiefern hat Daniel eine geregelte Arbeit?

c Was meint Daniel, wenn er sagt „Ich komme
dann ziemlich ‚früh' nach Hause"?

d Woran sieht man, dass Daniel keinen Stress hat?

3 Lesen Sie den folgenden Text. Ergänzen Sie
dann die Sätze (a–f) und beantworten Sie
die Fragen (g–h) auf der nächsten Seite auf
Deutsch.

Macht die Maus uns krank?

Geben wir es zu. Die meisten von uns sitzen
heute vor dem Computer. Sei es aus Spaß und zur
Unterhaltung oder bei der Arbeit. Oft sind es mehrere
Stunden, die wir, manchmal sogar ohne Pause, vor
dem PC verbringen. Nach Ansicht vieler Mediziner
sind ständiges Internetsurfen oder pausenlose
Computerspiele aber gar nicht gesund. So kann man
nämlich nicht nur beim Tennisspielen, sondern auch
beim Computerspielen einen so genannten Tennisarm
bekommen. Das ständige Benutzen der Maus und
der Tastatur kann zu Entzündungen im Arm oder
Handgelenk führen. Wenn man angespannt sitzt,
verkrampfen sich Nacken und Rücken. Wenn man ein
allzu aufregendes Computerspiel spielt, wird man
außerdem noch nervös. Wer länger als zwei oder
drei Stunden täglich vor dem Computer verbringt,
bekommt müde, trockene Augen.

Viele dieser Symptome kann man aber ohne den Arzt
behandeln. Wenn Sie sich an die folgenden Ratschläge
halten, können Sie Ihre Symptome abbauen.

Der Abstand zwischen dem Computer und Ihren
Augen sollte mindestens 40 Zentimeter betragen.
Für Leute mit Seh-Schwierigkeiten gibt es besondere
PC-Brillen. Achten Sie darauf, dass das Licht immer
von der Seite kommt, kaufen Sie sich einen bequemen
Stuhl mit hoher Rückenlehne und vergessen Sie nicht:
Mach mal Pause.

Alles wiederholen!

a Wir sitzen vor dem Computer, weil …

b Viele Mediziner glauben, …

c Wenn man die Maus und die Tastatur ständig benutzt …

d Die Augen werden müde and trocken, …

e Das Licht soll …

f Kaufen Sie einen Stuhl, der …

g Zu welchen Symptomen kann es kommen, wenn man zu lange am Computer sitzt?

h Was kann man gegen die Symptome machen?

4 Lesen Sie zuerst die Meinungen von sechs Jugendlichen über das Thema Schule und Bildung in der Liste A. Lesen Sie dann die Ergänzungen in der Liste B. Schreiben Sie jeweils die Nummer der Ergänzung von der Liste B, die am besten zu einem der Namen in der Liste A passt.

Liste A

Kai: Allgemeinbildung, das braucht man, wenn man im Leben erfolgreich sein will. Ich bin stolz auf mein Wissen. Mein Spezialwissen bekomme ich dann durch das gewählte Studium.

Annabella: Meiner Meinung nach müsste man sich viel mehr Fächer selbst auswählen können. Ich finde Fächer wie Chemie, zum Beispiel, unnötig.

Dominik: Also, Mathe und Fremdsprachen sind unbedingt notwendig. Das sollten Pflichtfächer für alle sein. Es gehört heute einfach dazu, dass man sich in mindestens einer Fremdsprache unterhalten kann.

Daniela: Bildung ist Gehirnjogging und gut für die „grauen Zellen". Manchmal erkennt man erst später, wie wichtig ein Schulfach war, auch wenn man es während der Schulzeit hasste. Informatik sollte auf jeden Fall Pflicht sein.

Mario: Alle sollten die Möglichkeit haben, das Gleiche zu lernen. Das ist Chancengleichheit und wichtig in einer Demokratie. Ich bin gegen diese Elite-Schulen oder Elite-Universitäten.

Lena: Bildung ist einfach Ansichtssache. Wenn einer viel weiß, okay. Wenn nicht, ist das auch nicht das Ende der Welt. Hauptsache, er ist sonst nett und hat Charakter.

Liste B

1 … findet: Wenn man heutzutage im Trend sein will, muss man sich mit Ausländern unterhalten können.

2 … glaubt, dass alle dieselbe Bildung als Ausgangsbasis haben sollten.

3 … meint, es sollte weniger Pflichtfächer geben.

4 … ist der Ansicht, dass bestimmte Fächer Pflicht sein sollten, auch wenn man ihren Wert erst in der Zukunft erkennt.

5 … hält die Persönlichkeit eines Menschen für wichtiger als seine Bildung.

6 … behauptet, dass Bildung und Erfolg einfach zusammengehören.

Speaking

1 Speaking task.
Candidate's instructions.
Look at the material and prepare your
response to the questions given:

Wollen Sie fit werden? Wollen Sie
Stress vermeiden? Wollen Sie Spaß
haben? Dann melden Sie sich bei
uns: Fitness-Studio Katrin, täglich
0700–2300 Uhr geöffnet

- **Was zeigt dieses Bild?**
- **Finden Sie die Fitness interessant?**
- **Macht der Sport im Fitness-Studio wirklich
  Spaß?**
  Warum?/Warum nicht?
- **Ist Fitness heutzutage besonders wichtig?**
- **Was kann man sonst machen, um gesund zu
  bleiben?**

2 Speaking task.
Candidate's instructions.
Look at the material and prepare your
response to the questions given.

Was machen wir
denn jetzt?

- **Was sehen wir hier?**
- **Warum will die Mutter nicht, dass die Kinder
  fernsehen?**
- **Wie reagieren die Kinder?**

- **Wie reagieren Sie persönlich?**
- **Sehen Kinder heutzutage Ihrer Meinung nach zu
  viel fern?**

3 Lesen Sie die Zitate unten und
diskutieren Sie mit einem Partner/einer
Partnerin: Worum handelt es sich? Was ist Ihre
Reaktion?

„Ich trinke, um mich zu entspannen – das schadet
nicht. Ohne Alkohol kann man nicht richtig feiern."

„Es ist besser, Alkohol zu trinken, als Drogen zu
nehmen."

„Alkohol führt zu Gewalt unter Jugendlichen."

4 Person A ist 17 Jahre alt und will mit
einem Freund/einer Freundin in den
Sommerferien nach Indien fahren, um bei einer
Hilfsorganisation zu arbeiten. Person B spielt
der Vater oder die Mutter und ist dagegen.
Beide müssen die andere Person überzeugen.
(Sie können die Ideen unten benutzen.)

Person A:
- **alt genug, um allein zu reisen**
- **mit Handy/E-Mail kann man problemlos in
  Konkakt bleiben**
- **einzige Chance, so etwas zu machen**
- **die Organisation ist zuverlässig, man wird
  betreut**

Person B:
- **zu gefährlich**
- **nie von der Organisation gehört**
- **zu weit weg**
- **zu jung – vielleicht in ein paar Jahren**

5 Inwiefern wird sich Ihrer Meinung
nach Ihr Leben vom Leben Ihrer Eltern
unterscheiden? Diskutieren Sie mit einem
Partner/einer Partnerin und erwähnen Sie die
folgenden Punkte:

- **Freunde**
- **Familie**
- **Arbeit**
- **Freizeit**

Writing

1 Welche Medien bieten Ihrer Meinung nach die größten Vorteile? Wie sehen Sie die Zukunft?

2 Was sind Ihrer Meinung nach die größten Probleme der Jugend von heute? Benutzen Sie die Ideen in den Bildern oder Ihre eigenen Ideen.

3 Schreiben Sie einen Artikel für eine Jugendzeitschrift, um junge Leute zu überzeugen, weniger Zeit vor dem Computer zu verbingen.

4 Sie fahren bald mit Ihrer Familie in Urlaub – und haben keine Lust dazu. Beschreiben Sie, was Sie erwarten und was Sie lieber machen würden.

5 Auf welchen technischen Gegenstand könnten Sie nie verzichten?Auf Ihr Handy? Ihren Computer? Ihren Fernseher? Erklären Sie, warum.

6 „Die Schule ist keine Vorbereitung für das Leben." Was meinen Sie dazu?

Grammar

Cases and adjective endings

1 Complete the passage by filling in the correct case and adjective endings.

München ist ein_1_ schön_2_ Stadt, die im Süden Deutschlands in der Nähe d_3_ Alpen liegt. Im Herbst findet d_4_ weltberühmt_5_ Oktoberfest statt. Besucher kommen aus aller Welt, um d_6_ Attraktionen d_7_ Fest_8_ zu genießen. Auf dem Fest kann man d_9_ gut_10_ deutsch_11_ Bier oder die traditionell_12_ Spezialitäten d_13_ Region ausprobieren. Auch zu anderen Jahreszeiten gibt es viel für Touristen zu sehen und zu unternehmen, denn München hat ein_14_ groß_15_ historisch_16_ Bedeutung als auch ein_17_ lebendig_18_ Nachtleben.

Man sollte auch d_19_ interessant_20_ Museen etwas Zeit widmen. D_21_ Deutsch_22_ Museum gibt d_23_ Besucher ein_24_ Einblick in die Welt d_25_ modern_26_ Technik. Für Auskunft über Öffnungszeiten usw. kann man d_27_ freundlich_28_ Informationsbüro schreiben. Man kann auch d_29_ Museum direkt ein_30_ E-Mail schicken.

IVC   ☐ ◻ ✕

Hi, Andreas!

Endlich haben wir Ferien, und ich fahre nächste Woche mit mein_1_ Familie zu d_2_ Insel Rügen. Dort ist es sehr schön. Man kann an d_3_ Strand spazieren gehen, eine Radtour um d_4_ Insel machen oder einfach abends gemütlich ein Bier in d_5_ Kneipe trinken. Wir waren letztes Jahr hier und haben uns gut amüsiert – trotz d_6_ Wetters (es hat ein paar Mal geregnet). Es gibt hier auch interessante Umweltprojekte, und ich werde mich auch um ein_7_ Job bewerben. Wie du weißt, will ich nach d_8_ Schule ein soziales Jahr machen, und ich interessiere mich sehr für ein_9_ Job bei einer Umweltorganisation. Ich habe mich auch bei ein_10_ Organisation in d_11_ Alpen beworben. Hoffentlich werde ich etwas finden.

Wie geht's dir? Ich habe von dein_12_ Schwester gehört, dass du krank warst. Gute Besserung und schreib bald!

Dein Max

Prepositions and cases

2 Fill in the correct article ending after each preposition.

Relative clauses

3 Join these sentences using an appropriate relative pronoun.

Example: München ist eine lebendige Stadt. Sie liegt in der Nähe der Alpen. ——►
München ist eine lebendige Stadt, die in der Nähe der Alpen liegt.

a Hamburg ist eine schöne Stadt. Sie hat für jeden etwas zu bieten.

b Der Stadtteil St. Paul liegt in der Stadtmitte. Dort gibt es viele Kneipen und Diskos.

c Hamburg hat auch ein Opernhaus. Es ist für die Qualität seiner Aufführungen bekannt.

d Die Beatles haben Konzerte in einer Kneipe in Hamburg gegeben. Die Kneipe befindet sich auf der Reeperbahn.

e Hamburg ist auch für seinen Hafen bekannt. Er ist einer der größten in Europa.

4a Join these sentences using an appropriate conjunction.

Example: Viele Jugendliche beginnen zu rauchen. Ihre Freunde tun es. ——►
Viele Jugendliche beginnen zu rauchen, weil ihre Freunde es tun.

a Das Rauchen ist an vielen Arbeitsplätzen verboten. Weniger Leute haben aufgegeben als erhofft.

b Manche Leute rauchen weniger starke Zigaretten. Sie geben nicht auf.

c Man spürt positive Auswirkungen auf die Gesundheit. Man hört auf.

d Viele geben auf. Sie gefährden ihre Gesundheit nicht mehr.

Alles wiederholen!

4b Write a sentence on the topic of smoking using each of these conjunctions.

nachdem	während
dass	da
seitdem	

Tenses

5 Write out these verbs in the present, perfect, imperfect and future tenses.

Example: nehmen (du): du nimmst, du hast genommen, du nahmst, du wirst nehmen.

a machen (er)

b schwimmen (du)

c sehen (wir)

d abwaschen (Sie)

e leiden (sie, s.)

f ankommen (ihr)

g verbringen (sie, pl.)

h gefallen (es)

i empfangen (ich)

j stehen (sie, s.)

k sich amüsieren (er)

l fragen (Sie)

m lassen (ihr)

n sagen (sie, pl.)

6 Rewrite this passage in the perfect and imperfect tenses.

Example: Ich arbeite in den Sommerferien in einem Hotel. ⟶
Ich habe in den Sommerferien in einem Hotel gearbeitet.
Ich arbeitete in den Sommerferien in einem Hotel.

Das Hotel ist in Süddeutschland in der Nähe der Alpen. Ich arbeite hauptsächlich im Restaurant – ich muss jeden Tag um sechs aufstehen, weil es ab sieben Uhr Frühstück gibt. Wir müssen zuerst Kaffee kochen und die Tische decken. Die ersten Gäste kommon um sieben, und ich bediene sie. Frühstück gibt es bis zehn Uhr, dann räumen wir ab und bereiten alles für das Mittagessen vor. Die Frühschicht endet um zwei Uhr, und dann habe ich frei – ich gehe schwimmen, sonne mich oder fahre in die Stadt. Ab und zu arbeite ich auch am Empfang und beantworte das Telefon oder nehme Reservierungen entgegen. Die Arbeit macht Spaß, weil viele junge Leute im Sommer hier arbeiten. Abends gehen wir zusammen aus – wir tanzen oder machen Grillpartys am See. Ich spreche auch sehr viel Deutsch und mache viele Fortschritte.

7 Write these sentences in the perfect tense.

a Ich lade viele Videos vom Internet herunter.

b Er setzt sich zwei Stunden lang an den Computer.

c Wir schaffen heute einen neuen Computer an.

d Ich sehe sehr selten fern.

e Die Studenten tauschen einige Ideen aus.

8 Write these sentences in the future tense.

a Nach den Prüfungen mache ich zuerst Urlaub.

b Ich bewerbe mich im Herbst bei der Uni.

c Nach der Schule mache ich ein soziales Jahr.

d Im Sommer suche ich einen Job im Ausland.

e Ich spare für die Studiengebühren.

f Meine Eltern helfen mir mit den Kosten.

9 Complete these sentences using the conditional tense.

a Wenn ich die Wahl hätte …

b Wenn ich umziehen könnte …

c Wenn ich Lehrer wäre …

d Wenn ich mehr Zeit hätte …

e Wenn ich mehr Geld hätte …

f Wenn ich berühmt wäre …

10 Fill in the missing pronouns.

Mutter: Andreas, wo ist Hans, hast du _1_ gesehen?

Vater: Ja, _2_ ist vor einer Weile in die Stadt gegangen. Warum?

Mutter: Ich habe _3_ gebeten, im Garten zu helfen, aber er tut nie das, was _4_ sage. _5_ tut nur das, was _6_ will. Und _7_ verbringt zu viel Zeit mit seinem Freund Karl. Ich mag _8_ überhaupt nicht.

Vater: Reg _9_ nicht so auf. In seinem Alter ist es normal, dass _10_ Zeit mit Freunden verbringen will. Und ich mag Karl. Was hast du gegen _11_?

Mutter: Ich finde _12_ unsympatisch. Mit unserer Tochter war es anders. Mit _13_ habe ich mich immer super verstanden, und ihre Freunde waren alle nett und höflich. _14_ hat immer zu Hause geholfen. Ich hatte selten einen Grund, _15_ mit _16_ zu streiten.

Vater: Ja, aber Hans ist anders. Ich werde mit

_17_ darüber reden. _18_ weiß, dass er _19_ liebt und dass er _20_ nicht mit Absicht ärgert.

Mutter: _21_ hast vielleicht Recht, aber _22_ muss _23_ besser benehmen, sonst gibt's nur mehr Probleme.

The imperative

11 Rewrite these health tips in the imperative using all three forms.

Example: Sie können mit dem Rad statt mit dem Auto fahren. ➝
Fahr mit dem Rad statt mit dem Auto!
Fahrt mit dem Rad statt mit dem Auto!
Fahren Sie mit dem Rad statt mit dem Auto!

a **Man sollte täglich fünf Portionen Obst oder Gemüse essen.**

b **Es ist eine gute Idee, regelmäßig Sport zu treiben.**

c **Man muss aufhören zu rauchen.**

d **Man soll Fett nur in kleinen Mengen zu sich nehmen.**

e **Es ist wichtig, genug zu schlafen.**

f **Man sollte Wasser oder Saft statt Cola trinken.**

g **Man sollte nicht das Frühstück auslassen.**

The passive

12 Rewrite these sentences in the passive voice, keeping them in the appropriate tense.

a **Wegen des steigenden Tourismus hat man viele Hotels in der Nähe des Strands gebaut.**

b **Man fällte viele Bäume, um Platz für die Hotels zu schaffen.**

c **Man hat neue Flüge ins Flugprogramm aufgenommen, um Touristen anzulocken.**

d **Abfall von Touristen verschmutzt jetzt die Strände.**

e **Der Abfall im Meer tötet auch die Fische.**

f **Man warnte die Regierung vor einer Umweltkatastrophe.**

13 Read the following newspaper article and identify the verbs in the subjunctive.

Nach Randalierungen in Köln sind gestern zwei Fußballfans ums Leben gekommen. Die Ursachen des Vorfalls sind noch unklar, aber der Polizeisprecher erklärte, dass man Alkohol nicht ausschließen könne. Zeugen meinten, einige Randalierer hätten die Ausschreitungen im Voraus geplant. Freunde der beiden Ermordeten behaupteten jedoch, dass es bei einem zufälligen Aufeinandertreffen von Fangruppen zu Ausschreitungen gekommen sei. Elf weitere Verletzte liegen noch im Krankenhaus. Die Polizei hat gestern zwei Männer festgenommen, und die Manager der beiden Mannschaften haben ihre Fans gebeten, Ruhe zu bewahren.

14 Complete the sentences using the correct form of the verb in the subjunctive form.

a Der Polizeisprecher berichtete, die Ursachen der Ausschreitungen ___ unklar. (sein)

b Er sagte, es steht nicht fest, ob einige Fans den Angriff ___ . (planen)

c Der Polizeisprecher berichtete, dass noch elf Personen verletzt ___ . (sein)

d Er sagte, die Fans ___ wahrscheinlich Alkohol ___ . (trinken)

e Er berichtete auch, dass die Polizei zwei Männer ___ . (festnehmen)

Impersonal expressions

15 Rewrite the following sentences using the impersonal construction in brackets.

Example: Ich habe meine Prüfungen erfolgreich bestanden. (gelingen) Es ist mir gelungen, meine Prüfungen zu bestehen. ➝

a Ich will studieren, aber ich kann das nur, wenn ich gute Noten bekomme. (darauf ankommen, ob)

b Ein anderes Problem ist, dass ich nicht genug Geld für die Studiengebühren haben. (fehlen)

c Ich werde aber bestimmt einen Teilzeitjob finden. (gelingen)

d Mein Bruder hat ein akademisches Studium gemacht – das möchte ich nicht. (gefallen)

e Ich habe nichts dagegen, weit weg von zu Hause zu studieren. (ausmachen)

Alles wiederholen!

Skills

1a (D) Look up these words in a bilingual dictionary and note the main options for each one.

  a offer

  b present

  c support

  d trust

  e stay

1b (D) Now decide which one to use in each of the following sentences and then translate them into German.

Example: *I can't be **bothered** to do it! Ich habe keine Lust, es zu machen!*
*It's a real **bother**. Es ist wirklich lästig.*

  a He gave me a present for my birthday.

  b I don't have time to do that at present.

  c He presented me with a certificate for my work.

  d My friends are a great support.

  e I cannot support this point of view.

  f How was your stay in Berlin?

  g I stayed for three days.

  h Trust is necessary for a successful friendship.

  i I do not trust him.

  j The money is held in trust until he is 21.

1c (D) Choose the most common verbs, such as *gehen, machen, legen, fahren* and *nehmen*. Which of the following prefixes go with which verb? How many new verbs can you make up? (Use a dictionary to check the existence and meaning of any verbs you are not sure of.)

ab-	hinter-	ver-
an-	mit-	zer-
auf-	über-	
ein-	um-	

Word families

2a (D) See how many word families you can make for the following.

Example: *richtig: Richtige, Richtigkeit, Richtung, Richter, richten*

a steigen	d jung	g Eindruck
b folgen	e fest	
c Möglichkeit	f wachsen	

2b (D) Read through this passage and identify a word you don't know. See if you can work it out based on other words you do know from the same family. Then make word families for a further three words from the text.

Warum braucht man ein Jugendschutzgesetz? Ist Erziehung nicht Sache der Eltern? „Nicht ausschließlich", sagt Dr. Albrecht Körner vom deutschen Jugendschutzbund. „Natürlich ist Erziehung Sache der Eltern, und das Gesetz will auch nicht festlegen, ab welchem Alter Jugendliche grundsätzlich Alkohol trinken oder rauchen dürfen. Zu Hause und im privaten Bereich müssen die Eltern solche Dinge entscheiden. Aber in der Öffentlichkeit muss es eine klare Regelung geben. Menschen zwischen 14 und 18 Jahre alt – und so sind Jugendliche per Gesetz definiert – sind nicht erwachsen und relativ leicht durch andere zu beinflussen. In Kneipen wird zum Beispiel viel Alkohol getrunken. Das ist eine potentiell gefährliche Situation für Jugendliche, die sich vielleicht, um andere zu beeindrucken, genauso verhalten wollen und dann außer Kontrolle geraten."

2c Now look up these words from the text in a monolingual dictionary and find one suitable alternative for each. Rewrite the sentence from the text using the new vocabulary.

   a klar

   b gefährlich

   c ausschließlich

   d entscheiden

   e brauchen

3a Take the topic *Die Familie*. Write down all the nouns, adjectives and verbs that you can think of. Use colour-coding for different types of words.

3b Take *Die Familie* as a topic again. Look at the following key words and write down as many words as possible under each heading. Keep the page to add new words as you find them.

   a Traditionelle Familie

   b Liebe und Ehe

   c Kinder und Probleme

4 Listen to this interview about life in Switzerland and make notes about the following points in English.

   a languages in Switzerland

   b things Switzerland is famous for

   c Swiss banking

   d Switzerland's relationship with the rest of the world

Speaking from notes

5 Sie wollen Freunde und Familie überzeugen, umweltfreundlicher zu reisen. Machen Sie eine Liste von Argumenten, die Sie benutzen können, und dann halten Sie Ihren Vortrag.

Expressing feelings

> **Wunsch**   **Zwang**
> **Recht**   **Reue**
> **Vorschlag**

6a Was drücken diese Sätze aus? Wählen Sie aus den Kategorien im Kasten.

   a Wenn man das Abitur hat, hat man Anrecht auf einen Studienplatz.

   b Studenten sind oft gezwungen, einen Teilzeitjob anzunehmen.

   c Es ist zweifelhaft, ob Studienbedingungen seit der Einführung von Gebühren besser geworden sind.

   d Es wäre zu bedauern, wenn die Kosten junge Leute daran hindern würden, auf die Uni zu gehen.

   e Es wäre besser, die Gebühren abzuschaffen.

6b Welche anderen Ausdrücke kennen Sie, die diese Gefühle ausdrücken? Machen Sie eine Liste. Benutzen Sie sie dann, um neue Sätze zum Thema „Studiengebühren" zu schreiben.

Answering a structured question

7 „Alkohol ist die größte Gefahr für die Jugend von heute, und wir müssen die Gesetze verschärfen." Sind Sie damit einverstanden?

Prepare a written response to this question above, making sure you:

- discuss the points of view for and against
- introduce each idea in a separate paragraph
- use a range of vocabulary
- make sure your ideas lead to a coherent conclusion.

Your vocabulary from activity 2c will help you.

Grammar

1 Nouns and articles

1.1 Gender

Every German noun has a gender, masculine (**der Tisch**), feminine (**die Familie**) or neuter (**das Zeugnis**). Some patterns make learning the correct gender easier.

● **1.1.1** Nouns which refer to masculine or feminine people will have the expected gender:

der Mann, der Arzt, der Großvater

die Frau, die Ärztin, die Tante

But: **das Kind** and **das Mädchen** are both neuter.

● **1.1.2** Nouns which end as follows are usually masculine:

-ant	der Demonstrant, der Passant
-er	der Computer, der Keller, der Ärger
-ich	der Teppich
-ig	der Honig, der König
-ing	der Lehrling
-ismus	der Sozialismus, der Tourismus
-ist	der Polizist, der Tourist
-or	der Diktator, der Doktor

● **1.1.3** Nouns which end as follows are usually feminine:

-e	die Karte, die Grenze, die Szene
-heit	die Schönheit, die Mehrheit
-ik	die Politik, die Hektik, die Panik
-in	die Freundin, die Polizistin
-ion	die Nation, die Explosion
-keit	die Freundlichkeit, die Arbeitslosigkeit
-schaft	die Mannschaft, die Landschaft, die Gesellschaft
-ung	die Meinung, die Kleidung, die Umgebung

● **1.1.4** Nouns which end as follows are usually neuter:

-chen	das Mädchen, das Hähnchen
-lein	das Fräulein, das Büchlein
-um	das Gymnasium, das Datum, das Studium

◆ Words which have come into German from other languages are also often neuter:

das Hotel, das Taxi, das Telefon, das Handy

● **1.1.5** The gender of any compound noun is always the gender of the last noun in it:

der Zug	→	der Charakterzug, der Schnellzug
die Karte	→	die Eintrittskarte, die Ansichtskarte
das Geld	→	das Trinkgeld, das Taschengeld

1.2 Definite and indefinite articles

● **1.2.1** The definite article in English has one form: 'the'. In German the form varies with gender and case and number (see 1.1 and 2.1).

	masc	fem	neut	pl
nom	der	die	das	die
acc	den	die	das	die
dat	dem	der	dem	den
gen	des	der	des	der

● **1.2.2** The indefinite article in English is 'a' or 'an'. In German it is:

	masc	fem	neut
nom	ein	eine	ein
acc	einen	eine	ein
dat	einem	einer	einem
gen	eines	einer	eines

● **1.2.3** The equivalent of 'not a' or 'no' in German is **kein**, and this varies in the same way. It takes the same endings as **ein**, with the addition of the plural endings:

nom	keine
acc	keine
dat	keinen
gen	keiner

Das ist **kein** netter Mensch! *He/She is not a nice person!*

Das ist **keine** gute Idee! *That's not a good idea!*

Du bist ja **kein** Kind mehr! *You're not a child any more!*

Bitte, **keine** Fragen! *No questions, please!*

● **1.2.4** In a number of places German uses the definite article where English does not:

◆ for abstract nouns:

Das Leben ohne Internet ist langweilig! *Life without the Internet is boring!*

Die Ehe ist eine altmodische Institution. *Marriage is an old-fashioned institution.*

◆ with parts of the body in constructions where English uses the possessive adjective:

Sie wäscht sich **die** Haare. *She is washing her hair.*

Sie zerbrechen sich **den** Kopf darüber. *They're racking their brains over it.*

Beim Skifahren hat er sich **das** Bein gebrochen. *He broke his leg skiing.*

◆ with countries which are feminine:

die Schweiz *Switzerland*

die Türkei *Turkey*

die Bundesrepublik Deutschland *the federal Republic of Germany*

die (ehemalige) DDR *the (former) GDR*

◆ with proper nouns preceded by an adjective:

der alte Fritz *old Frederick (Frederick the Great)*

das moderne Deutschland *modern Germany*

◆ in expressions of cost and quantity where English uses the indefinite article:

Die Pizza sieht lecker aus. Was kostet **das** Stück? *The pizza looks delicious. How much is a slice?*

◆ with meals and in certain set phrases:

nach **dem** Frühstück *after breakfast*

in **der** Schule *at school*

in **der** Regel *as a rule*

auf **die** Uni gehen *to go to university*

● **1.2.5** In some places where English often uses the indefinite article, German has no article:

◆ before professions, status or nationality:

Sie ist Zahnärztin. *She is a dentist.*

Ihr Vater ist Franzose. *Her father is a Frenchman.*

Ich bin Engländerin. *I am English (female).*

◆ in certain set phrases:

Hast du Fieber? *Have you got a temperature?*

Ich habe Husten und Schnupfen. *I've got a cough and a cold.*

1.3 Forming plurals

To form the plural of most English nouns you add 's'. German nouns form their plurals in various ways and it is best to learn the plural with the noun and its gender. But some patterns are worth learning.

● **1.3.1** Most feminine nouns add **-n** or **-en** to form the plural.

die Schwester	– die Schwester**n**
die Meinung	– die Meinung**en**

● **1.3.2** Feminine nouns ending in **-in** add **-nen** to form the plural.

die Freundin	– die Freundin**nen**
die Schülerin	– die Schülerin**nen**

● **1.3.3** Many masculine nouns form their plural by adding an umlaut to the main vowel and **-e** to the end of the word.

der Stuhl	– die St**üh**l**e**
der Fluss	– die Fl**üss**e
der Baum	– die B**äu**m**e**

● **1.3.4** Many masculine or neuter nouns which end in **-el**, **-en**, **-er**, **-chen** or **-lein** do not change in the plural. A few add umlauts, but no ending.

das Unternehmen	– die Unternehmen
der Einwohner	– die Einwohner
das Mädchen	– die Mädchen
der Garten	– die G**ä**rten

● **1.3.5** To make the plural of a neuter word ending in **-um**, remove **-um** and replace with **-en**.

das Datum	– die Dat**en**
das Museum	– die Muse**en**

Grammar

● **1.3.6** Many neuter words of foreign origin add **-s** to form the plural.

das Hotel	– die Hotel**s**
das Auto	– die Auto**s**
das Handy	– die Handy**s**

● **1.3.7** Most other neuter nouns form their plural by adding an umlaut to the main vowel and **-er** to the end.

das Buch	– die B**ü**ch**er**
das Land	– die L**ä**nd**er**
das Schloss	– die Schl**ö**ss**er**

1.4 Adjectival nouns

Nouns can be formed from adjectives:

arm – der Arme   deutsch – die Deutschen

Like other German nouns, adjectival nouns have a capital letter, but they take the same endings as adjectives do, according to the word that precedes them (see 3.3.2):

	masc	**fem**	**neut**	**pl**
nom	der Arm**e**	die Arm**e**	das Arm**e**	die Arm**en**
acc	den Arm**en**	die Arm**e**	das Arm**e**	die Arm**en**
dat	dem Arm**en**	der Arm**en**	dem Arm**en**	die Arm**en**
gen	des Arm**en**	der Arm**en**	des Arm**en**	den Arm**en**
nom	ein Arm**er**	eine Arm**e**	ein Arm**es**	Arm**e**
acc	einen Arm**en**	eine Arm**e**	ein Arm**es**	Arm**e**
dat	einem Arm**en**	einer Arm**en**	einem Arm**en**	Arm**en**
gen	eines Arm**en**	einer Arm**en**	eines Arm**en**	Arm**er**

nom **Ein Bekannter** von mir wird uns abholen. *An acquaintance of mine will pick us up.*

acc Er begrüßt den Fremden. *He greets the stranger.*

dat Wir haben noch nicht mit **den Deutschen** gesprochen. *We haven't spoken to the Germans yet.*

gen Der Ausweis **des Alten** war nicht mehr gültig. *The old man's ID was no longer valid.*

1.5 Weak nouns

A small group of masculine nouns are known as weak nouns. They end in **-n** or **-en** in all cases except the nominative singular.

	sing	**pl**
nom	der Junge	die Jungen
acc	den Jungen	die Jungen
dat	dem Jungen	den Jungen
gen	des Jungen	der Jungen

◆ They include:

der Assistent	*the assistant*
der Franzose	*the Frenchman*
der Held	*the hero*
der Junge	*the boy*
der Kollege	*the colleague*
der Kunde	*the customer*
der Mensch	*the person*
der Nachbar	*the neighbour*
der Präsident	*the president*
der Soldat	*the soldier*
der Student	*the student*

nom Ihr Vater ist **Franzose**. *Her father is French.*

acc Ich sehe **meinen Nachbarn**, Herr Klug, selten. *I rarely see my neighbour, Mr Klug.*

dat Das müssen Sie alles mit **Ihren Kollegen** besprechen. *You must discuss all that with your colleagues.*

gen Hier ist das Grab **des** unbekannten **Soldaten**. *Here is the tomb of the unknown soldier.*

1.6 Mixed nouns

A few masculine nouns and one neuter noun add **-(e)n** like weak nouns, but also add **-s** in the genitive (2.6):

	sing	**pl**
nom	der Name	die Namen
acc	den Namen	die Namen
dat	dem Namen	den Namen
gen	des Namens	der Namen

◆ Others include:

der Buchstabe *letter*   der Friede *peace*
der Gedanke *thought*   der Glaube *belief*
der Wille *will*   das Herz *heart*
                             NB: acc: das Herz

2 Prepositions and cases

2.1 The German case system

In German, four cases – nominative, accusative, dative and genitive – help show how a sentence fits together. You can tell the case by the endings or forms of articles, adjectives, pronouns and weak, mixed and adjectival nouns (see the relevant sections). There are also changes to some regular nouns in the genitive and dative (see below).

2.2 The nominative case

● **2.2.1** The nominative case is used for the subject of a sentence. Often the subject comes first, before the verb and object:

Dieser Mann muss immer Recht haben. ***This man*** *always has to be right.*

Der Junge liebt Computerspiele über alles. ***The boy*** *loves computer games more than anything else.*

But it can come later, and the use of the nominative shows **it is the subject of the sentence**:

Ein großes Haus, viel Geld, tollen Urlaub, jede Menge Freizeit – das alles will **mein Freund** später! *A big house, a lot of money, great holidays and endless leisure time –* ***my boyfriend*** *wants all that later on!*

● **2.2.2** The nominative case is always used after verbs like **sein**, **werden**, **bleiben** and **scheinen**:

Er **ist ein guter Lehrer**. *He is a good teacher.*

Er **wurde ein reicher Unternehmer**. *He became a rich businessman.*

Blieb er immer **ein treuer Ehemann**? *Did he always remain a faithful husband?*

2.3 The accusative case

The accusative case has three main uses.

● **2.3.1** It is used for the object of a sentence:

Kauft er **den Wagen**? *Is he buying **the car**?*

Ich habe **keine Ahnung**! *I have **no idea**!*

Er muss **einen Bewerbungsbrief schreiben**. *He needs to write a letter of application.*

Sie nimmt **keine** Drogen. *She does not take drugs.*

● **2.3.2** It is used after these prepositions:

bis	*until, to, as far as*
durch	*through, by*
entlang	*along* (usually follows the noun; see example)
für	*for*
gegen	*against, towards*
ohne	*without*
um	*round*

Die Jugendlichen joggen **durch den Wald**. *The young people are jogging through the wood.*

Was hast du **gegen diesen Lehrer**? *What have you got against this teacher?*

Er hat keine Zeit **für seinen Stiefsohn**. *He has no time for his stepson.*

Sie laufen gern diese Straße **entlang**. *They like walking along this street.*

● **2.3.3** It is used in certain expressions of time and for length of time:

Ich fahre **jeden Samstag** in die Stadt. *I go into town every Saturday.*

Wo warst du **letzten Monat**? *Where were you last month?*

Er war **eine Woche** in der Schweiz. *He was in Switzerland for a week.*

2.4 The dative case

Add **-n** to all plural nouns in the dative case, unless they already end in **-n** or **-s**.

zwei Jahre	→	nach zwei Jahre**n**
die Brüder	→	mit meinen Brüder**n**
die Klassen	→	die Schüler von zwei Klassen
die Hotels	→	in den Hotels

Grammar

The dative case has two main uses.

- **2.4.1** The dative is used for the indirect object of a sentence, often translated into English as 'to'. Sometimes the 'to' is optional in English.

  Ich gebe **den Kindern** Süßigkeiten. *I give **the children** sweets. I give sweets **to the children.***

  Erklärst du **dem Lehrer** dein Problem? *Are you explaining your problem **to the teacher**?*

  Wem sagen Sie das? ***To whom** are you saying that?*Wir müssen **dem Kind** alles zeigen. *We must show **the child** everything.*

- **2.4.2** The dative is used after these prepositions:

aus	*out of/from*
außer	*except for*
bei	*'at' someone's* (like **chez** in French) (bei + dem → beim)
dank	*thanks to*
gegenüber	*opposite* (follows a pronoun and can follow a noun)
mit	*with*
nach	*after, according to*
seit	*since* (see 6.1.1)
von	*from* (von + dem → vom)
zu	*to* (zu + dem → zum; zu + der → zur)

  Sollen wir uns **nach der Schule** treffen? *Shall we meet after school?*

  Am Samstag steigt eine Fête **bei meiner Freundin** Susanne. *There is going to be a party at my friend Susanne's on Saturday.*

2.5 Dual-case prepositions

Nine prepositions take either the accusative case or the dative, depending on the circumstances. They are:

an	*on* (vertically, e.g. hanging on a wall) *at* (an + dem → am; an + das → ans)
auf	*on*
hinter	*behind*
in	*in* (in + dem → im; in + das → ins)
neben	*near, next to, beside*
über	*over*
unter	*under, below*
vor	*in front of, before*
zwischen	*between*

- **2.5.1** When these prepositions indicate the location of a thing or an action, they are followed by the dative case.

  Er arbeitet **im** Ausland. *He works abroad.*

  Das Poster hängt **an der** Wand. *The poster is hanging on the wall.*

  Wir warten auf euch **vor dem** Kino. *We are waiting for you outside the cinema.*

- **2.5.2** When they indicate the direction of a movement, they are followed by the accusative case.

  Er fährt **ins** Ausland. *He is going abroad.*

  Häng das Poster bitte **an die** Wand. *Please hang the poster on the wall.*

2.6 The genitive case

Masculine and neuter singular nouns add **-s** or **-es** in the genitive case:

der Titel **des** Buch**es** *the title of the book*

die Frau **des** Jahr**es** *the woman of the year*

am Ende **des** Krieg**es** *at the end of the war*

die Filme **des** Jahrhundert**s** *the films of the century*

One-syllable words usually add **-es** and longer words simply add an **-s**.

The genitive case has two main uses.

- **2.6.1** The genitive is used to show possession and is usually translated into English by 'of the' or an apostrophe 's' ('s).

- **2.6.2** The genitive is used after certain prepositions, including:

außerhalb	*outside*	trotz	*in spite of*
innerhalb	*inside*	während	*during*
statt	*instead of*	wegen	*because of*

  Sie sehen sich selten **außerhalb der Schule**. *They seldom meet outside school.*

  Was machst du **während der Pause**? *What are you doing during break?*

  Wegen des schlechten Wetters bleiben wir lieber zu Hause. *We prefer to stay at home because of the bad weather.*

  Trotz seines guten Rufes hat er wenig Erfolg. *In spite of his good reputation he has little success.*

2.7 Nouns in apposition

Sometimes a noun, or more usually a name, is followed immediately by a second noun referring to the same person or thing. The second noun is 'in apposition', and is in the same case as the first one.

Das ist Herr Schulz, **mein Englischlehrer**. *That is Herr Schulz, my English teacher.*

> **Kennst du meinen Nachbarn, den berühmten Küchenkoch?** *Do you know my neighbour, the famous chef?*

Wir sprachen mit Frau Sauer, **der Lehrerin** meines Freundes. *We talked to Frau Sauer, my friend's teacher.*

Das Auto gehört Herrn Neumann, **unserem Hausmeister**. *The car belongs to Mr Neumann, our caretaker.*

3 Adjectives and adverbs

3.1 Possessive adjectives

Possessive adjectives are the words for 'my', 'your', 'his', etc.

ich	mein	*my*
du	dein	*your*
er	sein	*his/its*
sie	ihr	*her/its*
es	sein	*its*
man◆	sein	*one's (etc.)*
wir	unser	*our*
ihr	euer	*your*
sie	ihr	*their*
Sie	Ihr	*your*

◆ and other indefinite pronouns (see 4.6)

Possessive adjectives take the same endings as **kein**:

	masc	**fem**	**neu**	**pl**
nom	mein	meine	mein	meine
acc	meinen	meine	mein	meine
dat	meinem	meiner	meinem	meinen
gen	meines	meiner	meines	meiner

Ist das **seine** Mutter? *Is that his mother?*

Gib mir bitte **deinen** Kuli. *Give me your pen, please.*

Was macht sie mit **ihrem** Geld? *What does she do with her money?*

Das ist der Wagen **meines** Onkels. *That is my uncle's car.*

Sie haben nichts von **ihren** Kindern gehört. *They have heard nothing from their children.*

3.2 Demonstrative and interrogative adjectives

Demonstrative adjectives include:

dieser	*this*
jener	*that*
jeder	*each, every*

There is one interrogative adjective, used for asking questions:

welcher	*which*

All four words follow the same pattern as the definite article.

	masc	**fem**	**neu**	**pl**
nom	dieser	diese	dieses	diese
acc	diesen	diese	dieses	diese
dat	diesem	dieser	diesem	diesen
gen	dieses	dieser	dieses	dieser

Diese Stofftasche ist so praktisch! *This cloth bag is so practical!*

Tu das Grünglas in **jenen** Container. *Put the green glass in **that** container.*

Welcher Gemeinde gehört es? *Which local authority does it belong to?*

Die Rolle **dieser** Organisationen ist sehr wichtig. *The role of these organisations is very important.*

3.3 Adjective endings

● **3.3.1** Adjectives not in front of a noun do not add any endings:

Sie sind **konservativ**. *They are conservative.*

Ich möchte **reich und berühmt** sein. *I'd like to be rich and famous.*

Grammar

● **3.3.2** When an adjective is used before a noun it has particular endings. These depend on the word before the adjective, and on the gender, case and number of the noun.

There are three sets of adjective endings to learn:

Table A

Adjective endings after the definite article, **alle, dieser, jeder, jener, welcher:**

	masc	fem	neut	pl
nom	e	e	e	en
acc	en	e	e	en
dat	en	en	en	en
gen	en	en	en	en

Ich sprach mit dem jung**en** Mann. *I spoke to the young man.*

Table B

Adjective endings after the indefinite article, **kein** and the possessive adjectives.

	masc	fem	neut	pl
nom	er	e	es	en
acc	en	e	es	en
dat	en	en	en	en
gen	en	en	en	en

Sie ist ein nett**er** Mensch! *She is a nice person!*

Table C

Adjectives used without an article or other defining word, e.g. after a number:

	masc	fem	neut	pl
nom	er	e	es	e
acc	en	e	es	e
dat	em	er	em	en
gen	en	er	en	er

Er mag deutsch**en** Wein. *He likes German wine.*

3.4 Adverbs

Adverbs tell you **how** something is done – well, efficiently, badly, etc. In English they usually end in '-ly', although there are exceptions such as 'well' and 'fast'.

● **3.4.1** In German any adjective can be used as an adverb. No alteration is needed:

langsam *slow* → Er fuhr **langsam**. *He drove slowly.*

glücklich *happy* → „Ach, ja", sagte sie **glücklich**. *'Ah yes,' she said happily.*

● **3.4.2** There are also adverbs of place, telling you where something happens:

hier	*here*	oben	*up there*
dort	*there*	unten	*down there*

● **3.4.3** Adverbs of time tell you when something happens:

häufig/oft	*often*	selten	*seldom*
regelmäßig	*regularly*	sofort	*at once*
nie	*never*		

● **3.4.4** There are also adverbial phrases such as:

in Eile	*quickly*
ohne Hast	*without haste*

3.5 Adjectives in comparisons

Comparatives are used to compare two things to say that, for example, something is bigger, *more* expensive or *better* quality than something else.

Superlatives are used to compare three or more things to say which is, for example, the bigg*est*, *most* expensive or *the best* quality.

● **3.5.1** To form the comparative of any regular adjective, add **-er** and the appropriate adjectival ending.

lecker *tasty* → lecker**er** (als) *tastier (than)*

Fertiggerichte sind lecker, aber Biokost ist lecker**er**. *Ready meals are tasty, but organic food is tastier.*

Haben Sie einen klein**eren** Pullover? *Have you got a smaller jumper?*

To compare two things, use **als** in German for English 'than'.

Normales Gemüse ist **billiger als** Biogemüse. *Ordinary vegetables are cheaper than organic vegetables.*

3.5.2 To form the superlative of an adjective, add **-(e)st** followed by the normal adjective endings.

billig *cheap* → **das** billig**ste** *the cheapest (singular, referring to a neuter noun)*

schnell *quick* → **die** schnell**sten** Autos *the quickest cars (plural)*

3.5.3 A number of adjectives add an umlaut when forming the comparative and superlative:

adjective	comparative	superlative
lang	l**ä**nger	am l**ä**ngsten
warm	w**ä**rmer	am w**ä**rmsten
groß	gr**ö**ßer	am gr**ö**ßten
gesund	ges**ü**nder	am ges**ü**ndesten

3.5.4 Some comparative and superlative forms are irregular:

adjective	comparative	superlative
gut	besser	am besten
hoch	höher	am höchsten
nah	näher	am nächsten

3.5.5 To say 'just as ... as', use **(genau)so ... wie** or **ebenso ... wie** (do not use comparative forms here)

Bananen sind **genauso gesund wie** Orangen. *Bananas are just as healthy as oranges.*

To say 'not as ... as', use **nicht so ... wie**

Hamburger sind **nicht so gesund wie** Hähnchen. *Hamburgers are not as healthy as chicken.*

3.6 Adverbs in comparisons

3.6.1 The comparative and superlative forms of adverbs follow a very similar pattern to those of adjectives:

schnell	schnell**er**	**am** schnell**sten**
quickly	*more quickly*	*most quickly*
einfach	einfach**er**	**am** einfach**sten**
easily	*more easily*	*most easily*

Ich fahre **schneller** als meine Schwester, aber unsere Mutter fährt **am schnellsten**. *I drive faster than my sister but our mother drives the fastest.*

3.6.2 Irregular forms include:

adverb	comparative	superlative
gern	lieber	am liebsten
gut	besser	am besten
viel	mehr	am meisten
bald	eher	am ehesten

Meine Lieblingslehrerin erklärt den Stoff **besser als** alle anderen! *My favourite teacher explains the work better than all the others!*

Was machst du **am liebsten**? *What do you most like to do?*

4 Pronouns

4.1 Modes of address

4.1.1 Use **du** for people you know very well, your friends, other students and young people in general:

Kommst **du** heute Abend mit ins Kino? *Will you come to the cinema with me tonight?*

Was hältst **du** von diesem Vorschlag? *What do you think of this suggestion?*

4.1.2 Use **ihr** to address two or more people you know very well, e.g. your penfriend and his/her family:

Es ist nett von euch, dass **ihr** mich vom Flughafen abholt. *It is nice of you to pick me up from the airport.*

4.1.3 Use **Sie** to address one or more people older than yourself and people in authority, such as your teacher or your boss:

Könnten **Sie** mir bitte erklären, was an diesem Ausdruck falsch ist? *Could you please explain to me what is wrong with this expression?*

Grammar

4.2 Personal pronouns

The personal pronouns alter according to case.

	nom	**acc**	**dat**
I	ich	mich	mir
you (familiar – sing.)	du	dich	dir
he/it	er	ihn	ihm
she/it	sie	sie	ihr
it	es	es	ihm
we	wir	uns	uns
you (familiar – plural)	ihr	euch	euch
they	sie	sie	ihnen
you (polite)	Sie	Sie	Ihnen

nom/acc	Holst **du mich** bitte ab? *Will **you** pick **me** up?*
nom/dat	**Ich** schicke **ihr** jede Woche eine E-Mail. *I send **her** an e-mail every week.*
nom	Wo sind **sie**? *Where are **they**?* Wo sind **Sie**? *Where are **you**?*
nom/dat	**Ich** gebe es **euch** später. *I'll give it **to you** later.*

4.3 Reflexive pronouns

Reflexive pronouns are used with reflexive verbs (see 5.2) and to mean 'myself', 'yourself', 'himself' and so on. They are used in the accusative and the dative cases.

	acc	**dat**
ich	mich	mir
du	dich	dir
er/sie/es/man ◆	sich	sich
wir	uns	uns
ihr	euch	euch
sie	sich	sich
Sie	sich	sich

◆ and other indefinite pronouns (see 4.6)

Sie waschen **sich**. *They are getting washed.*

Ich muss **mir** bald die Haare waschen. *I must wash my hair soon.*

4.4 Relative pronouns

Relative pronouns mean 'who' or 'which/that' and are used to join simple sentences together:

This computer is the latest model. It is available at your dealer's. → *This computer, which is available at your dealer's, is the latest model.*

The German equivalent is:

Dieser Computer ist das neueste Modell. Er ist beim Fachhändler erhältlich. →Der Computer, der beim Fachhändler erhältlich ist, ist das neueste Modell.

- **4.4.1** There are relative pronouns for each gender and case.

	masc	**fem**	**neut**	**pl**
nom	der	die	das	die
acc	den	die	das	die
dat	dem	der	dem	denen
gen	dessen	deren	dessen	deren

The relative pronoun:

- ◆ agrees in number and gender with the noun to which it refers
- ◆ takes its case from its role within the relative clause
- ◆ must have a comma before it
- ◆ sends the verb to the end of the clause (8.5.1).

In a sentence beginning 'the man who ...', the relative pronoun must be masculine singular because it refers back to 'man'. But it could be in any of the four cases, depending on its role within its own clause:

Die Deutschen, **die** ihre Ferien im Inland verbringen, fahren gern an die Ostsee. *(nom. pl.) The Germans who spend their holidays in Germany, like going to the Baltic.*

Ich fahre am liebsten mit einem Freund weg, **den** ich schon gut kenne. *(masc. sg. acc.) I prefer to go away with a friend whom I know really well.*

Die Familie, mit **der** wir oft wegfahren, kennen wir schon lange. *(fem. sg. dat. after preposition) We have known the family we often go away with for a long time.*

Die Touristen, **deren** Auto gestern eine Panne hatte, wohnen in diesem Hotel. *(gen. pl.) The tourists whose car broke down yesterday, are staying in this hotel.*

- **4.4.2** The relative pronoun can be missed out in English, but not in German.

Das Haus, **das** wir gekauft hatten, war nicht groß genug. Either: *The house we had bought was not big enough.* Or: *The house **which** we had bought was not big enough.*

4.4.3 After **alles, viel, manches, nichts, allerlei** and superlatives, the relative pronoun **was** is used instead of **das**.

Er hat **alles** aufgegessen, **was** er auf dem Teller hatte. *He ate everything he had on his plate.*

Es gibt **nichts, was** ich lieber mag als faulenzen. *There is nothing I like better than lazing around.*

Der Skiurlaub war **das Beste, was** er je erlebt hatte. *The skiing holiday was the best he had ever experienced.*

4.4.4 If the relative pronoun refers to the whole of the other clause, **was** is used again:

Die meisten Deutschen fahren nach Spanien, **was** mich überhaupt nicht überrascht. *Most Germans go to Spain, which doesn't surprise me at all.*

4.4.5 For some other kinds of relative clause, see 8.5.

4.5 Possessive pronouns

Possessive adjectives (3.1) can be used as pronouns, i.e. without a noun. The forms are the same as for possessive adjectives, except that the masculine ends in **-er** in the nominative, and the nominative and accusative neuter end in **-es** (simple 's' can be added colloquially).

A possessive pronoun takes its gender from the noun to which it refers and its case from the part which it plays in the clause or sentence.

Dein Vater ist älter als **meiner**. *Your father is older than mine.*

Ich mag euer Haus lieber als **unseres**! *I like your house better than ours!*

4.6 Indefinite pronouns

Indefinite pronouns stand in place of nouns, but refer to something that is not definite (e.g. 'someone', 'no one').

jemand	someone
niemand	no one
einer	one
keiner	no one
jeder	each, everyone

4.6.1 **Jemand** and **niemand** add **-en** in the accusative and **-em** in the dative, while the other three decline like **dieser** (3.2).

Ich kenne **niemanden** hier. *I don't know anyone here.*

Es gibt für **jeden** etwas. *There is something for everyone.*

4.6.2 The indefinite pronoun **man** (one) is widely used, but mostly only in the nominative.

Man kann hier experimentelles Theater sehen. *You can see experimental theatre here.*

4.6.3 There are two more indefinite pronouns which are indeclinable, that is, they do not change whatever case they are used in. They are:

| etwas | something |
| nichts | nothing |

Etwas muss geschehen! *Something must happen!*
Er weiß **nichts**! *He knows nothing!*

4.7 Interrogative pronouns

4.7.1 The interrogative pronoun **wer** (who) declines like this:

nom	wer
acc	wen
dat	wem
gen	wessen

Wer war dabei? *Who was there?*

Wen kennst du hier? *Who(m) do you know here?*

Von **wem** hat er das Geld ? *From whom does he have the money?/Who does he get the money from?*

Wessen Handschrift ist das? *Whose handwriting is that?*

4.7.2 These pronouns refer to people. When referring to things, use:

nom	was
acc	was or wo-/wor- + preposition, e.g. wodurch, woran
dat	wo-/wor- + preposition, e.g. womit, worauf
gen	wessen

Grammar

Was ist dir wichtig? *What is important to you?*

Was hast du gesehen? *What did you see?*

Worüber denkst du nach? *What are you thinking about?*

Womit zahlst du? *What are you paying with?*

Wovon träumst du? *What are you dreaming of?*

5 Verbs - The basics

5.1 Weak, strong, mixed and auxiliary verbs

● **5.1.1** Weak verbs are regular and all tenses can be formed from the infinitive.

infinitive:	**mach**en
present tense:	ich **mach**e
imperfect tense:	ich **mach**te
perfect tense:	ich habe ge**mach**t

● **5.1.2** Strong verbs are irregular. They often have a vowel change in the different tenses, and they use different endings to weak verbs in the imperfect tense and the past participle.

infinitive:	**trink**en
present tense:	ich **trink**e
imperfect tense:	ich **trank**
perfect tense:	ich habe ge**trunk**en

● **5.1.3** Mixed verbs have a vowel change in some tenses and take endings of the weak verbs to form tenses.

infinitive:	**denk**en
present tense:	ich **denk**e
imperfect tense:	ich **dach**te
perfect tense	ich habe ge**dach**t

● **5.1.4** The auxiliary verbs **haben**, **sein** and **werden** can be used in their own right or to help form tenses. Their forms are listed under all the tenses below.

5.2 Reflexive verbs

Reflexive verbs are verbs used with the reflexive pronouns (4.3).
Many verbs are reflexive in German which are not in English, e.g.

sich waschen *to have a wash*

sich die Zähne putzen *to clean one's teeth*

Many are to do with actions done to the subject of the sentence, but this need not be the case, e.g.

sich etwas überlegen *to consider something*

sich weigern *to refuse*

Reflexive verbs normally take the accusative reflexive pronoun, but use the dative pronoun if there is another direct object in the sentence:

accusative:	ich wasche **mich**
dative:	ich bürste **mir** die Haare

5.3 Impersonal verbs and verbs with a dative object

● **5.3.1** Some verbs are often used with **es** as a kind of indefinite subject, and are known as impersonal verbs.

Gefällt es dir hier? *Do you like it here?*

Es gibt ... *There is/are ...*

Es kommt darauf an, ob ... *It depends whether ...*

Es geht ihm gut. *He is well.*

Es geht ihr schlecht. *She is not well.*

Hat es geschmeckt? *Did you enjoy it (the food)?*

Es tut mir leid. *I am sorry.*

Mir ist kalt. *I'm cold.*

Es gelingt ihm, ... zu + *infinitive He succeeds in ...ing ....*

● **5.3.2** Many idiomatic verbs, including some impersonal expressions, take a dative object (see 4.2) rather than an accusative one. Sometimes that object would be the subject in the equivalent English expression, so take care with translation.

Er fehlt mir sehr. *I really miss him.*

Das Bein tut mir weh. *My leg hurts.*

Das Kleid steht Ihnen gut. *The dress suits you.*

Die Hose passt ihm nicht. *The trousers don't fit him.*

Das Buch gehört der Schule. *The book belongs to the school.*

Das Bild gefällt ihm. *He likes the picture.*

5.4 Separable and inseparable verbs

● **5.4.1** A few prefixes in German are always inseparable and cannot be split up from the verb. These are:

be-   ent-   ge-   ver-
emp-   er-   miss-   zer-

The stress in these verbs is on the second syllable.

Meine Freundin und ich **be**halten Geheimnisse für uns. *My friend and I keep secrets to ourselves.*

Die Klasse **ent**scheidet selbst, welche wohltätige Organisation sie unterstützen will. *The class decide themselves what charity they want to support.*

Sie hat uns früher immer vom Krieg **er**zählt. *She always used to tell us about the war.*

Das Fernsehen **zer**stört meiner Meinung nach das Familienleben. *In my opinion, television destroys family life.*

● **5.4.2** Most other prefixes are separable and go to the end of the clause. In the infinitive the prefix is stressed.

auf   **auf**/stehen

In den Ferien stehen wir nie vor zehn Uhr **auf**. *During the holidays, we never get up before 10 o'clock.*

statt   **statt**/finden

Wo findet die nächste Fußballweltmeisterschaft **statt**? *Where will the next football world championship take place?*

vor   **vor**/haben

Habt ihr heute Abend etwas Besonderes **vor**? *Are you planning anything special for tonight?*

● **5.4.3** A few prefixes are separable in some verbs and not in others. Learn each verb separately.

durch   um   unter   wider
über   voll   wieder

Die Polizei **durch**sucht das Zimmer. *The police are searching the room.*

Meine Eltern sprechen ihre Probleme **durch**. *My parents are talking over their problems.*

5.5 Modal verbs

There are six modal verbs in German. They usually go with the infinitive of another verb, which goes to the end of the sentence.

dürfen *to be allowed to*   **müssen** *to have to*
können *to be able to*   **sollen** *to be supposed to*
mögen *to like*   **wollen** *to want to*

Note:
ich **muss** nicht *I don't need to*
ich **darf** nicht *I must not*

Jeder volljährige Deutsche **muss** zur Musterung. *Every adult German man has to have an army medical.*

Mädchen können Zivildienst leisten, wenn sie das **wollen.** *Girls may do community service if they wish.*

Man **darf** dabei **nicht** vergessen, dass die jungen Deutschen dadurch ein Jahr verlieren können. *One **must not** forget here that young Germans may lose a year by doing this.*

Man **muss nicht** unbedingt Dienst mit der Waffe leisten, ein Sozialjahr geht auch. *You **do not have to** do armed service, a year's community service is also allowed.*

6 The main tenses

6.1 The present tense

The present tense is used for actions happening in the present, or happening regularly now, or in the future (6.5).

Grammar

6.1.1 It is also frequently used for an action or state which started in the past and is still carrying on now. This is especially the case with an expression describing length of time with **seit** (2.4.2) or **lang**, and can happen in clauses with **seit(dem)** (8.4.2). Notice that this is different to English usage.

Er **wohnt seit** drei Jahren in Norddeutschland. *He **has lived** in Northern Germany for three years.*

Seine Großeltern **leben** schon **jahrelang** in Österreich. *His grandparents **have lived** in Austria for years.*

Seitdem er beim Bund **ist, sieht** er die Welt mit anderen Augen. *Since he **has been** in the army he **has seen** the world differently.*

6.1.2 Most verbs of all groups have the same endings in the present tense.

schreiben *to write*

ich schreib**e**	wir schreib**en**
du schreib**st**	ihr schreib**t**
er/sie schreib**t**	sie/Sie schreib**en**

6.1.3 With many strong verbs, the main vowel changes in the **du** and the **er/sie** forms: **a → ä, e → i** or **ie**:

fahren *to travel*	ich fahre, du f**ä**hrst, er/sie f**ä**hrt
essen *to eat*	ich esse, du **i**sst, er/sie **i**sst
lesen *to read*	ich lese, du l**ie**st, er/sie l**ie**st

6.1.4 The verb **wissen** (to know) is a special case:

ich weiß	wir wissen
du weißt	ihr wisst
er/sie weiß	sie/Sie wissen

6.1.5 Auxiliary verbs form their present tense like this:

sein	haben	werden
ich bin	ich habe	ich werde
du bist	du hast	du wirst
er/sie ist	er/sie hat	er/sie wird
wir sind	wir haben	wir werden
ihr seid	ihr habt	ihr werdet
sie/Sie sind	sie/Sie haben	sie/Sie werden

6.1.6 **Modal verbs** form their present tense as follows:

dürfen	können	mögen
ich darf	ich kann	ich mag
du darfst	du kannst	du magst
er/sie darf	er/sie kann	er/sie mag
wir dürfen	wir können	wir mögen
ihr dürft	ihr könnt	ihr mögt
sie/Sie dürfen	sie/Sie können	sie/Sie mögen

müssen	sollen	wollen
ich muss	ich soll	ich will
du musst	du sollst	du willst
er/sie muss	er/sie soll	er/sie will
wir müssen	wir sollen	wir wollen
ihr müsst	ihr sollt	ihr wollt
sie/Sie müssen	sie/Sie sollen	sie/Sie wollen

6.2   The perfect tense

The perfect tense is used in speech and in colloquial passages. It can be translated into English with either the simple past (*I did*) or the perfect (*I have done*).

6.2.1 Most verbs, including reflexives, form their perfect tense with the present tense of the auxiliary verb **haben** and a past participle – **haben** takes the normal position of the verb, and the past participle goes to the end of the sentence.

◆ For weak or regular verbs, the past participle is formed from the usual verb stem with the prefix **ge-** and the ending **-t** (**gemach*t*, gekauf*t***). For mixed verbs and modal verbs (see 6.2.3), the stem is often different and has to be learnt, but the prefix and ending are the same as described above (**bringen** – **gebrach*t*, denken** – **gedach*t***).

◆ The past participles of strong verbs often have a changed stem and take the **ge-** prefix and an **-en** ending (**gegess*en*, gesung*en*, getrunk*en***).

◆ The past participles of the auxiliaries are:

sein:	gewesen
haben:	gehabt
werden:	geworden

◆ Verbs with *separable prefixes* insert **-ge-** after the prefix (**eingekauft**, **aufgeschrieben**, **nachgedacht**) and verbs with *inseparable prefixes* do not use **ge-** at all (**bekommen**, **erreicht**, **missverstanden**, **verbracht**).

Meine Oma **hat** nie alleine **gewohnt**. *My grandmother has never lived alone.*

Jugendliche **haben** damals vor der Ehe nicht **zusammengelebt**. *In those days young people did not live together before marriage.*

Opa **hat** seit seiner Jugend sein eigenes Geld **verdient**. *Grandpa has earned his own money since his youth.*

● **6.2.2** Certain verbs with no object use the auxiliary verb **sein** to form the perfect tense. These are:

◆ Verbs expressing motion:

gehen:	ich **bin** gegangen	*I went*
fahren:	ich **bin** gefahren	*I travelled*
aufstehen:	ich **bin** aufgestanden	*I got up*

◆ Verbs expressing a change in state or condition:

aufwachen:	ich **bin** aufgewacht	*I woke up*
werden:	ich **bin** geworden	*I became*
wachsen:	ich **bin** gewachsen	*I grew*
einschlafen:	ich **bin** eingeschlafen	*I fell asleep*

◆ The following verbs:

bleiben	ich **bin** geblieben	*I stayed*
sein	ich **bin** gewesen	*I was/I have been*

● **6.2.3** Modal verbs have these past participles:

dürfen:	gedurft	müssen:	gemusst
können:	gekonnt	sollen:	gesollt
mögen:	gemocht	wollen:	gewollt

Er hat zum Militär **gemusst**. *He had to do his military service.*

However, when modal verbs are used with another verb in the infinitive, the perfect tense is formed with the infinitive of the modal verb rather than the past participle.

Er hat sich bei den Behörden vorstellen **müssen**. *He had to present himself to the authorities.*

● **6.2.4** Certain other verbs behave like modal verbs **and** use the infinitive in the perfect tense if there is already another infinitive in the sentence. These are: verbs of perception (**sehen**, **hören**) and **lassen**.

Er hat seine Freunde **feiern hören**. *He heard his friends celebrating.*

Ich habe das Unglück **kommen sehen**. *I saw the disaster coming.*

Meine Eltern haben mich nicht allein **ausgehen lassen**. *My parents did not let me go out by myself.*

Sie hat ihr Auto schließlich **reparieren lassen**. *She finally had her car repaired.*

6.3 The imperfect tense

The imperfect tense tends to be used more in writing for narrative, reports and accounts. With certain verbs the imperfect tense is more commonly used than the perfect tense, even in speech, e.g. **sein – ich war**, **haben – ich hatte**, **wollen – ich wollte**.

● **6.3.1** Regular or weak verbs form their imperfect tense by adding the following endings to the stem of the verb (the infinitive minus **-en** ending):

ich	-te	wir	-ten
du	-test	ihr	-tet
er/sie	-te	sie/Sie	-ten

telefonieren	**abholen**	**arbeiten**
to phone	*to collect*	*to work*
ich telefonier**te**	ich hol**te** ab	ich arbeit**ete**
du telefonier**test**	du hol**test** ab	du arbeit**etest**
er/sie telefonier**te**	er/sie hol**te** ab	er/sie arbeit**ete**
wir telefonier**ten**	wir hol**ten** ab	wir arbeit**eten**
ihr telefonier**tet**	ihr hol**tet** ab	ihr arbeit**etet**
sie/Sie telefonier**ten**	sie/Sie hol**ten** ab	Sie/sie arbeit**eten**
I telephoned	*I collected*	*I worked*

If the stem of the verb ends in **-t** (**arbeit-**) or several consonants (**trockn-**), an extra **-e** is added: **arbeitete**, **trocknete**.

Grammar

● **6.3.2** Strong verbs change their stem in order to form this tense. Each has to be learnt separately. The following endings are then added to this imperfect stem:

ich	(*no ending*)	wir	-en
du	-st	ihr	-t
er/sie	(*no ending*)	sie/Sie	-en

gehen	**trinken**	**lesen**
to go	*to drink*	*to read*
ich ging	ich trank	ich las
du gingst	du trankst	du last
er/sie ging	er/sie trank	er/sie las
wir gingen	wir tranken	wir lasen
ihr gingt	ihr trankt	ihr last
sie/Sie gingen	sie/Sie tranken	sie/Sie lasen
I went	*I drank*	*I read*

● **6.3.3** Mixed verbs change their stem, like strong verbs, but add the same endings as weak verbs.

bringen:	ich brachte
nennen:	ich nannte
denken:	ich dachte

● **6.3.4** Modal verbs also add the same endings as weak verbs, but mostly change their stem:

dürfen:	ich durfte	müssen:	ich musste
können:	ich konnte	sollen:	ich sollte
mögen:	ich mochte	wollen:	ich wollte

● **6.3.5** The imperfect tense of the auxiliaries is:

sein	**haben**	**werden**
ich war	ich hatte	ich wurde
du warst	du hattest	du wurdest
er/sie war	er/sie hatte	er/sie wurde
wir waren	wir hatten	wir wurden
ihr wart	ihr hattet	ihr wurdet
sie/Sie waren	sie/Sie hatten	sie/Sie wurden

6.4 The pluperfect tense

The pluperfect tense is used, just as in English, to express that something *had* happened before something else. It is often used in **nachdem** clauses. It is formed from the past participle of the verb and the auxiliaries **haben** or **sein** in the imperfect tense.

sprechen *to speak*
ich **hatte** gesprochen *I had spoken*

fahren *to travel*
ich **war** gefahren *I had travelled* etc.

Nachdem sie sich so lange auf das Abitur vorbereitet hatten, konnten sie sich endlich entspannen. *After they had revised so hard for their A levels, they could at last relax.*

Man zeigte ihnen ihre Unterkunft, kurz **nachdem** sie im Studentenwohnheim **angekommen waren**. *They were shown their accommodation shortly after they **had arrived** at the Halls of Residence.*

6.5 The future tense

● **6.5.1** The present tense is often used to describe future events, especially if there is an expression of time that clearly indicates the future meaning.

Meine Schwester **bekommt nächsten Monat** ein Baby. *My sister is expecting a baby next month.*

Use the future tense to be more precise or to give particular emphasis to the future aspect of a statement.

● **6.5.2** The future tense is formed from the present tense of **werden** (6.1.5), followed by the infinitive, which goes to the end of the sentence.

Ich **werde** mich bei sechs verschiedenen Universitäten **bewerben**. *I shall apply to six different universities.*

7 Verbs – some extras

7.1 The conditional tense

The conditional tense is used to say what would happen in certain circumstances in conditional sentences (7.2). The imperfect subjunctive (7.3) is often used as an alternative, especially for modal and auxiliary verbs.

The conditional consists of a form of **werden** (actually the imperfect subjunctive – see 7.3) followed by an infinitive.

Ein Alkoholverbot bei Fußballspielen **würde** viele Probleme **lösen**. *A ban on alcohol during football matches would solve many problems.*

Wir **würden** mehr Zeit mit der Familie **verbringen**. *We would spend more time with our families.*

7.2 Conditional sentences

Conditional sentences say what would happen under certain circumstances. They include clauses with **wenn** (= 'if'). In German two different verb forms can be used in conditional sentences, the conditional and the imperfect subjunctive.

Either the conditional tense or the imperfect subjunctive must be used in *both* parts of a conditional sentence in German (unlike in English).

Wenn Eltern ein bisschen konsequenter **wären, würden** Kinder nicht tagtäglich stundenlang vor dem Fernseher **hocken**. *If parents **were** a little more consistent, children **would** not **sit** in front of the TV for hours, day in day out.*
Wenn sie ein bisschen mehr Zeit für ihre Sprösslinge **hätten, würde** das einen positiven Einfluss auf das Familienleben **ausüben**. *If they **had** a little more time for their offspring, it **would have** a positive influence on family life.*

There are also conditional sentences with the conditional perfect tense (7.4).

7.3 The imperfect subjunctive

The imperfect subjunctive is used as an alternative to the conditional tense in conditional sentences. This occurs most commonly with modal and auxiliary verbs. It is also used in indirect speech (7.6).

● **7.3.1** The imperfect subjunctive of modal verbs is like the imperfect indicative except that the main vowel usually takes an umlaut:

dürfen:	ich **dürfte**	*I would be allowed to, I might*
können:	ich **könnte**	*I would be able to, I could*
mögen:	ich **möchte**	*I would like to*
müssen:	ich **müsste**	*I would have to*
sollen:	ich **sollte**	*I should*
wollen:	ich **wollte**	*I would want to*

● **7.3.2** The imperfect subjunctive of auxiliaries is also based on the imperfect indicative with the addition of umlauts and, for **sein**, the same endings as the other two verbs.

	sein	**haben**	**werden**
ich	wäre	hätte	würde
du	wärest	hättest	würdest
er/sie	wäre	hätte	würde
wir	wären	hätten	würden
ihr	wäret	hättet	würdet
sie/Sie	wären	hätten	würden

● **7.3.3** The imperfect subjunctive of weak or regular verbs is the same as the imperfect indicative, i.e. the ordinary imperfect tense of the verb:

arbeiten:	ich **arbeitete**	*I worked, I would work*
abholen:	ich **holte ab**	*I fetched, I would fetch*

● **7.3.4** The imperfect subjunctive of strong or irregular verbs is formed from the same stem as the imperfect indicative, but with similar endings to the weak verbs. The main vowel also takes an umlaut if possible.

gehen *to go*	**fahren** *to travel*	**kommen** *to come*
ich ging**e**	ich führ**e**	ich käm**e**
du ging**est**	du führ**est**	du käm**est**
er/sie ging**e**	er/sie führ**e**	er/sie käm**e**
wir ging**en**	wir führ**en**	wir käm**en**
ihr ging**et**	ihr führ**et**	ihr käm**et**
sie ging**en**	sie führ**en**	sie käm**en**
Sie ging**en**	Sie führ**en**	Sie käm**en**
I would go *etc.*	*I would travel* *etc.*	*I would come* *etc.*

Grammar

7.3.5 The imperfect subjunctive of mixed verbs is also based on the normal imperfect, with some changes to the main vowel, e.g.:

bringen:	ich **brächte**	*I would bring*
denken:	ich **dächte**	*I would think*
wissen:	ich **wüsste**	*I would know*

7.4 The conditional perfect

The conditional perfect (or pluperfect subjunctive) is used in conditional sentences (7.2) and indirect speech (7.6).

7.4.1 The starting point for this verb form is the pluperfect tense (6.4). The auxiliary *haben* or *sein* is in the imperfect subjunctive (7.3).

Pluperfect:

ich **hatte** gemacht   *I had done*

ich **war** gefahren   *I had travelled*

Conditional perfect/pluperfect subjunctive:

ich **hätte** gemacht   *I would have done*

ich **wäre** gefahren   *I would have travelled*

7.4.2 The conditional perfect is used in **wenn** clauses referring to conditions that could have happened but didn't. Again, as in 7.2, the conditional form has to be used in both parts of the sentence.

Wenn wir mit dem Zug **gefahren wären, hätten** wir schneller unser Reiseziel **erreicht**. *If we had taken the train, we would have reached our destination faster.*

Hätte er nicht im Internet **gebucht,** so **hätte** er niemals so billige Flugtickets **bekommen.** *If he had not booked on the web, he would never have got such cheap flights.*

7.5 The future perfect tense

The future perfect is often used to express an assumption that something will have been done by a certain time. It is formed from the present tense of **werden** with the perfect infinitive (i.e. **haben/sein** + past participle). Note that at AS level, you only need to recognize the future perfect, not use it yourself.

Bald **werdet** ihr euch an die relative Freiheit in der Oberstufe **gewöhnt haben.** *Soon, you will have got used to the relative freedom of the Sixth Form.*

In ein paar Jahren **wird** man Videorekorder ganz vergessen haben. *In a few years' time, one will have quite forgotten about video recorders.*

7.6 The subjunctive in indirect speech

The subjunctive in German is also used when changing direct into reported speech. For this, the present and the perfect subjunctive are the most useful.

Note that at AS level, you only need to recognize the subjunctive in indirect speech, not use it yourself.

7.6.1 The present subjunctive is used to report direct speech that was in the present tense. It is formed by adding the endings as shown to the stem of the verb. The only exception is **sein.**

	machen	fahren	nehmen	haben	sein
ich	mach**e**	fahr**e**	nehm**e**	hab**e**	**sei**
du	mach**est**	fahr**est**	nehm**est**	hab**est**	**seiest**
er/sie	mach**e**	fahr**e**	nehm**e**	hab**e**	**sei**
wir	mach**en**	fahr**en**	nehm**en**	hab**en**	**seien**
ihr	mach**et**	fahr**et**	nehm**et**	hab**et**	**seiet**
sie/Sie	mach**en**	fahr**en**	nehm**en**	hab**en**	**seien**

Where these forms are the same as the indicative forms (i.e. normal present tense), the imperfect subjunctive (7.3) has to be used to ensure that the message is understood as reported speech.

In der Zeitung steht, das Verhör **finde** am folgenden Tag **statt**. (*present subjunctive*) *It said in the paper that the hearing was taking place the following day.*

Der Reporter meinte, den Sicherheitsbehörden **ständen** schwere Zeiten **bevor**. (*imperfect subjunctive because present subjunctive would be* stehen) *The reporter felt that the security services were facing difficult times.*

7.6.2 The perfect subjunctive is used to report direct speech that was in a past tense. It consists of the present subjunctive of **haben** or **sein** (7.6.1) and the past participle.

machen: ich habe gemacht   **gehen: ich sei gegangen**

If there is ambiguity (i.e. in the plural and **ich** forms of **haben**), the conditional perfect or pluperfect subjunctive (7.4) is used.

Man berichtete, ein Seebeben **habe** dem Tourismus auf der Insel wesentlich **geschadet**. (*perfect subjunctive*) *According to a report, the tsunami had adversely affected tourism on the island.*

In der Zeitung stand, die Deutschen **hätten** diesmal lieber im eigenen Land **Urlaub gemacht**, um die Umwelt zu schützen. (*pluperfect subjunctive*) *The newspaper said that the Germans had preferred holidaying at home this year to protect the environment.*

● **7.6.3** Reported speech is often introduced by *dass* (see 8.4.2 for word order). If *dass* is not used, normal main clause word order is maintained (8.1).

7.7 The passive voice

The passive is used when the subject of the sentence is not carrying out an action, but is on the receiving end of it. The 'doer' of the action is not emphasized and sometimes not even mentioned. Note that at AS level, you only need to recognize these forms, not use them yourself.

● **7.7.1** To form the passive, use the appropriate tense of **werden**, with the past participle, which goes to the end of the sentence.

Present:	ich **werde untersucht**	I am being examined
Imperfect:	er **wurde unterstützt**	he was supported
Perfect:	sie **ist gefragt worden**	she has been asked
Pluperfect:	ich **war gefahren worden**	I had been driven
Future:	wir **werden gesehen werden**	we shall be seen

In the perfect and pluperfect tense, **worden** is used instead of the usual past participle **geworden**.

● **7.7.2** When used in a passive sentence the English word 'by' can have three different translations in German.

von (person or agent):

Die Kinder wurden **von** der Großmutter betreut. *The children were taken care of by the grandmother.*

durch (inanimate):

Nur **durch** intensive Gespräche wurden die Probleme gelöst. *The problems were solved only through intensive talking.*

mit (instrument):

Das Kleinkind wurde **mit** einem Babyalarm überwacht. *The small child was monitored with a baby alarm.*

● **7.7.3** All the modal verbs (**dürfen, können, mögen, müssen, sollen, wollen**) can be combined with a verb in the passive voice. The modals express the tenses and the other verb is in the passive infinitive (past participle and **werden**). Note the order of the various verb forms.

Present:

Das **kann besprochen werden**. *It can be discussed.*

Imperfect:

Es **musste bezahlt werden**. *It had to be paid.*

Conditional:

Es **dürfte gefunden werden**. *It might be found.*

Perfect:

Seine Eltern **haben auch gefragt werden wollen**. *His parents also wanted to be asked.*

Conditional perfect:

Die Arbeit **hätte abgegeben werden sollen**. *The work should have been handed in.*

● **7.7.4** The **es** form of the passive is quite common in German, particularly when the 'doer' is people in general and is not identified.

Es wird heutzutage nicht genug für allein stehende Mütter getan. *Nowadays not enough is done for single mothers.*

If **es** is not the first word in the sentence, it is usually left out.

In Deutschland wird um die Faschingszeit viel gefeiert. *At carnival time there are lots of parties in Germany.*

Im Sommer wird viel gegrillt. *In summer there are plenty of barbecues.*

Grammar

- **7.7.5** In some circumstances, the passive can express an end result rather than an action. In this case, it is formed with **sein +** past participle. However, this is very much the exception and you need to consider carefully whether the *action* or a *state resulting* from the action is being emphasized. Compare the following examples:

  Als wir ankamen, **wurde** das Baby gerade **gewickelt.** *When we arrived, the baby was being changed.*

  Als wir ins Haus eintraten, **war** das Baby schon **gewickelt.** *When we entered the house, the baby had already been changed.*

7.8 The imperative

The imperative is the command form of the verb. There are different forms depending on who is being commanded. See 4.1, modes of address.

- **7.8.1** To make the **du**-form, start from the **du**-form present tense, omit **du** and take off the **-st** ending (just **-t** if the stem ends in **-s** (**lesen**) or **-z** (**unterstützen**)).

du schreibst	**schreib!**	*write!*
du stehst auf	**steh auf!**	*get up!*
du setzt dich	**setz dich!**	*sit down!*
du siehst	**sieh!**	*look!*
du isst	**iss!**	*eat!*
du benimmst dich	**benimm dich!**	*behave!*

  However, strong verbs whose main vowel changes from **a** to **ä** in the **du**-form present tense, use **a** in the imperative.

laufen	**lauf!**	*run!*
abfahren	**fahr ab!**	*set off!*

- **7.8.2** For the **ihr**-form, simply omit **ihr** from the **ihr**-form present tense.

ihr steht auf	**steht auf!**	*get up!*
ihr seht	**seht!**	*look!*
ihr benehmt euch	**benehmt euch!**	*behave!*

- **7.8.3** For the Sie-form, take the **Sie**-form present tense and swap the order of **Sie** and the verb.

Sie laufen	**laufen Sie!**	*run!*
Sie stehen auf	**stehen Sie auf!**	*get up!*
Sie beeilen sich	**beeilen Sie sich!**	*do hurry up!*

- **7.8.4** Auxiliary verbs have irregular imperative forms:

	du	**ihr**	**Sie**
haben	hab!	habt!	haben Sie!
sein	sei!	seid!	seien Sie!
werden	werde!	werdet!	werden Sie!

- **7.8.5** The addition of **doch**, **schon** or **mal** softens the command and makes it sound more idiomatic.

  Setzen Sie sich **doch** hin! *Do sit down!*

  Komm **mal** her! *Please come here!*

  Nun sagt **doch** schon! *Do tell!*

7.9 Infinitive constructions

- **7.9.1** Most verbs, apart from modals and a few others (6.2.4) take **zu** + infinitive, if they are followed by another verb.

  Er beschloss, seinen Zivildienst im Krankenhaus **zu leisten.** *He decided to do his community service in a hospital.*

  Sie hatte vor, nach dem Studium erst mal ins Ausland **zu gehen.** *She intended to go abroad after her degree.*

- **7.9.2** Impersonal expressions (5.3) are also followed by **zu** + infinitive.

  Es tut gut, nach Deutschland **zu fahren** und die ganze Zeit nur Deutsch **zu hören.** *It does you good to travel to Germany and to hear only German the whole time.*

- **7.9.3** The phrase **um ... zu** means 'in order to' and is used in the same way as other infinitive constructions.

  Sie fuhr nach Leipzig, **um** sich ein Zimmer für das neue Semester **zu suchen.** *She went to Leipzig to find a room for the new semester.*

Wir gingen zur Hochschule, **um** uns für unsere Kurse **einzuschreiben**. *We went to the college to register for our courses.*

A few other constructions follow the same pattern.

(an)statt … zu

Anstatt sich zu amüsieren, hockte er immer in seiner Bude herum. *Instead of enjoying himself, he just stayed in his room.*

außer … zu

Ich wollte nichts machen, **außer** mein Schlafzimmer **auf zu räumen**. *I didn't want to do anything except tidy my bedroom.*

ohne … zu

Er log mich an, **ohne** mit der Wimper **zu zucken**. *He lied to me without batting an eyelid.*

● **7.9.4** With separable verbs, **zu** is inserted between the prefix and the verb stem.

Es macht Spaß, in den Ferien mal richtig **auszuspannen**. *It is fun to relax properly in the holidays.*

● **7.9.5** Modal verbs, and **sehen**, **hören** and **lassen** are followed by an infinitive without **zu**.

Modal verbs:

Junge Menschen **sollten sich** frühzeitig am kommunalen Leben **beteiligen**. *Young people should take part in the life of the community from an early age.*

Man braucht nicht zum Militär; man **kann** auch Zivildienst **leisten**. *You do not have to join the army, you can also do community service.*

Sehen, hören:

Man **sieht** jeden Tag so viele Unfälle **passieren**. *You see so many accidents happen every day.*

Er **hörte** die zwei Autos **zusammenstoßen**. *He heard the two cars collide.*

Lassen:

Meine Eltern **lassen** mich nur bis Mitternacht **ausgehen**. *My parents only let me go out until midnight.*

Jeden Monat **ließ** sie sich von einem Starfriseur die Haare **schneiden**. *Every month she had her hair cut by a top stylist.*

8 Conjunctions and word order

8.1 Word order in main clauses

● **8.1.1** The *verb* must always be the second idea in a main clause. Often, clauses begin with the subject:

<u>Sie</u> *sind* Geschichtslehrerin. *You are a history teacher.*

However, it is also quite usual not to start the sentence with the subject, but with another element of the sentence, particularly if a special emphasis is to be achieved. If so, the verb should still be the second idea, and so the subject must follow it. This feature of German word order is also called *inversion* (i.e. the verb and the subject change places, or are inverted).

Seit fast zwei Jahrzehnten *ist* <u>Deutschland</u> wieder ein vereinigtes Land. *Germany has been a united country for nearly two decades.*

● **8.1.2** Any phrase describing time, manner or place may begin the sentence:

Time:
Nach dem Krieg wollten die Deutschen Freundschaft schließen. *After the war, the Germans wanted to make friends.*

Manner:
Gemeinsam mit anderen Ländern gründeten sie die EU. *Together with other countries they founded the EU.*

Place:
In Berlin steht die Mauer nicht mehr. *In Berlin there is no wall any more.*

In all these sentences, it is important to keep the verb in the second place, followed by the subject.

Elsewhere in the sentence, phrases have to be arranged in this order: time – manner – place, even if only two of the three types occur:

Mozart starb **1756 fast allein in Wien**. *Mozart died in Vienna in 1756, almost alone.*

Die Grenze wurde **1989 endlich** geöffnet. *The border was finally opened in 1989.*

Grammar

8.2 Negative sentences

- **8.2.1** The negative adverbs **nicht** and **nie** go as close as possible to the end of the sentence, though they must precede the following:

Adjectives:

Abtreibung ist **nicht** gefahrlos. *Abortion is not risk-free.*

Phrases of manner:

In Urlaub fahren wir diesmal **nicht** mit den Kindern. *We are not going on holiday with the children this time.*

Phrases of place:

Wir waren noch **nie** in Deutschland. *We have never been to Germany.*

Infinitives:

Ich darf dieses Wochenende wirklich **nicht** ausgehen. *I am really not allowed out this weekend.*

Past participles:

Er hat den Job **nicht** bekommen. *He did not get the job.*

Separable prefixes:

Wir gehen diesen Samstagabend **nicht** aus. *We are not going out this Saturday evening.*

- **8.2.2** **Nicht** can also precede words when a particular emphasis is intended.

Ich habe **nicht** seinen Vater gesehen, sondern seine Mutter. *I didn't see his father, but his mother.* (**Nicht** would not normally precede a direct object, *but here* **Vater** *is contrasted with* **Mutter**.)

Note that, although **kein** (1.2.3) is used as the negative with nouns (rather than **nicht ein**), **nicht** is used with the definite article, and possessive or demonstrative adjectives.

Er hatte **nicht** den Mut, seinen leiblichen Vater aufzusuchen. *He didn't have the courage to search for his real father.*

- **8.2.3** For other negative forms, see indefinite pronouns (4.6).

8.3 Questions

- **8.3.1** Questions in German are mainly expressed by inversion, i.e. swapping the subject with the verb.

Hat Mozart viele Opern komponiert? *Did Mozart compose many operas?*

Lebt Marlene Dietrich noch? *Is Marlene Dietrich still alive?*

- **8.3.2** This inversion also follows an interrogative adjective (3.2) or pronoun (4.7).

Wie lange wohnen Sie schon in Amerika? *How long have you lived in America?*

Seit wann sind seine Eltern geschieden? *Since when have his parents been divorced?*

Warum kümmert er sich nicht mehr um seine Kinder? *Why doesn't he look after his children any more?*

- **8.3.3** In an indirect question, the verb goes to the end of the clause:

Ich weiß nicht, **wie viele** Strafpunkte zum Verlust des Führerscheins **führen**. *I don't know how many points on your licence lead to the loss of it.*

Ich habe ihn gefragt, **wen** ich zur Party mitbringen **dürfte**. *I asked him who I was allowed to bring along to the party.*

8.4 Conjunctions

- **8.4.1** The following conjunctions are co-ordinating conjunctions and do **not** change the word order when connecting two clauses: **aber**, **denn**, **oder**, **sondern**, **und**

Die Eltern erlauben ihm nicht, von zu Hause auszuziehen, **und** sein Vater macht ihm ohnehin allerlei Vorschriften. *His parents won't let him leave home and his father imposes all kinds of rules on him in any case.*

Sondern is usually used after a negative statement, particularly if it means 'on the contrary'.

Ich möchte nicht mehr zu Hause wohnen, **sondern** so bald wie möglich ausziehen. *I don't want to live at home any more, but move out as soon as possible.*

Aber is used to express 'on the other hand'.

Ich kann mir im Moment noch keine eigene Wohnung leisten, **aber** mein Freund hat schon eine, denn er arbeitet. *I can't afford my own flat at the moment, but my boyfriend has one already, because he is working.*

8.4.2 There are a large number of subordinating conjunctions, which send the verb to the end of the clause. These are:

als	*when, at the time when* (single occasions in the past)
als ob	*as if*
(an)statt	*instead of*
bevor	*before*
bis	*until*
da	*since, because, as* (especially at the beginning of sentences instead of **weil**)
damit	*so that* (purpose, intention)
dass	*that*
falls	*if, in case*
nachdem	*after*
ob	*if, whether*
obgleich	*although*
obwohl	*although*
seit(dem)	*since* (see 6.1.1)
sobald	*as soon as*
sodass	*so that* (result)
solange	*as long as*
während	*while*
wenn	*when* (present, future), *whenever, if*
wie	*as*

Es macht Spaß, im Herbst in München zu sein, **weil** dann das Oktoberfest **stattfindet**. *It is fun to be in Munich in autumn because the beer festival takes place then.*

Sie sparten ein ganzes Jahr lang, **damit** sie einen neuen Wagen kaufen konnten. *They saved up for a whole year so that they could buy a new car.*

◆ If the subordinate clause starts the sentence, the subject and the verb of the main clause have to be swapped round (inverted) to produce the *verb, verb* pattern so typical of more complex German sentences:

Da sein Vater dieses Jahr fast die ganze Zeit arbeitslos **war, konnten** sie nicht in Urlaub fahren. *As his father had been unemployed for nearly the whole year, they could not go on holiday.*

Seitdem das neue Jugendzentrum in der Stadt eröffnet **ist, haben** die Fälle von Jugendkriminalität abgenommen. *Since the new youth centre opened in the town, cases of juvenile delinquency have decreased.*

8.4.3 Some adverbs are used to link sentences together. They are followed by the usual inversion:

also	*therefore*
darum	*for this reason*
deshalb	*for this reason*
deswegen	*for this reason*
folglich	*consequently*
und so	*and so*

Die Theater hatten am Sonntagabend zu, **also** konnten sie nur ins Kino gehen. *The theatres were closed on Sunday evening, therefore they could only go to the cinema.*

Für Medizin ist überall der Numerus Clausus eingeführt, **folglich** kann man dieses Fach nur mit einem sehr guten Abiturzeugnis studieren. *There is an entrance restriction for medicine everywhere; consequently you can only study this subject with excellent A level grades.*

8.5 Relative clauses

8.5.1 Relative clauses are subordinate clauses introduced by a relative pronoun (see 4.4).

The verb in a relative clause is sent to the end of the clause. A relative clause has commas at each end to separate it from the rest of the sentence.

Der Strand, **den** wir gestern **besuchten**, war unglaublich schön. *The beach we visited yesterday was incredibly beautiful.*

8.5.2 If there is no specific person to link the relative pronoun to, **wer** can be used.

Wer sich nicht bei vielen Firmen um eine Teilzeitstelle bewirbt, wird sicher keinen Ferienjob bekommen. *Anyone who doesn't apply to many firms for part-time work will certainly not get a holiday job.*

8.5.3 If the relative pronoun refers to a whole clause or an object rather than a person and goes with a preposition, it can be replaced by **wo(r)-** added to the beginning of the preposition.

Ich weiß nicht, **wofür** er sich interessiert. *I am not sure what he is interested in.*

Der Messer, **womit** er das Brot schneidet, ist nicht scharf genug. *The knife with which he is cutting the bread, is not sharp enough.*

Worauf ich mich am meisten freue, ist die Freiheit auf der Universität. *What I most look forward to is the freedom one has during Higher Education.*

Grammar

Strong and irregular verbs

This is a selection of common strong and irregular verbs. Verbs with the same stem follow the same pattern, e.g. *anwenden* follows the same pattern as *wenden*.

◆ indicates use of *sein* as auxiliary in perfect and pluperfect. For *haben*, *sein*, *werden* and the modal auxiliary verbs, please see the relevant grammar section.

infinitive	er-form present	er-form imperfect	past participle	infinitive	er-form present	er-form imperfect	past participle
befehlen	befiehlt	befahl	befohlen	nennen	nennt	nannte	genannt
beginnen	beginnt	begann	begonnen	raten	rät	riet	geraten
bieten	bietet	bot	geboten	reißen	reißt	riss	gerissen
binden	bindet	band	gebunden	schaffen	schafft	schuf	geschaffen
bleiben	bleibt	blieb	geblieben ◆	scheiden	scheidet	schied	geschieden ◆
brechen	bricht	brach	gebrochen ◆	scheinen	scheint	schien	geschienen
brennen	brennt	brannte	gebrannt	schlafen	schläft	schlief	geschlafen
bringen	bringt	brachte	gebracht	schlagen	schlägt	schlug	geschlagen
denken	denkt	dachte	gedacht	schließen	schließt	schloss	geschlossen
empfehlen	empfiehlt	empfahl	empfohlen	schmelzen	schmilzt	schmolz	geschmolzen◆
essen	isst	aß	gegessen	schwimmen	schwimmt	schwamm	geschwommen ◆
fahren	fährt	fuhr	gefahren ◆	schneiden	schneidet	schnitt	geschnitten
fallen	fällt	fiel	gefallen ◆	schreiben	schreibt	schrieb	geschrieben
fangen	fängt	fing	gefangen	sehen	sieht	sah	gesehen
finden	findet	fand	gefunden	sitzen	sitzt	saß	gesessen
fliegen	fliegt	flog	geflogen ◆	sprechen	spricht	sprach	gesprochen
fliehen	flieht	floh	geflohen ◆	springen	springt	sprang	gesprungen ◆
fließen	fließt	floss	geflossen ◆	stehen	steht	stand	gestanden
geben	gibt	gab	gegeben	steigen	steigt	stieg	gestiegen ◆
gehen	geht	ging	gegangen ◆	sterben	stirbt	starb	gestorben ◆
gelingen	gelingt	gelang	gelungen ◆	tragen	trägt	trug	getragen
gelten	gilt	galt	gegolten	treffen	trifft	traf	getroffen
genießen	genießt	genoss	genossen	treiben	treibt	trieb	getrieben ◆
geschehen	geschieht	geschah	geschehen ◆	treten	tritt	trat	getreten ◆
gewinnen	gewinnt	gewann	gewonnen	trinken	trinkt	trank	getrunken
gleiten	gleitet	glitt	geglitten ◆	tun	tut	tat	getan
halten	hält	hielt	gehalten	verlieren	verliert	verlor	verloren
helfen	hilft	half	geholfen	vermeiden	vermeidet	vermied	vermieden
kennen	kennt	kannte	gekannt	weisen	weist	wies	gewiesen
kommen	kommt	kam	gekommen ◆	wenden	wendet	wendete	gewendet
laden	lädt	lud	geladen	werben	wirbt	warb	geworben
lassen	lässt	ließ	gelassen	werfen	wirft	warf	geworfen
leiden	leidet	litt	gelitten	wiegen	wiegt	wog	gewogen
lesen	liest	las	gelesen	wissen	weiß	wusste	gewusst
liegen	liegt	lag	gelegen	ziehen	zieht	zog	gezogen◆
lügen	lügt	log	gelogen	zwingen	zwingt	zwang	gezwungen
messen	misst	maß	gemessen				
nehmen	nimmt	nahm	genommen				

Glossary

The glossary contains some of the more difficult words in this book, except where the meaning is given on the page. Where a word has several meanings, only those which occur in the book are given. Verbs marked * are strong or irregular.

Abbreviations: adj = adjective; adv = adverb; conj = conjunction; nm = masculine noun; nf = feminine noun; nn = neuter noun; npl = plural noun; pp = past participle; prep = preposition; v = verb.

A

ab und zu *adv* now and again
Abenteuerlust *nf* lust for adventure
Abnehmen *nn* losing weight
abschließen *v* to sum up
abschalten *v* to switch off
abstreiten * *v* to deny
abwechslungsreich *adj* full of variety
achten ... auf *v* to take care of
Achterbahn (en) *nf* big dipper
ähnlich *adj* similar
allein erziehende Mutter (¨) *nf* single mother
allerdings *adv/conj* mind you
alles in allem all in all
Alltagsleben *nn* daily life
Alpenkulisse (n) *nf* background of the Alps
als je zuvor than ever before
andererseits *adv* on the other hand
anders aussehen * *v* to look different
Anlass (¨e) *nm* occasion
Anorektiker (-) *nm* anorexic
anschließend *adv* subsequently, afterwards
ansonsten *adv* otherwise

Arbeitsplatz (¨e) *nm* employment
Ärger *nm* trouble
Atmen *nn* breathing
auf keinen Fall *adv* on no account
aufladen * *v* to upload
aufmerksam machen auf (+ Akk.) *v* to make aware of
Aufmerksamkeit (en) *nf* attention
aufnehmen * *v* to record
auftauchen *v* to pop up
ausbeuten *v* to exploit
ausdrücklich *adv* expressly
auseinander brechen * *v* to break up
ausführlich *adj* detailed
ausgeglichen *adj* balanced
ausgewogen *adj* balanced
ausharren *v* to endure
Ausrüstung (en) *nf* equipment
Aussage (n) *nf* statement
Aussätziger *nm* weirdo
äußern *v* to express
Ausstellung (en) *nf* exhibition
ausstrahlen *v* to broadcast
Auswahl *nf* choice
auswandern *v* to emigrate
Auswertung (en) *nf* analysis
Auswirkung (en) *nf* effect
Auszeichnung (en) *nf* award

B

Bafög *nn* student grant
Bayerisch *adj* Bavarian
beeinflussen *v* to influence
beeinträchtigen *v* to impair
befriedigen *v* to satisfy
Befürworter (-) *nm* supporter
begabt *adj* gifted
begehrt *adj* desirable
Begriff (e) *nm* concept
begründen *v* to found

behindert *adj* disabled
beitragen * *v* to contribute
sich
beklagen *v* to complain
belasten *v* to pollute
belästigt *pp* bullied
Belastung (en) *nf* pressure, strain
beliebt *adj* beloved
sich
bemühen *v* to try hard
benachteiligt *adj* disadvantaged
bereuen *v* to regret
berichten *v* to report
beruflich aufsteigen * *v* to advance careerwise
Berufsausbildung (en) *nf* vocational training
Berufsaussichten *n pl* career prospects
sich
beschweren *v* to complain
Bestechungsgeld (er) *nn* bribe
bestehen * *v* to pass
Besteuerung (en) *nf* tax
Betreuung (en) *nf* care
Betrieb (e) *nm* business, factory
sich
beurlauben lassen * *v* to take leave
bevorzugen *v* to prefer
bewahren *v* to retain
bewässern *v* to irrigate
Bewegung (en) *nf* movement
Beweis (e) *nm* proof
sich
bewerben * *v* to apply for
bewusstlos *adj* unconscious
bezweifeln *v* to doubt
Bildschirm (e) *nm* screen
Bildungsniveau *nn* educational level
Blutalkoholspiegel (-) *nm* blood-alcohol level
bodenständig *adj* elemental
Boulevardzeitung (en) *nf* tabloid newspaper
Brautkleid (er) *nn* wedding dress
Breitensport (-) *nm* mass sport

Bruttoinlandsprodukt *nn* gross domestic product

C

Cholesterinwert (-) *nm* cholesterol level

D

Darlehen *nn* loan
darstellen *v* to portray, present
Darsteller (-) *nm* performer
davor *adv* before that
Denkmal (¨er) *nn* monument
Diktatur (en) *nf* dictatorship
Dirigent (en) *nm* conductor
Drittel (-) *nn* third
durchfallen * *v* to fail
Durchhaltevermögen *nn* perseverance
Durchschnitt (e) *nm* average

E

eher *adv* rather
eifersüchtig *adj* jealous
eigens *adv* specifically
Eigenschaft (en) *nf* quality
eindringen * *v* to penetrate
eindrücklich *adj* impressive
Eindruck (¨e) *nm* impression
einerseits *adv* on the one hand
eingeschränkt *adj* limited
einigermaßen *adv* more or less
einkommensschwach *adj* low income
Einrichtung (en) *nf* installation
einschränken *v* to restrict
sich
einspritzen *v* to inject oneself
Einstellung (en) *nf* attitude
empfangen * *v* to receive

Glossary

Empfehlung (en) *nf*
recommendation
empfindlich *adj* sensitive
Engagement *nn*
involvement
Entspannung (en) *nf*
relaxation
entwerfen * *v* to design
entwickeln *v* to develop
Ereignis (se) *nn* event
erfinderisch *adj* inventive
erfolgreich *adj* successful
erhalten * *v* to keep
erhitzen *v* to heat
Erholung *nf* recovery
sich
erkälten *v* to catch a
cold
erlauben *v* to allow
Ermäßigung (en) *nf*
reduction
ermöglichen *v* to make
possible
Ernährung (en) *nf*
nourishment, food, diet
erobern *v* to plunder
erörtern *v* to clarify
erreichen *v* to reach
erstrebenswert *adj*
desirable
Erwerbstätigkeit (en) *nf*
being employed
Erwerbsausfall (¨e) *nm*
loss of income
erziehen * *v* to raise
Erziehungsurlaub *nm*
career break (to look
after children)
Essstörung (en) *nf*
eating disorder

F

Fachrichtung (en) *nf*
subject
faulenzen *v* to laze
around
feige *adj* cowardly
Fernsehen *nn*
television(concept)
Fernseher (-) *nm*
television set
Fernsehgerät (e) *nn*
television set
Fertiggerichte *npl*
ready meals
Fettsucht *nf* bulimia
Findelkind (er) *nn*
abandoned child
flach *adj* flat

Fläche (n) *nf* surface
Fleck (en) *nm* spot
Flugblatt (¨er) leaflet
Flüssigkeit (en) *nf* fluid
fördern *v* to promote
Form (en) *nf* baking
dish
fraglich *adj* questionable

G

Geborgenheit *nf* sense
of belonging
Gebühren *npl* fees
gefährden im *v* to
endanger
Gegensatz zu *adv* as
opposed to
Gegner (-) *nm* opponent
Gehalt (¨er) *nm* salary
gehänselt *pp* teased
Gehirnwäsche (n) *nf*
brainwashing
gelähmt *adj* disabled
Gemälde (-) *nn* painting
Gemeinde (n) *nf*
community
gemeinsam mit
together with
Gemeinschaftssinn *nm*
sense of community
gemütlich *adj* cosy
geröstet *pp* roasted
gesättigt *pp* saturated
geschafft *pp* worn out
geschiedene Eltern *npl*
divorced parents
Geschmack *nm* taste
Gesellschaft (en) *nf*
society
gespeichert *pp* stored
Gewalt (en) *nf* violence
Gewalttat (en) *nf* act of
violence
gewiss *adj* certain
gezwungen *pp* forced
Gleichberechtigung (en)
nf equal opportunities
gleichgeschlechtlich *adj*
same sex
Gleichstellung (en) *nf*
equality
Glotze *nf* 'the box'
(slang for TV)
sich
gönnen *v* to allow
oneself
grenzen *v* to border
großlöchrig *adj*
large-holed

Großzügigkeit (en) *nf*
generosity
im
Grunde *adv* basically
gucken *v* to look

H

Handygebühren *npl*
mobile phone charges
häufig *adv* often
hauptsächlich *adv* chiefly
Herkunft (¨e) *nf* origin
herunterladen * *v* to
download
Hitze *nf* heat
hungernd *adj* starving

I

Immunsystem (e) *nn*
immune system
imponieren *v* to impress
infiziert *pp* infected
Inhalt (e) *nm* content
Internat (e) *nn* boarding
school
Internetanschluss (¨e)
nm internet connection
inwiefern *adv/conj* in
which respect

K

Kaff (s) *nn* hole
(colloquial for village)
Kaiserreich (e) *nn* empire
Kammermusik *nf*
chamber music
Kanton (e) *nm* Swiss
county
Karussell (s) *nn* carousel
kaum *adv* rarely
keineswegs *adv* on no
account
Kennzeichen (-) *nn*
symbol
Kettenraucher (-) *nm*
chain smoker
Kindheit (en) *nf* childhood
Kita (Kindertagesstätte)
nf nursery
klagen *v* to complain
Klamotten *npl* gear
(colloquial for clothes,
outfits)
Klassenarbeit (en) *nf*
(written) test
Klatsch *nm* gossip,
scandal

Klimawandel *nm* climate
change
Kommentar (e) *nm*
commentary
Konsumzwang *nm*
pressure to buy
Kontostand (¨e) *nm*
bank balance
Körpergewicht *nn*
body weight
Kreislauf *nm* circulation
Kriminalität *nf* crime
Kulturveranstaltung (en)
nf cultural event
sich
kümmern ... um *v* to care
for
Kumpel (s) *nm* mate
künftig *adv* in future

L

laut *prep* according to
lebhaft *adj* vivid
Lehrling werden* *v* to
become an apprentice
leiblich *adj* natural,
biological
Leiche (n) *nf* corpse
Leinwand (¨e) *nf* screen,
canvas
Leistung (en) *nf*
achievement
Leistungskurs (e) *nm*
main subject
leugnen *v* to deny

M

Macht (¨e) *nf* power
Magersucht *nf* anorexia
Maler (-) *nm* painter
malerisch *adj* picturesque
Mangel (¨e) *nm* lack
mangelhaft *adj* deficient
Marke (n) *nf* label
maßgeblich *adj*
substantial, considerable
Maßnahme (n) *nf*
measure
Mauer (n) *nf* wall
Menge (n) *nf* amount
Menschenrechte *npl*
human rights
mies *adj* grotty
Minderwertigkeitsgefühle
npl feelings of low
self-esteem
Minderheit (en) *nf*
minority

Mischung (en) *nf* mixture
missbrauchen *v* to abuse
Mitbürger (-) *nm* citizen
möglicherweise *adv* possibly
mühelos *adv* easily
Mut *nm* courage

N

nach Strich und Faden good and proper, thoroughly
nach wie vor *adv* still
Nachfrage (n) *nf* demand
nachhaltig *adj* sustainable
nachlassen * *v* to become weaker; to go off
Nachtschicht (en) *nf* night shift
Nachtisch (e) *nm* dessert
Nachwuchs *nm* offspring
Narr (en) *nm* fool
Nesthäkchen (-) *nn* the youngest of the family
Neuankömmling (e) *nn* new arrival
Niederlassungsfreiheit (en) *nf* right of residence
Nierenentzündung (en) *nf* kidney infection
Numerus clausus *nm* very high marks

O

obdachlos *adj* homeless
offenbar *adv* apparently
offensichtlich *adj* obvious
ohnehin *adv* anyway
Oper (n) *nf* opera
Ortswechsel (-) *nm* location move

P

pauken *v* to swot, cram
Pension (en) *nf* pension from employment

pingelig *adj* fussy
Plattdeutsch *nn* low German (dialect)
Poesie *nf* poetry
Preußisch *adj* Prussian
Probe (n) *nf* rehearsal
Promille *nn* blood alcohol standard
Prügelszene (n) *nf* violent attack

Q

Qualm *nm* smoke

R

Rauschgift (e) *nn* drug
Recherchen *npl* research
Redakteur (e) *nm* editor
Redewendung (en) *nf* saying
Reisehäufigkeit (en) *nf* frequency of travel
Riesenschachtel (n) *nf* giant packet
Reizbarkeit (en) *nf* irritability
reizvoll *adj* attractive
Rente (n) *nf* state pension
Roman (e) *nm* novel
Ruhe (n) *nf* rest
Ruhm *nm* fame

S

Schüssel (n) *nf* bowl
Sächsisch *adj* Saxon
sagenhaft *adj* wonderful
saisonbedingt *adj* seasonal
sammeln *v* to collect
schädigen *v* to damage
schädlich *adj* harmful
Schadstoffe *npl* harmful substances
Schatten (-) *nm* shadow
Scheidung (en) *nf* divorce
Schicht (en) *nf* layer
schieben * *v* to push
Schienen *npl* rail tracks
Schlaganfall (¨e) *nm* stroke
Schleier (-) *nm* veil
Schlichter (-) *nm* referee
schließlich *adv* finally
schmuddelig *adj* dingy, grimy

Schriftsteller (-) *nm* writer
Schulwesen *nn* school system
schützen *v* to protect
schwanger sein* *v* to be pregnant
Schwefelgehalt *nm* sulphur content
Schwiegermutter (¨) *nf* mother-in-law
seither *adv* since then
Sektionsassistentin (nen) *nf* mortuary assistant
Selbstbewusstsein *nn* self-confidence
Selbstentfaltung (en) *nf* self-discovery
selbstständig *adv* independently
selbstverständlich *adv* obviously
Selbstwertgefühl (e) *nn* self-esteem
Sensationsmache *nf* sensationalism
Sieb (e) *nn* sieve
Sinn für Humor *nm* sense of humour
sinngemäß *adv* in context
Sippe (n) *nf* clan
sitzen bleiben * *v* to repeat a year
sorgenfrei *adj* carefree
speichern *v* to store
spitze *adj* fantastic
Sportart (en) *nf* type of sport
sprühen *v* to spray
Staatsanwalt (¨e) *nm* lawyer
Staffel (n) *nf* round, or series
Staffellauf *nm* relay race
steigen * *v* to increase, rise
Stiefgeschwister *npl* step-siblings
Stoffwechsel *nm* metabolism
strahlend *adj* sparkling
Stummfilm (e) *nm* silent film
Sucht *nf* addiction
süchtig *adj* addicted
synchronisiert *pp* dubbed

T

tagtäglich *adv* daily
in der Tat *adv* in fact
Tätigkeit (en) *nf* activity
Tatsache (n) *nf* fact
taub *adj* deaf
Teig (e) *nm* pastry
Teilnehmer (-) *nm* participant
Telefonat (e) *nn* phone call
Telejob (s) *nm* job based at home
Teufelskreis (e) *nm* vicious circle
tödlich *adj* terminal
Tratsch *nm* tittle-tattle
Trauung *nf* wedding
Treibhausgasemissionen *npl* greenhouse gas emissions
Trendsport *nm* fashionable sports
Truppe (n) *nf* troop

U

Überdosis *nf* overdose
Übergewicht *nn* obesity
Überleben *nn* survival
übermäßig *adj* excessive
übertragen * *v* to transmit
übrigens *adv* by the way
um/gehen mit (+ Dat.) *v* to deal with
Umarmung (en) *nf* hug
umgekehrt *pp* vice versa
umweltfreundlich *adj* environmentally friendly
umweltverträglich *adj* environmentally acceptable
unentbehrlich *adj* indispensable, essential
ungewöhnlich *adj* unusual
unreif *adj* immature
Unterbewusstsein *nn* subconscious
unterhaltend *adj* entertaining

Glossary

Unterschied (e) *nm*
difference
unterschiedlich *adj*
differing
unterstützen *v* to
support
Unterstützung (en) *nf*
support
Untertitel (-) *nm*
subtitle
Uraufführung (en) *nf*
premiere
Ursache (n) *nf* cause

V

verantwortlich *adj*
responsible
verbannen *v* to ban
verbieten * *v* to forbid,
to ban
verbinden * *v* to
associate
Verdienst (e) *nm* salary
verdrängen *v* to repress
vereinigen *v* to unite
verfestigen *v* to
reinforce
verführen *v* to seduce
vergebens *adv* in vain
vergeblich *adv* in vain
im
Vergleich *zu* compared
with
Vergünstigung (en) *nf*
perk
Verhalten *nn* behaviour
verharmlosen *v* to play
down
verherrlichen *v* to
glorify

vereinbaren *v* to
combine
Verkehrsamt (¨er) *nm*
tourist (information)
office
Verkehrsmittel (-) *nn*
transport
verknüpft *pp* closely
linked
verlangen *v* to request
verlangsamt *pp* slowed
down
vermeidbar *adj*
avoidable
vermeiden * *v* to avoid
vermittelt *pp* arranged;
mediated
vermutlich *adv*
presumably
vernachlässigen *v* to
neglect
veröffentlichen *v* to
publish
verringern *v* to reduce
versagen *v* to fail; to
refuse, deny
Verschärfung (en) *nf*
tightening up
verschlechtern *v* to
deteriorate
verschlingen * *v* to
gobble up
verspotten *v* to mock
Verständnis *nn*
understanding
verstärken *v* to
strengthen
Vertrauen *nn* trust
vertuschen *v* to
hush up
verweigern *v* to refuse

verwirrend *adj*
confusing
verwischen *v* to blur
verzichten auf (+ Akk.)
v to do without, to
give up
vor allem *adv* above all
vorbeugen *v* to prevent
Vorbild (er) *nn* example
Vorführung (en) *nf*
performance
vorgeheizt *pp* pre-
heated
vorhaben * *v* to intend
vorherrschen *v* to
dominate
Vorstellungsgespräch (e)
nn interview
vorteilhaft *adj*
advantageous

W

wahllos *adv*
indiscriminately
Währung (en) *nf*
currency
Wahrzeichen (-) *nn*
symbol
Waisenhaus (¨er) *nn*
orphanage
Wärmebett *nn* incubator
Weinberge *npl* vineyards
Weltkulturerbe *nn* world
cultural inheritance
Werbespot (s) *nm*
advert
Werbung *nf* advertising
Werken *npl* handicrafts
wesentlich *adv*
considerably,

essentially
Wiederheirat (en) *nf*
remarriage
Windeln *npl* nappies
Wirtschaft *nf* economy
Wohlstand *nm*
affluence
Wohngemeinschaft (en)
nf commune

Z

zeitgenössisch *adj*
contemporary
Zeitraum (¨e) *nm* period
of time
Zensur einführen *v* to
censor
zerstören *v* to destroy
Zeuge (n) *nm* witness
Zeugenbericht (e) *nm*
eye-witness report
Zeugnis (se) *nn* report
zuallererst *adv* first of
all
Zugang *nm* access
zugleich *adv* at the
same time
Zunahme (n) *nf* increase
zunehmen * *v* to
increase
zusätzlich *adv*
additionally
Zuschauer (-) *nm*
viewer
Zutat (en) *nf* ingredient
Zuverlässigkeit *nf*
reliability
Zweck (e) *nm* purpose

Roman (e) *nm* novel

Ruhe (n) *nf* rest

Ruhm *nm* fame

S

Schüssel (n) *nf* bowl

Sächsisch *adj* Saxon

sagenhaft *adj* wonderful

saisonbedingt *adj* seasonal

sammeln *v* to collect

schädigen *v* to damage

schädlich *adj* harmful

Schadstoffe *npl* harmful substances

Schatten (-) *nm* shadow

Scheidung (en) *nf* divorce

Schicht (en) *nf* layer

schieben * *v* to push

Schienen *npl* rail tracks

Schlaganfall (¨e) *nm* stroke

Schleier (-) *nm* veil

Schlichter (-) *nm* referee

schließlich *adv* finally

schmuddelig *adj* dingy, grimy

Schriftsteller (-) *nm* writer

Schulwesen *nn* school system

schützen *v* to protect

schwanger sein* *v* to be pregnant

Schwefelgehalt *nm* sulphur content

Schwiegermutter (¨) *nf* mother-in-law

seither *adv* since then

Sektionsassistentin (nen) *nf* mortuary assistant

Selbstbewusstsein *nn* self-confidence

Selbstentfaltung (en) *nf* self-discovery

selbstständig *adv* independently

selbstverständlich *adv* obviously

Selbstwertgefühl (e) *nn* self-esteem

Sensationsmache *nf* sensationalism

Sieb (e) *nn* sieve

Sinn für Humor *nm* sense of humour

sinngemäß *adv* in context

Sippe (n) *nf* clan

sitzen bleiben * *v* to repeat a year

sorgenfrei *adj* carefree

speichern *v* to store

spitze *adj* fantastic

Sportart (en) *nf* type of sport

sprühen *v* to spray

Staatsanwalt (¨e) *nm* lawyer

Staffel (n) *nf* round, or series

Staffellauf *nm* relay race

steigen * *v* to increase, rise

Stiefgeschwister *npl* step-siblings

Stoffwechsel *nm* metabolism

strahlend *adj* sparkling

Stummfilm (e) *nm* silent film

Sucht *nf* addiction

süchtig *adj* addicted

synchronisiert *pp* dubbed

T

tagtäglich *adv* daily

in der Tat *adv* in fact

Tätigkeit (en) *nf* activity

Tatsache (n) *nf* fact

taub *adj* deaf

Teig (e) *nm* pastry

Teilnehmer (-) *nm* participant

Telefonat (e) *nn* phone call

Telejob (s) *nm* job based at home

Teufelskreis (e) *nm* vicious circle

tödlich *adj* terminal

Tratsch *nm* tittle-tattle

Trauung *nf* wedding

Treibhausgasessionen *npl* greenhouse gas emissions

Trendsport *nm* fashionable spots

Truppe (n) *nf* troop

U

Überdosis *nf* overdose

Übergewicht *nn* obesity

Überleben *nn* survival

übermäßig *adj* excessive

übertragen * *v* to transmit

übrigens *adv* by the way

um/gehen mit (+ Dat.) *v* to deal with

Umarmung (en) *nf* hug

umgekehrt *pp* vice versa

umweltfreundlich *adj* environmentally friendly

umweltverträglich *adj* environmentally acceptable

Glossary

unentbehrlich *adj* indispensable, essential

ungewöhnlich *adj* unusual

unreif *adj* immature

Unterbewusstsein *nn* subconscious

unterhaltend *adj* entertaining

Unterschied (e) *nm* difference

unterschiedlich *adj* differing

unterstützen *v* to support

Unterstützung (en) *nf* support

Untertitel (-) *nm* subtitle

Uraufführung (en) *nf* premiere

Ursache (n) *nf* cause

V

verantwortlich *adj* responsible

verbannen *v* to ban

verbieten * *v* to forbid, to ban

verbinden * *v* to associate

Verdienst (e) *nm* salary

verdrängen *v* to repress

vereinigen *v* to unite

verfestigen *v* to reinforce

verführen *v* to seduce

vergebens *adv* in vain

vergeblich *adv* in vain

im Vergleich zu compared with

Vergünstigung (en) *nf* perk

Verhalten *nn* behaviour

verharmlosen *v* to play down

verherrlichen *v* to glorify

vereinbaren *v* to combine

Verkehrsamt (¨er) *nm* tourist (information) office

Verkehrsmittel (-) *nn* transport

verknüpft *pp* closely linked

verlangen *v* to request

verlangsamt *pp* slowed down

vermeidbar *adj* avoidable

vermeiden * *v* to avoid

vermittelt *pp* arranged; mediated

vermutlich *adv* presumably

vernachlässigen *v* to neglect

veröffentlichen *v* to publish

verringern *v* to reduce

versagen *v* to fail; to refuse, deny

Verschärfung (en) *nf* tightening up

verschlechtern *v* to deteriorate

verschlingen * *v* to gobble up

verspotten *v* to mock

Verständnis *nn* understanding

verstärken *v* to strengthen

Vertrauen *nn* trust

vertuschen *v* to hush up

verweigern *v* to refuse

verwirrend *adj* confusing

verwischen *v* to blur

verzichten auf (+ Akk.) *v* to do without, to give up

vor allem *adv* above all

vorbeugen *v* to prevent

Vorbild (er) *nn* example

Vorführung (en) *nf* performance

vorgeheizt *pp* pre-heated

vorhaben * *v* to intend

vorherrschen *v* to dominate

Vorstellungsgespräch (e) *nn* interview

vorteilhaft *adj* advantageous

W

wahllos *adv* indiscriminately

Währung (en) *nf* currency

Wahrzeichen (-) *nn* symbol

Waisenhaus (¨er) *nn* orphanage

Wärmebett *nn* incubator

Weinberge *npl* vineyards

Weltkulturerbe *nn* world cultural inheritance

Werbespot (s) *nm* advert

Werbung *nf* advertising

Werken *npl* handicrafts

wesentlich *adv* considerably, essentially

Wiederheirat (en) *nf* remarriage

Windeln *npl* nappies

Wirtschaft *nf* economy

Wohlstand *nm* affluence

Wohngemeinschaft (en) *nf* commune

Z

zeitgenössisch *adj* contemporary

Zeitraum (¨e) *nm* period of time

Zensur einführen *v* to censor

zerstören *v* to destroy

Zeuge (n) *nm* witness

Zeugenbericht (e) *nm* eye-witness report

Zeugnis (se) *nn* report

zuallererst *adv* first of all

Zugang *nm* access

zugleich *adv* at the same time

Zunahme (n) *nf* increase

zunehmen * *v* to increase

zusätzlich *adv* additionally

Zuschauer (-) *nm* viewer

Zutat (en) *nf* ingredient

Zuverlässigkeit *nf* reliability

Zweck (e) *nm* purpose